国家社会科学基金一般项目:"新型城镇化对农村居民消费需求的拉动机制研究"(项目号:15BJY113)

新型城镇化对农村居民消费需求的拉动机制研究

王静 著

Research on the Driving Mechanism
of New Urbanization Development to
Rural Residents' Consumption

中国社会科学出版社

图书在版编目（CIP）数据

新型城镇化对农村居民消费需求的拉动机制研究 / 王静著．
—北京：中国社会科学出版社，2021.12
ISBN 978 - 7 - 5203 - 9491 - 8

Ⅰ.①新⋯　Ⅱ.①王⋯　Ⅲ.①城市化—影响—农村—居民消费—顾客需求—研究—中国　Ⅳ.①F126.1

中国版本图书馆 CIP 数据核字（2021）第 274441 号

出 版 人	赵剑英	
责任编辑	刘晓红	
责任校对	周晓东	
责任印制	戴　宽	
出　　版	中国社会科学出版社	
社　　址	北京鼓楼西大街甲 158 号	
邮　　编	100720	
网　　址	http://www.csspw.cn	
发 行 部	010 - 84083685	
门 市 部	010 - 84029450	
经　　销	新华书店及其他书店	
印　　刷	北京君升印刷有限公司	
装　　订	廊坊市广阳区广增装订厂	
版　　次	2021 年 12 月第 1 版	
印　　次	2021 年 12 月第 1 次印刷	
开　　本	710×1000　1/16	
印　　张	16.25	
插　　页	2	
字　　数	259 千字	
定　　价	96.00 元	

凡购买中国社会科学出版社图书，如有质量问题请与本社营销中心联系调换
电话：010 - 84083683
版权所有　侵权必究

中文摘要

中国经济快速发展已经持续了40多年，40多年来的发展都是以投资拉动为主，消费内需不足是一个长期存在的问题。现阶段，我国经济开始出现增长减速、投资规模减少、消费内需仍需扩大的情况；同时又出现了产能过剩、劳动力成本迅速上升等问题，给经济发展带来不小压力。此外，国际经济贸易环境发生了显著变化，出口贸易摩擦加剧、汇率的波动以及其他贸易进口国进口政策的变化等不利因素，使我国出口需求减少。从长远来看，我国经济发展的增长必须也只有依靠内需拉动为主。

因此，在这种经济增长减速的新常态下，如何保持我国经济健康、协调、稳定的发展是当前经济发展的大问题，转变经济增长方式、调整产业结构是解决方法之一，促使我国经济发展由主要依靠净出口的增长和投资驱动，朝依靠内需，特别是居民消费需求的方向去转变尤为关键。在这个经济转型过程中，城镇化将对消费需求产生相当大的刺激和促进，从而对我国的经济发展产生很大的拉动作用。

2013年，中央进一步发布了《国家新型城镇化规划（2014—2020年）》，明确了在我国目前的现代化建设中，新型城镇化建设是其中的重点，指出新型城镇化在经济新常态下对拉动经济增长、推动经济转型的重要作用。习近平总书记特别强调了"在我国的城镇化发展进程中，必需尊重社会经济发展规律，重要的是城镇的质量，城镇化要和信息化、工业化、农业现代化协调发展，发展速度既不能过快也不能过慢，要让城镇化和工业化良好互动、城镇化和农业现代化同步协调发展"。

城镇化的发展是社会发展到一定程度后，城镇聚集到一定程度后，规模经济、聚集效应等经济活动产生作用的过程，也是社会经济工业化和现代化发展的产物。城镇化就是在社会发展的过程中，把规模小而分散的农户的农业生产经营活动和聚居的城镇融合起来，让其加入社会化大生产的过程，这一过程是生产力发展和社会进步的必然过程。

新型城镇化的发展在各个方面都对农村消费起到了拉动作用。首先是新型城镇化带来的产业结构优化会提高农村居民收入水平，进而促进消费；新型城镇化建设会改善农村社会消费环境，进而拉动消费水平，促进消费升级；社会保障、社会福利的完善是新型城镇化建设中必不可少的一个环节，其对降低农村居民收入和消费的不确定性，促进农村消费的作用也是明显的；新型城镇化的内容之一更是城乡一体化的建设，城镇居民的消费方式、消费习惯和消费观念会影响、带动农村居民，具有示范效应，从而也会促进农村消费。

本书是从新型城镇化的视角去研究农村消费问题。总体研究思路是：首先，通过对我国城镇化发展下农村消费水平的研究，分析新型城镇化对农村居民消费需求的拉动效应；分析新型城镇化拉动农村居民消费需求的动力机制，并定量分析具体动力因子对消费增长的拉动程度；然后，对新型城镇化建设中阻碍消费拉动效应的制约性因素进行分析；最后，综合拉动效应和阻碍性因素，提出建立新型城镇化，促进农村居民消费的综合机制。

第一章，导言。分析城镇化对拉动消费内需、推动国民经济可持续发展所起的作用；简要阐述我国农村消费的基本现状和国家城镇化建设的历程；阐明本项目的研究背景和研究意义，提出新型城镇化对农村居民消费需求的拉动机制这一研究主题。此外，本章还界定了相关概念，同时也阐述了本书的研究方法、技术路线和主要研究内容，明晰了本书可能的创新点与不足之处。

第二章，理论基础与文献综述。第一，简要论述城镇化的相关理论，介绍区位理论、结构理论中的刘易斯—拉尼斯—费景汉模型、乔根森模型和托达罗人口流动模型，非均衡增长理论下的增长极理论、中心—边缘理论、循环累积理论和推拉理论，诺瑟姆的城镇化发展理论等，及其对本书的研究启示。第二，简要论述现代西方消费理论，重点阐述预防性储蓄假说、流动性约束假说和缓冲库存储蓄假说。第三，综述、评价国内外相关研究文献，奠定本书研究的理论基础。

第三章，新型城镇化对农村居民消费需求的拉动效应。首先，从定性和定量两个方面来分析中国新型城镇化和中国农村消费的现状。设立包含四个维度、16个指标的新型城镇化评测指标体系，采用熵值法计算各指标的权重，并以此综合度量我国2000—2017年城镇化的发展水平，分析城镇化发展的过程和存在的问题；其次，描述中国农村居民40多年来的消费水平和消费结构的状态与变化过程；最后，建立经济模型分别分析新型城镇化对农村消费总量和消费结构的影响作用。

研究发现，新型城镇化水平的提高对农村消费总量有正向的拉动效应；新型城镇化会促进农村居民消费结构的升级，其中正向影响最大的消费类目是交通通信，第二位是居住支出，第三、第四位分别是家庭设备用品及服务和医疗保健；而对农村居民的食品支出则是负向影响。由此得出的研究结论是，新型城镇化的发展使越来越多的农民融入城镇生活，并按照城市的生活方式去生活，消费随之升级。并且发现新型城镇化水平对中国东部地区的农村消费水平的影响效果最明显，其次是东北，再次是中部，最后是西部地区。

第四章，新型城镇化对拉动农村居民消费需求的动力机制研究。从以下四个方面去研究新型城镇化对拉动农村居民消费需求的动力机制，并分别从定性和定量两方面去分析其对农村消费总量和消费结构的影响效应。第一，新型城镇化中产业结构的优化提高农村居民收入水平，促进农村消费。第二，新型城镇化建设改善农村社会的消费环境，进而拉动农村消费需求，促进农村消费升级。第三，新型城镇化中社会保障、社会福利的完善对降低农村居民收入和消费的不确定性，促进农村消费的作用明显。第四，新型城镇化中城乡一体化的建设为城镇消费的示范效应创造条件，城镇居民的消费方式、消费习惯和消费观念影响、带动农村居民，具有示范效应，能够促进农村消费。

综合来看，新型城镇化对农村居民的生活质量有着直接、全面的影响，能够降低农村居民的食物消费支出，增加医疗保健和居住的消费。城镇化基础设施的改善会增加农村居民的交通通信消费，城乡一体化的发展会使城镇消费对农村消费产生示范效应，并增加农村居民的文教娱乐消费。

第五章，城镇化建设中存在的问题及其对拉动农村居民消费需求的阻力研究。一是基层政府片面追求城镇规模的扩张，产业结构调整落后于城镇化水平，这种粗暴的城镇化发展方式会阻碍城镇化对农村居民消费拉动效应的影响。二是农村消费环境的改造没有跟上城镇化扩张的步伐。三是城镇化建设中，新市民和农村居民的养老、医疗、教育、失业等社会保障与公共服务滞后，弱化了城镇化对农村居民消费需求的正向影响。四是城镇化发展速度加快，有可能产生城乡收入差距扩大的副作用，削弱城镇消费的示范效应，阻碍城镇化对农村消费的拉动效应。

第六章，发展新型城镇化，拉动农村居民消费需求的对策研究。从两个方面来制定拉动农村居民消费需求的对策：强化城镇化拉动农村消费的动力机制和消除城镇化消费拉动机制中的阻力因素。一是优化产业结构，增强农村居民收入与消费能力；二是加大基础设施的建设及公共产品服务的供给，构建多层次的农村消费金融市场供给体系，为农村消费环境提供更好的软、硬件条件，激发农村居民的消费热情；三是提高社会保障的覆盖范围，改革农村养老保险体系和户籍制度，减少农村居民的预防性储蓄，增强消费信心；四是缩小城乡差距，强化消费示范效应；五是加强小城镇建设，激活其对城乡一体化的联结、联动作用，增加农民收入，提高农村消费水平。六是要根据各地区的不同情况，特别是针对新型城镇化及经济发展较落后的中西部地区的农村，要因地制宜地制定相应新型城镇化发展策略。

本书在内容及研究方法上可能创新体现在以下几个方面：

（1）研究方法创新。运用消费决策理论和城镇化经济理论，结合相关计量模型，创新搭建新型城镇化对农村消费需求拉动动力机制的计量模型。

（2）学术思想创新。①动态和比较分析城镇化对农村消费的拉动路径，具体分析和比较各动力因子对农村消费总量、消费结构的拉动效应。②将新型城镇化拉动农村消费的动力机制和阻力因素结合分析，探讨新型城镇化中拉动农村消费的对策。

（3）学术观点创新。城镇化对消费需求具有潜在的持续拉动效应，但如果同时存在于动力机制中的现实阻力因素成为主流，将阻碍拉动效应。这些阻力因素在我国普遍存在，使一些地区的农村消费水平大大落后于新型城镇化进程。因此,要从强化动力机制和消除阻力因素两个层面,制定完善新型城镇化建设,进而扩大农村消费需求的对策。

本书的不足之处:

(1) 本书分别从理论上和实证上研究了新型城镇化对农村居民消费的拉动机制,并在研究基础上对如何进行新型城镇化建设,提高农村居民消费提出了相关的政策建议。由于本书是基于全国的综合性数据进行的理论和实证分析,而我国的地理区域非常大,地区间的经济发展水平和城镇化水平并不一致。本书并没有进一步针对不同经济发展水平的各区域分别进行比较和研究,是本书的不足之处之一。

(2) 本书在研究城镇化对农村居民消费的拉动效应分析上,还缺乏与其他国家实证方面的比较分析。与其他国家的比较分析,能更好地帮助我们认识到我国城镇化建设中出现的问题和不足。

(3) 新型城镇化是一个内容丰富的综合性概念,包括很多方面,由于本人时间和能力有限,以及在短期内数据的可得性,本书只选取了一些具有代表性的可得性指标进行分析,这样可能给研究带来片面性。在后续研究中,可以选取更多的指标,从多方面更全面地研究新型城镇化对中国农村居民消费的拉动机制。

关键词: 新型城镇化　农村消费　产业结构优化　公共服务　示范效应

Abstract

China's rapid economic development has lasted for more than 30 years, which however, had been mainly driven by investment. Also, it has been a long-term problem that the domestic consumption is insufficient. At this stage, China's economic development has begun to slow down, with decreased growth rate, reduced scale of investment, whilst the domestic demand for consumption still shows great potential for further expansion. At the same time, there are issues such as overcapacity, the rapid rise of labor costs, etc., which add pressure to the economy. In addition, significant changes have taken place in the international economic and trade environment, which have reduced export demand from more than one aspects, such as the increased export trade frictions, changes in exchange rates and changes in import policies of other countries etc.. In the long run, China's economic growth has to become reliant mainly on domestic demand.

Therefore, in this new norm of economic growth slowdown, how to continue to develop China's economyon an sustainable basis in a coordinate and stable manner, is a major challenge the current phase of development. One viable solution is to change the mode of economic growth and optimize the industrial structure, i.e. to transform the current trade and investment driven economy into a more consumption driven economy. In this process, urbanization can stimulate the consumption demand and promote the country's economic development.

In 2013, the central government further released the National New Urbanization Plan (2014 – 2020), which made it clear that during the current modernization development of our nation, the new urbanization process is the key, and pointed out that the new urbanization plays an important role in stimulating economic growth and promoting economic transformation under the new economic norm. Chinese president Xi Jinping emphasized that "in the process of urbanization in China, we must respect the laws of social and economic development, and the quality of towns is the most important. Urbanization should be coordinated with information technology, industrialization and agricultural modernization. The speed of development can neither be too fast nor too slow, so that urbanization and industrialization will be well coordinated, and urbanization and agricultural modernization will be developed in a coordinated manner."

The development of urbanization is a process in which economic activities, such as the scale of economy and agglomeration effect, play an important role after social development and urban agglomeration reach a certain level. It is also the product of industrialization and modernization development that has already taken place in each of the more developed country. Urbanization is also the process of social development, where the small – scale and scattered farmers' agricultural production and operation activities are integrated with the towns that adjoin each other, and let them join in the process of mass production. This process is inevitable in light of the productivity increase and social progress.

The development of new urbanization has played a pulling role in all aspects of the rural consumption in China. First of all, the optimization of industrial structure brought about by the new urbanization process will improve the income level of rural residents, and subsequently promote further consumption; secondly, the construction of new urbanization will improve the consumption environment in the rural community, and consequently stimulate rural consumption&promote the uplift of their consumption level; thirdly, the improvement of social security and social welfare is an essential link in the development of new urbanization, which will reduce the uncertainty associated

Abstract

with the income and consumption of rural residents, and promote rural consumption. Last but not least, urban – rural integration is another important aspect of the new urbanization, which means the consumption mode, consumption habits and consumption concepts of urban residents will affect and drive rural residents, with a so – called demonstration effect, to promote consumption in the rural community.

This research in rural consumption is carried out from the perspective of the new urbanization. The overall research theme is: through the study on the rural consumption level under the development of the new urbanization, the paper analyzes the pull effect of the new urbanization development on the consumption demand of the rural residents in China; it analyzes the driving mechanism of the new urbanization development on the consumption demand of rural residents, and conducts quantitative analysis on the pulling degree of specific driving factors on the consumption growth; it then further analyzes those hindering factors during the new urbanization development. Finally, according to the analysis of the pulling effect and hindering factors, the paper puts forward a comprehensive policy framework to promote rural residents' consumption through the further development of new urbanization.

Chapter 1, Introduction. This chapter analyzes the role of urbanization in stimulating the domestic consumption demand and promoting the sustainable development of the national economy. It summarizes the characteristics of rural consumption in China, as well as the historical urbanization development in the country. Chapter 1 also expounds the research background and the significance of the research topic, and proposes the research subject, i. e. the driving mechanism to the consumption demand of rural residents by the development of the new urbanization. In addition, this chapter also defines the relevant economic concepts, describes the research methodology and techniques, as well as the key research ideas of this project. The possible innovations and shortcomings of this study are also highlighted in this chapter.

Chapter 2, Theoretical Framework and Literature Review. This chapter is structured into three parts. Firstly, it briefly discusses the related theories of urbanization, and introduces various models and branches under different theories, such as the Lewis – Ranis – Fei model, Jorgenson model and Todaro population flow model under the location theory&structure theory; varying forms of the the unbalanced growth theory, including the growth pole theory, center edge theory, cycle accumulation theory, push – pull theory; as well as the Northam's urbanization development theory; and highlights their implication to this research work. Secondly, it briefly discusses the modern western consumption theory, focusing on the preventive saving hypothesis, liquidity constraint hypothesis and buffer stock saving hypothesis. Thirdly, it summarizes and evaluates the relevant research literature both domestic and abroad, which lays a solid theoretical foundation for this work.

Chapter 3, The Pull Effection The Consumption Demand of Rural Residents by The New Urbanization. This chapter first analyzes the current development of China's new urbanization, and the present rural consumption status from both qualitative and quantitative aspects. A new evaluation index system including sixteen indexes based on four dimensions to comprehensively evaluate the level of urbanization in a given period of time is proposed; the weight of each index is calculated by entropy method; the level of China's new urbanization from 2000 to 2017 is quantitatively measured with the new index system, and the issues encountered during the urbanization development are also discussed and analyzed. Secondly, the consumption level and consumption structure of the rural residents in recent 30 years are described. Finally, an economic model is established to analyze the effect of new urbanization on rural consumption quantity and consumption structure.

The research found that the improvement of the level of new urbanization has a positive pull effect on the total consumption in rural areas; the new urbanization will also promote the upgrading of the consumption structure of rural residents, of which the most positive impact is the expenditure in traffic and communication, the second is residential expenditure, the third and the fourth are household equipment, supplies/services and health care; food expenditure, however, is negatively impacted. The conclusion of the study is that the development of new urbanization enables increasing number of farmers to integrate into the urban community, and to adjust their lifestyle in line with the urban living, resulting in upgraded consumption level by this group of people.

Chapter 4, The Pull Mechanism on the Consumption Demand of Rural Residents by the New Urbanization. From four aspects, this chapter studies the dynamic mechanism of the new urbanization to stimulate the consumption demand of rural residents, and analyzes its impact on the total consumption and consumption structure of rural areas. First, the new urbanization will bring about the optimization of industrial structure, and consequently improve the income level of rural residents and promote consumption. Second, the development of the new urbanization will improve the consumption environment of rural society, and subsequently stimulate the consumption demand and promote consumption upgrading. Third, the improvement of social security and social welfare is an essential link in the development of the new urbanization, which plays an eminent role in reducing the uncertainty of rural residents' income and consumption, thus promoting rural consumption. Fourth, one inherent aspect of the new urbanization is the development of urban – rural integration. The consumption mode, consumption habit and consumption concept of urban residents will affect and drive rural residents, which has the demonstration effect, and can promote rural consumption.

There'refour types of power existing in the pulling mechanism. The increase of farmers' income brought by the upgrading of industrial structure is the number one pulling force on rural residents' consumption. Number two is the improvement of social security system, followed by number three, the optimization of consumption environment, and finally, the demonstration effect exhibited during the urbanization development.

In addition to the consumption demonstration effect, the other threetypes of pulling powerhave a negative impact on the consumption of food within the consumption structure, with the largest absolute value of the impact coefficiency across all eight consumption categories; among the positively impacted consumption categories, all four types of pulling power have the largest impact on the health care expenditure of rural residents, and the residential consumption ranks the second; only the infrastructure urbanization and the consumption demonstration effect have an impact on rural residents' traffic and communication expenditure; only the consumption demonstration effect has an impact on rural residents' entertainment consumption and clothing consumption. Overall, it can be seen that the new urbanization has a direct and comprehensive impact on the quality of life of the rural residents, which will reduce the amount of food consumption and increase the consumption of health care and residential property. During the process of urbanization, the improvement of infrastructure will increase rural residents' consumption of transportation and communication service, and the integration of urban and rural areas in the new urbanization will make urban consumption have a demonstration effect on rural consumption, and increaserural residents' expenditure in the consumption of culture, education and entertainment related goods and services.

Chapter 5, Issues From the Urbanization Development and Their Hindrance to Pulling the Rural Residents' Consumption Demand. Number one issue is the local government's unilateral pursuit of urban scale expansion causing the industrial structure upgrade to fall behind. This rough urbanization development mode will hinder the positive impact of urbanization on the consumption pulling effect of the rural residents. Number two is the transformation of rural consumption environment not keeping up with the pace of urbanization during the development of urbanization. Number three is social security and public services related to the pension, medical care, education and unemployment falling behind the development of urbanization, weakening the positive impact of urbanization on their consumption demand. Number four is the possible continued expansion of the income gap between urban and rural areas caused by the acceleration of urbanization development, which will prohibit the demonstration effect from being fully exerted, thus hindering the consumption pulling effect.

Chapter 6, Policy Development Aimed at Pulling Rural Residents' Consumption Demand Through the New Urbanization Development. The two aspects involved in the policy development include strengthening the pulling-mechanism of urbanization, as well as eliminating the hindering factors, combined to stimulate rural consumption. The first is to optimize the industrial structure to improve the income and consumption ability of rural residents; the second is to advocate that the government should increase the infrastructure development and the supply of public goods and services, and establish a multilevel supply system of rural consumer financial market to create a better consumption environment for rural residents; the third is to comprehensively improve the coverage of social security, reform the rural endowment insurance system and household registration system. The fourth is to narrow the economical gap between urban and rural areas to maximize the consumption demonstration effect; the fifth is to improve the consumption level of rural residents by strengthening the development of small towns.

Key words: new urbanization; rural consumption; industrial structure optimization; public service; demonstration effect

目 录

第一章 导言 …… 1

　第一节 选题背景和问题提出 …… 1

　第二节 相关概念的界定 …… 6

　第三节 研究框架与基本内容 …… 13

第二章 理论基础与文献综述 …… 22

　第一节 理论基础 …… 22

　第二节 国内外相关研究文献综述 …… 36

第三章 新型城镇化对农村居民消费需求的拉动效应 …… 50

　第一节 中国新型城镇化的发展水平与现状研究 …… 50

　第二节 中国农村的消费水平和消费结构 …… 77

　第三节 城镇化水平对中国农村消费的影响研究 …… 99

第四章 新型城镇化对拉动农村居民消费需求的动力机制研究 …… 117

　第一节 新型城镇化进程中产业结构调整与农村居民消费需求 …… 117

　第二节 新型城镇化进程中消费环境优化与农村居民消费需求 …… 139

　第三节 新型城镇化进程中社会保障服务与农村居民消费需求 …… 149

　第四节 新型城镇化进程中城市居民消费示范效应与农村居民消费需求 …… 158

第五章　城镇化建设中存在的问题及其对拉动农村居民消费需求的阻力研究……190

　　第一节　城镇化发展方式的不合理性挤占农村消费能力………190
　　第二节　农村消费环境落后阻碍农村消费增长………………193
　　第三节　社会保障不健全弱化消费信心………………………196
　　第四节　城镇对农村的消费示范效应失效……………………199

第六章　发展新型城镇化，拉动农村居民消费需求的对策研究……203

　　第一节　新型城镇化进程中的产业结构升级与拉动农村消费……………………………………………………204
　　第二节　改良消费环境，促进新型城镇化的发展与农村居民消费水平的提高……………………………………211
　　第三节　健全社会保障和福利体系，促进新型城镇化发展与农村居民消费水平的提高………………………217
　　第四节　促进城镇化中消费示范效应的发挥…………………225
　　第五节　加快小城镇建设，提升农村居民消费水平…………227
　　第六节　对农村不同地区采取差异化政策……………………229

参考文献……………………………………………………………232

第一章

导　言

第一节　选题背景和问题提出

一　选题的背景

我国经济的调整增长已经历经了40多年。现阶段，我国经济发展开始出现经济增长减速、投资量减少、消费内需仍需扩大的情况；同时又出现了产能过剩、劳动力成本上升迅速等问题，给我国经济发展带来不小压力。中国经济近40多年来的发展都是以投资拉动为主，消费内需不足是一个长期存在的问题。此外，国际经济贸易环境发生了显著变化，受出口贸易摩擦加剧、汇率的变动以及其他贸易进口国进口政策的变化等不确定因素的影响，近十年中2009年、2010年、2011年、2013年、2015年、2016年这六年净出口服务与货物对GDP的贡献率都是负值，分别是 -42.6、-11.2、-8.1、-2.3、-1.3、-9.6。长期来看，我国经济增长必须也只有依靠内需拉动为主。

因此，在目前这种经济增长减速的新常态下，如何让我国经济健康、协调、稳定地发展是当前经济发展的大问题，而转变经济增长方式、调整产业结构，使我国经济发展由主要依靠净出口的增长和投资驱动朝依靠内需，特别是居民消费需求的方向去转变，是保持我国经济长期、稳定发展的必由之路。在这个过程中，城镇化将对我国消费内需产生很大的刺激作用，对我国的经济发展有明显的拉动作用。

城镇化的过程是生活在农村地区的居民逐步转移到城镇地区去工作、生活和居住的过程。城镇化的内涵也会随着社会经济的转变而转变。城镇化在《中华人民共和国国家标准城市规划术语》的定义是"人民生产和生活地由农村地域转移到城市的过程，表现为农村居民转移到城市成为城市居民，并且在此过程中，城市不断发展进步的过程"。城镇化对于扩大农村消费的意义在于：城镇化过程是人口和产业在城镇区域的集聚，进而产生消费的集聚；城镇化的过程也是城镇不断向农村进行消费文化传播和渗透的过程，可以消除过去由于二元经济结构所造成的城乡消费隔断，推动城乡一体化的协调发展，最终促进农村消费水平和消费结构的提升。

然而在城镇化的过程中，传统的城镇化建设是一种粗放式的城镇化发展方式，不仅破坏了自然环境，不注重城镇真正的功能和内涵，并且出现了"半城镇化"的情况，这种粗放式的传统城镇化对经济发展的拉动力有限，甚至在长期来看，有一定的负效应。所以，中央提出了"以人为本"的新型城镇化理念，并将之上升到国家战略的高度，使新型城镇化建设成为把我国经济从出口和投资驱动为主的经济模式转变为以依靠消费内需为主的有效途径。

西方发达国家的经济发展历程告诉我们："工业化产生供给，城镇化产生需求。"一些研究也提出，我国的人口城镇化率每增长10%—15%，我国的居民消费率就有可能提高10%—15%。最新的统计数据显示，2017年我国的消费率是53.6%，而十多年前的2007年，美国、法国、英国、德国的消费率就已达到86.2%、79.8%、84.8%、74.7%。可见，我国目前的消费率水平是较低的，城镇化也是提高我国消费率，扩大居民消费需求的重要方法之一。由图1-1可见，我国的最终消费率的趋势一直是下降趋势，直到2012年后才再所回弹。

经济学家斯蒂格利茨表示，中国的城镇化建设可与美国的高科技比肩，对人类社会的发展有着重要的促进作用。"中国是世界上最大的发展中国家，其城镇化发展和美国的高科技进步这两个力量将会在21世纪充分影响人类社会的发展。"[1] 他论述到，中国的城镇化建设会直接导致产业结构的转变，使中国由以传统农业（第一产业）和工业（第二产业）为主的传统经济产业结构，朝着以服务业（第三产业）和信

---

[1] 斯蒂格利茨：《经济学》（上），中国人民大学出版社2004年版。

息产业与高新科技产业（第四产业）为主的新型经济产业结构转化，并且伴随着城镇化的发展，农村居民大量地向城镇转移成为产业工人，剩余的农村居民在破解了资源约束后，收入也大大提升，进而促进中国新型城镇化对农村居民消费的整体拉动作用。

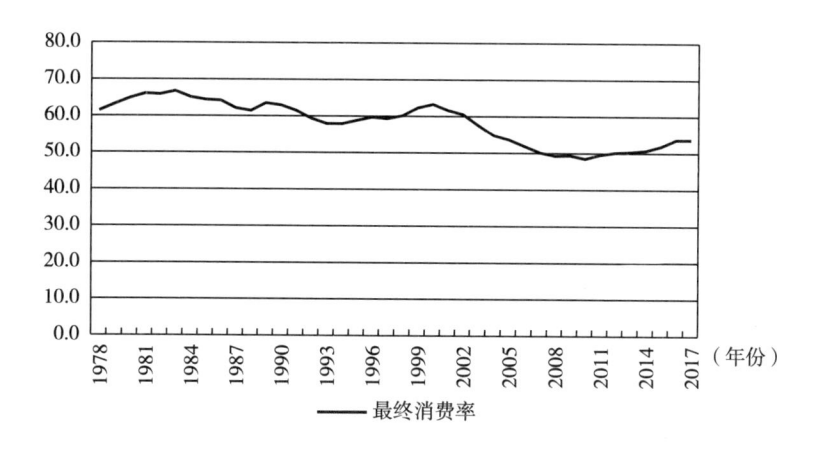

图1-1 中国历年最终消费率趋势

资料来源：由《中国统计年鉴》（1978—2018）相关数据整理计算得出。

我国的工业化未能有效地带动城镇化进程存在多方面的原因。占全国近50%的农村人口其消费份额却只占居民消费总额的1/5，最新的统计数据显示，2017年城镇消费总额占居民消费的78.5%，而农村消费总额却只占21.5%，说明内需不足主要是因为农村消费能力不够，这也是内需启而不动的重要原因。中华人民共和国成立以来，我国城镇居民的消费水平和层次都大大高于农村居民。而且，农村消费水平增速较慢，农村居民在居民总消费和GDP中的比重也呈下降趋势（见图1-2），这不仅不利于社会的稳定、和谐发展，也对国民经济的健康稳定发展有一定的制约作用。因此，在目前把扩大内需作为我国今后经济发展的基本立足点和宏观调控的长期战略方针的情况下，扩大内需的重点是扩大居民消费需求，尤其要千方百计扩大农村居民的消费需求，提高农村居民的生活水平，拉动国内生产总值的增长，促进经济的持续健康发展，以及社会的和谐发展。

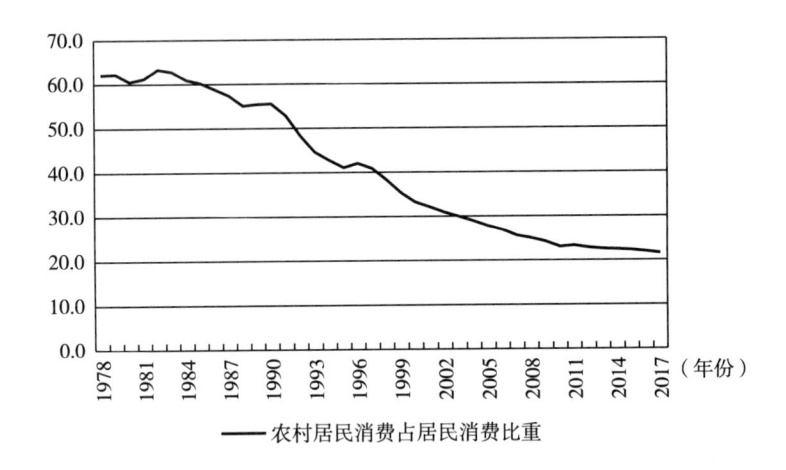

图 1-2 中国农村居民历年消费占居民消费比重

资料来源：由《中国统计年鉴》（1978—2018）相关数据整理计算得出。

城镇化的发展战略是中央立足于我国的具体国情，在科学发展观的框架下，建设"以人为本"的和谐社会，是我国进行现代化建设，实现全中国人民对美好生活的追求和向往这一目标的重要内容之一，并且是提高农村落后地区的生活消费水平，推动国民经济持续健康稳定发展的重要途径。

近二十年来，我国农村地区一直在经历着城乡一体化的城镇化建设。1995年，国家11个部委联合发布了关于农村社会小城镇建设的指导文件。1998年，城镇化战略第一次被中央明确提出来，通过进行城镇化建设来促进劳动力从农村转移到城镇，解决困扰中国多年的三农问题，城镇化也成为促进农村居民消费的重要途径。

2000年党的第十五届中央委员会第五次会议上通过了《中共中央关于制定国民经济和社会发展第十个五年计划的建议》（以下简称《建议》）在《建议》中指出："城镇化的发展要从各地实际情况入手，逐步形成合理的城镇体系。在城镇化的发展过程中，要注重不同城镇之间的经济关联，要让中小城市起到带动小城镇发展的作用。在小城镇得到发展的同时，也要注重中小城市的建设，让中心城市的区域性城市功能更加完善，并也能让大城市起到辐射带动作用，让我国各类城市的规划和建设、综合管理水平得到提升，创造出中国特色的大、中、小城市，及小城镇协调发展的城镇化道路。"① 2007 年 5 月，国务院总理温家宝在长江三角洲地区视察指出，"城乡一体化发展，转变我国过去的二元经济结构，城镇布局要优化，要走新型城镇化道路"②。这一谈话是我国中央政府第一次正式提出"新型城镇化"，也可以说，2007 年是我国的城镇化发展开始从传统的城镇化道路转变为"新型城镇化"发展的新阶段。2010 年，中央在一号文件明确提出，"应加大城镇化发展力度，着力提升农村消费水平，应有针对性地根据当地经济发展与农村需求的实际情况，提出刺激农村居民消费的新办法和措施"。可见，城镇化发展与农村消费的扩大不仅是针对国际贸易环境变化的降压措施，更是促进我国经济持续、健康、稳定发展和减小城乡差距，构建和谐社会的道路选择。所以，扩大农村消费的重要途径就是城镇化建设，从农村社会中走出来，在城镇化的发展中去拉动农村消费，让城镇化建设成为农村消费增长的手段。2011 年 3 月，中央在《中华人民共和国国民经济和社会发展第十二个五年（2011—2015 年）规划纲要》中指出，"应积极稳妥地发展城镇化，并对如何促进农村居民转移到城镇成为新市民、建构城镇化的战略格局、加大城镇的综合承载能力等方面进行了阐述"③。2013 年，中央进一步发布了《国家新型城镇化规划（2014—2020 年）》，明确了在我国目前的现代化建设中，新型城镇化建设是其中的重点，指出新型城镇化在经济新常态下对拉动经济增长、推动经济转型的重要作用。习近平总书记特别强调了"在我国的城镇化发展进程中，必须尊重社会经济发展规律，重要的是城镇的质量，城镇化要和信息化、工业化、农业现代化协调发展，发展速度既不能过快也不能过慢，要让城镇化和工业化良好互动、城镇化和农业现代化同步协调发展"。

  我国的城镇化发展到今天已经取得了很大的进步。最新的统计资料显示，2011 年我国的人口城镇化率，也就是说城镇人口在总人口中的

---

① 《中共中央关于制定国民经济和社会发展第十个五年计划的建议》，《国务院公报》2000 年第 53 期。
② 温家宝：《进一步发挥长三角区域优势实现率先发展》，中国政府网，www.gov.cn，2007 - 05 - 17。
③ 《国民经济和社会发展第十二个五年规划纲要》，中国政府网，www.gov.cn，2014 - 03 - 16。

占比已超过 50%，2017 年达到了 58.52%。可以说，我国的城镇化发展已经处于中期阶段。这一阶段特别要注重质的发展，新型城镇化建设显得尤其重要。传统的城镇化是以经济增长为主要目标，让地方政府去主导城镇化建设，并以外向型工业和资本投入为主要动力的模式，这种模式在过去的发展进程中，已经出现了不少社会、经济问题。过去十年人口城镇化率快速增长，农村剩余劳动力大量转移到城镇，但是由于户籍等各种原因，享受不了城镇居民的各种社会保障、社会福利以及公共服务，广大农民和农民工、新市民游离在城镇社保福利体系之外，不能真正融入城镇，甚至出现了中国特色的"半城镇化"现象。传统城镇化发展中出现的各种结构性矛盾不仅影响我国经济的健康发展，甚至出现了一些社会问题。只有让新型城镇化建设取代传统城镇化，才能真正推进农村的城镇化发展，拓宽农村居民的消费空间，提升农村居民的消费水平，扩大我国内需，促进经济持续性发展。

二 问题的提出

在我国当前的经济新常态下，经济增长的方式必须转变为以消费内需为主导，发展城镇化战略，刺激扩大居民消费需求，这是中国经济社会发展的必经之路。2013 年中央政治局会议上已明确提出要大力发展扩大国内需求，要积极稳妥地进行城镇化建设。新型城镇化将农村人口转移到城镇，变成新市民，在城镇消费的扩散效应和集聚效应下，促进我国农民消费方式、消费观念的变化，拉动消费水平和消费结构的提升，最终刺激扩大农村消费需求。大多数的国内外学者都认为只有城镇化建设的快速发展，才能持续性地拉动消费需求，进而扩大内需。但目前我国新型城镇化对农村消费的拉动效应远低于学术界理论预期，我国的新型城镇化水平和农村居民消费水平如何？新型城镇化是通过何种机制拉动农村消费需求？为什么我国现阶段城镇化对消费的拉动绩效有限？如何建立健康合理的新型城镇化发展模式，扩大和升级农村消费是本书拟解决的问题。

第二节 相关概念的界定

本书的主要内容是分析我国新型城镇化对农村居民消费需求的拉动

机制研究,在展开具体讨论之前,首先必须明确和界定相关概念。

一 城镇化相关概念

(一)城镇化和城市化

进行城镇化的研究,首先要明确城镇化与城市化这两个概念的差异。

"Urbanization"是西班牙巴塞罗那的建筑师及城市规划师依勒德丰索·塞尔达(Ildefonso Cerda)在其著作《城市化概论》中最早提出的。城镇化"Urbanization"在国外的含义就是一个地区由乡村向城市转变的过程。"Urbanization"在我国普遍被译为"城市化"。但在英语中,"Urban"这个词其实是包括城市(City)和城镇(Town)的。国外有些国家人口较少,城镇的规模普遍较小,而中国是一个人口较多的国家,相对于一些小国家,我国城镇的规模比较大,可能相当于一些人口较少国家的小城市,甚至有可能大于这些国家的小城市。所以,中国的"Urbanization"有我国具体国情的特殊性,不仅是农村人口转移到城市(City),更多的是大量转移到城镇(Town)。因此,国内大多数的学者认为中国的城市化和国外一般所指的城市化是有区别的。

聂伟和风笑天(2014)在研究中对城市和城镇的关系做了如下论述,认为城市的发展要经过三个阶段,在开始阶段是城镇,人口规模小,且与农村地区联系较紧密,这是第一阶段;随后城镇会发展成集聚度较高,且与农村地区相互独立的城市,这是第二阶段;最后发展成都市,其特点是城乡相融合,既和农村地区有紧密的联系,又相互区别。因此,笔者认为城市化和城镇化是两个不同的概念,是城市不同的发展阶段,不能把这两个概念混淆和等同。

辜胜阻认为中国的城市化与外国的是不一样的,他认为中国的城市化是城镇化[1],因此,他把"Urbanization"译为"城镇化",并被官方采纳。

(二)城镇化概念与内涵

城镇化是社会生产力发展到一定阶段后,形成的一种经济社会现象。城镇化的过程是一个复杂的系统过程,包括很多方面,这种系统性

---

[1] 辜胜阻:《二元城镇化战略及对策》,《人口研究》1991 年第 5 期。

和多学科性让城镇化可以从多个角度和学科进行定义，很难有一个单一的定义能够把所有的角度都涵盖到。因此，不同的学者在不同学科下研究城镇化时会有不同的定义。

在经济学的范畴中，我们关注的是城镇化中城市和经济的关系。城镇化是第一产业（传统农业）向第二产业（工业）和第三产业（现代服务业）转化的过程，也是第二、第三产业在 GDP 中占比不断提高的过程。从另一个经济学角度上来说，城镇化的过程是各种非农业产业中的生产要素向城镇集聚的过程，这些生产要素既包括农村剩余劳动力，从农村地区转移到城镇从事第二、第三产业的生产，也包括投资资金和各种生产管理技术等。

在地理学的范畴中，城镇化过程是地域空间的转变过程，是指在地域空间内，城镇地区的面积和数量不断扩大的过程，城镇化是对居民居住的集聚区与经济活动集中的空间区位重新分布和集中。

在社会学的范畴中，城镇化过程是居民生活方式转变的过程。城镇化是城镇人口占总人口数的比例逐渐上升，农村人口转移到城镇去工作、生活和居住，成为城镇居民，并开始按照城镇的生活方式去生活的过程，并且其社会关系和人际关系也在这个过程中发生转变。路易斯·沃斯认为一个社会城镇化的过程就是该社会农村的生活方式逐步转变成城镇的生活方式，是农村区域转变成城镇区域的过程。

中国的城镇化在中国国情的背景下具有中国特色，我国很多学者也对中国城镇化的内涵发表了各自的观点。胡序威（2008）从四个方面去阐述城镇化的内涵[①]：一是农村剩余劳动力由农村转移至城镇；二是在地理空间中农村人口向城镇集聚；三是城镇地域的扩大，物质环境和景观的更新和完善；四是城市文明和生活方式的传播和扩散。总的来说，我国的城镇化是我国由以乡村生活为主导的生活方式向以城镇生活为主导的生活方式的转变过程。方亮（2013）分别从动态和静态两方面去阐述城镇化的内涵：从动态上来说，城镇化是农村居民、社会资源、产业以及生活方式向城镇转移的过程；从静态上说，则是某一个时

---

① 胡序威：《论城镇化的概念内涵和规律性》，《城市与区域规划研究》2008 年第 2 期。

间点上,城镇人口数量占全国总人口数量的比重[①]。景普秋(2014)从多学科的角度去解释城镇化的内涵,指出城镇化包括人口城镇化、经济城镇化、生活方式城镇化和空间城镇化这四个方面[②]。城镇人口数量占总人口比重的上升是人口城镇化;经济活动在城镇空间高度集聚,产业结构升级是经济城镇化;城镇居民生活方式吸引农村居民向城镇转移,生活方式逐步靠近,这是空间城镇化和生活方式城镇化。他认为城镇化这四个方面是不可分离、相互作用的,在研究城镇化时不能只强调某一方面,而忽视其他方面。

综上所述,本书认为城镇化的内涵是多方面的,仅从单一角度去研究都不全面。要准确研究城镇化,必须从多个方面去综合阐明和描述。本书从四个方面去解释城镇化的内涵:一是人口城镇化,即农村人口转移到城镇或农村区域转变为城镇区域,造成城镇人口数量占总人口数量的比重的上升;二是经济的城镇化,即各种非农业产业中的生产要素向城镇集聚,第一产业(传统农业)向第二产业(工业)和第三产业(现代服务业)转化,产业结构升级的过程;三是生活方式城镇化,随着城镇化发展,城镇的文明和生活方式逐渐影响农村,进入到城镇生活的农村居民和仍生活在农村地区的居民的生产、生活方式向城镇靠近;四是基础设施的城镇化,随着城镇化发展,城镇区域扩大,各种配套基础设施和公共服务建设进一步完善进步。

(三)新型城镇化概念与内涵

新型城镇化的概念也是来源于传统城镇化,这是一个基于中国具体国情,有中国特色的城镇化发展模式的表述。伴随着我国工业化的发展,农村剩余劳动力向城镇集聚,非农产业的生产要素在城镇集聚,城镇化在近年快速发展,我国人口城镇化率在1978年仅为17.9%,而2017年则达到了58.52%。但在城镇化迅猛发展的过程中,出现了传统城镇化带来的社会经济矛盾和问题,例如,土地城镇化发展较快,但人口城镇化跟不上,而真正的市民化又滞后于人口城镇化、城镇的空间布局规划不合理等,这些矛盾和问题甚至让社会发展变得失衡。在这种情

[①] 方亮:《中国城镇化概念与水平测度研究综述》,《北京大学学报》2013年第6期。
[②] 景普秋:《城镇化概念解析与实践误区》,《学海》2014年第50期。

况下，中央马上做出了要适应新的经济形势，转变传统城镇化的发展方式，新型城镇化的概念应运而生。

新型城镇化的概念在2007年4月首次提出来，中央在社会发展新形势下做出了要对传统城镇化建设模式进行改革的决定。随后，学者术界也开始对新型城镇化的概念和内涵进行探讨。牛文元（2010）认为，新型城镇化发展的核心指导思想是社会经济的可持续发展，因此，新型城镇化是城乡协调发展，解决三农问题，建设中国社会和谐发展的城镇化。2014年3月李克强总理在政府工作报告中正式对中国的新型城镇化进行了定义："坚持走以人为本、四化同步、优化布局、生态文明、传承文化的新型城镇化道路，遵循发展规律、积极稳妥推进，着力提升质量。"[1] 党中央在十八大上明确了我国新型城镇化的发展道路，并于2014年制定了《国家新型城镇化规划（2014—2020年）》。规划强调了新型城镇化建设要注重城乡一体化发展，优化城镇的空间结构格局，提高公共服务水平和规划水平，建设智慧、绿色、人文的新城市；与此同时，要发展农业现代化，发展好社会事业，建设好社会主义新农村；此外，更是要推进农村转移到城镇的新市民能够享受与城镇居民相同的医疗、子女教育等公共服务[2]。

可见，新型城镇化是与传统城镇化有很大区别的。首先是目标不同，传统城镇化是以经济的发展速度、GDP的增长值作为主要目标的；而新型城镇化则是以经济和社会的可持续发展为目标。新型城镇化是以城乡一体化协调发展，推进城乡公共服务均等化，逐渐减小城乡差别和贫富差别，以转变过去的二元经济结构为目标；是以居民的生活质量的提高和生活方式的优化为目标；是以生态文明和谐发展为目标。其次传统城镇化到新型城镇化的转变也是由"物的城镇化"转变为"人的城镇化"。传统城镇化关注的重点是城市中的高楼大厦，新型城镇化关注的重点则是城镇与农村居民的生活质量。新型城镇化是要让中国的所

---

[1] 李克强：《推进以人为核心的新型城镇化》，中国政府网，www.gov.cn，2014-03-05。

[2] 中华人民共和国中央人民政府：《国家新型城镇化规划（2014—2020年）》，中国政府网（www.gov.cn），www.gov.cn/guawuyuam/2014-03/05contemt_2629422.nhtm，2014-03-05。

有居民都能享受到中国经济发展和现代化建设的成果，提高居民的教育水平和素质，拥有更好的生活环境。

因此，新型城镇化的概念是一种具有全局观的城乡一体化的城镇化，是建设质量更高的城市和更美丽的新农村的城镇化。在这个框架下，具体来说，新型城镇化就是在以人为本的前提下，合理有序地将部分农村人口转移到城镇，并完成转移人口的市民化；让社会所有居民享受同等的生存权和发展权；实现工业化、信息化、城镇化和农业现代化同步协调发展。

本书结合政府和其他学者对新型城镇化的界定，对新型城镇化的内涵做如下总结和表述：新型城镇化将以人为本作为指导原则，以中国居民对美好生活的追求为出发点，以提高中国居民的生活质量和水平为目标，其衡量标准不再是简单地以城镇人口数量占比的增长或城镇区域面积的增长率，而是包括人民收入等在内的经济增长指标、道路交通等在内的基础设施指标、教育卫生等公共服务指标及社保医保等在内的社会保障指标，以及生态环境指标等反映人民生活水平提高的综合衡量标准。新型城镇化首先表现在农村居民职业和居住环境的变化，及其带来的生产和生活方式的转变；其次是城镇规模和数量的扩大，城镇功能性、经济现代化和集约化的提升。

二　消费行为与消费需求、消费结构

（一）消费行为

根据现代主流经济学理论，消费行为包括相互联系的两个方面：

一是微观经济学视角下的消费行为，指的是在消费者偏好既定的前提下，消费者在一定预算约束下的效用最大化行为。

二是宏观经济学视角下的消费行为，指的是消费者如何将收入在消费与储蓄之间进行分配，主要用消费函数来研究。宏观经济学中的消费行为包括消费需求。

（二）消费需求

消费需求是指一个国家或地区的居民在一定时期内有支付能力的需求，从物质形态上讲，是指在一定时期、一定的区域内，社会所有经济主体有一定支付能力的对消费资料（包括劳务）的需求；从价值形态上讲，是指一定时期、一定的区域内，社会所有经济主体以货币形式表现出来的对消费资料的需求①。

（三）消费结构

消费结构也被称为消费构成，是指在一定时期、一定的区域内，所有经济主体在消费总量中对不同类型的产品和劳务消费在数量上的比例和相互关系。消费结构可以用居民各项消费支出占消费总支出的比重来度量。例如基本生活消费中的衣、食、住、行等各方面分别占总消费支出的百分比即是对消费结构的表示。

三　农村居民、农民收入与消费支出

（一）农村居民

农村居民是指居住在城市市区和县城城镇以外的农业户人口（农业户口是指参加农村合作经济和农村个体经济的农户，包括从事农业和非农业劳动的农民家庭），不包括农村社会中所包含的国家机关、团体、学校、全民所有制企业等企事业单位的职工家庭人口。农村社会中有一些是在城镇中的务工人员，他们大部分时间工作生活在城镇地区，但收入中的大部分会带回农村家庭中，其经济、情感、社会归属感仍属于农村社会，因此仍视作农村居民。本书界定农村居民包括农村常住人口和进城务工的农民工。

目前的农村居民呈现出如下形态：第一类是以经营传统农业为主，消费观念是要便宜实惠；第二类是农忙时回乡务农，农闲时外出打工赚钱，这类农民一年中有很长时间不在农村，主要消费都在城镇或城乡接合部，回乡时会大量购物回馈家人；第三类是现代农民，他们是新时代的农民，受教育程度较高，在农村从事副业养殖或农场、旅游经营等活动，收入较高，消费观也非常先进，注重享乐。

（二）农民收入

农民总收入是指农村居民每年获得的全部实际收入，包括从各种不同收入来源获取的农业经营性收入、工资性收入、财产性收入和转移性收入。农民纯收入是指农村居民每年总的实际收入减去农业经营等活动中产生的所有成本和费用后的收入总和。农民人均纯收入按其形态可分为现金部分和实物部分。本书所指的农民收入仅是指农民纯收入中的现

---

① 厉以宁：《消费经济学》，人民出版社1984年版。

金部分。

（三）农民支出

农民总支出是指农村居民每年用于生产、生活和再分配等方面的全部实际支出。包括家庭经营费用支出、购置生产性固定资产支出、生产性固定资产折旧、税费支出、生活消费支出和转移性支出。本书所考察的农民支出主要是农民生活消费性支出。

四 制度

制度是规范社会成员的行为规则，指在一定时期、一定社会范围内形成的法律、礼仪、民俗等规范。制度包括法律和法规、社会公认的道德观念等。

本书所研究的制度包括农村社会的传统文化、农村社会的消费环境、农村社会的各种经济制度。

农村社会的经济制度是指政府制定的行为准则和一些策略原则，政府通过这些农业政策去宏观调控农业经济活动，它包括市场经济制度、农村社会保障制度、农村金融制度、农村土地产权制度、农村财政补贴制度、农村税费制度和农村基础设施建设制度等。

第三节 研究框架与基本内容

一 研究框架

（一）研究数据

本书研究数据源于《中国统计年鉴》（1978—2018）、《中国农村统计年鉴》（1978—2018）、《中国农村住户调查年鉴》（1978—2018）历年资料中的相关数据和《中国城市统计年鉴》（1978—2018）历年资料中的相关数据。

本书采用的主要数据有：

有关新型城镇化的度量数据，包括城镇人口占区域总人口比重、第三产业从业人员比重、城市人口密度、人均 GDP 产值、第三产业占 GDP 比重、城镇居民个人可支配收入、人均道路面积（平方米）、万人拥有公共汽车数（标台）、天然气用气普及率（%）、人均公园绿地面积、每万人有公厕（座）、城镇医疗保险参保比率、城镇基本养老保险参保比率、每万人拥有医师数（人）、平均每万人大学生在校人数，来源于《中国统计年鉴》(1978—2018)、《中国城市统计年鉴》(1978—2018)。

农民人均纯收入和人均生活消费支出的年度数据（1978—2018），恩格尔系数的年度数据（1978—2018），城乡可支配收入比的年度数据（1978—2018），来源于《中国统计年鉴》(1978—2018)。

农民人均食品、衣着、居住、家庭设备用品及服务、医疗保健、交通和通信、文教娱乐及服务支出年度数据（1978—2018），来源于《中国农村统计年鉴》(1978—2018)。

农民人均经营性收入、工资性收入、转移性和财产性收入的年度数据（1978—2018），来源于《中国农村统计年鉴》(1978—2018)。

农村消费价格指数、农产品生产价格指数、农村生产资料价格指数的年度数据（1978—2018），来源于《中国农村统计年鉴》(1978—2018)。

（二）研究方法

（1）统计分析法。根据相关统计数据，统计描述历年来我国新型城镇化的发展状态和我国农村居民的消费状态。利用熵值法计算2000—2018年我国新型城镇化各指标的权重，最后得出城镇化水平的综合得分，分析其发展过程、现状和存在的问题。计算我国农村消费总量的增长率、平均消费倾向和边际消费倾向，分析农村居民消费结构的变动，并利用ELES扩展性消费线性模型计算农村消费结构中各消费项目的边际消费倾向的变动。

（2）文献分析法。梳理国内外有关城镇化、消费经济以及两者相关性的文献资料，总结其研究视角和研究方法、研究结论，在借鉴这些内容的基础上，研究和创新本书课题。

（3）规范研究与实证研究相结合，以实证研究为主。本书在梳理国内外学者对城镇化、农村居民消费需求以及二者之间在理论及实证方面的相关文献的基础上，对研究数据进行整理、统计，借助相关的消费模型（主要包括预防性储蓄理论、流动性约束理论、绝对收入理论、相对收入理论）和城镇化经济理论，构建新型城镇化水平与农村消费需求关系的一系列数理模型来进行实证研究。

（4）动态分析与比较分析相结合的方法。主要体现在本书选取较长的时期（1985—2018），采用 GMM 模型对新型城镇化发展与农村消费需求的发展趋势展开动态研究，揭示其规律性；比较研究新型城镇化综合水平对我国农村居民各消费项目的拉动效应；比较研究新型城镇化进程中不同的城镇化类型对消费拉动作用的绩效。

（三）技术路线

本书是从新型城镇化的视角去研究农村消费问题。研究思路总体是：通过对目前我国新型城镇化发展现状和农村消费水平的研究，分析新型城镇化对农村居民消费需求的拉动效应；分析新型城镇化拉动农村居民消费需求的动力机制，并针对具体动力因子对消费增长的拉动程度进行定量分析；分析城镇化进程中存在的一些问题，及其对城镇化拉动效应的制约性因素；最终提出通过新型城镇化建设来促进农村居民消费的综合机制。

具体技术路线图如图 1-3 所示：

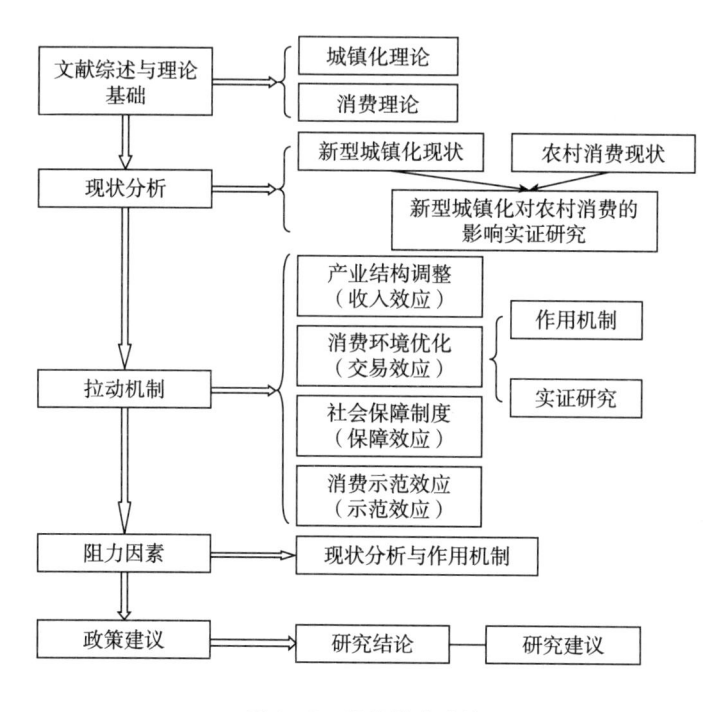

图 1-3 具体技术路线

二 基本内容

本书拟研究新型城镇化对农村消费需求的拉动机制，研究内容包括以下四个方面：

（一）新型城镇化对农村居民消费需求的拉动效应

1. 新型城镇化的发展与测量

本书从四个维度去选取新型城镇化的评价指标，设计其评价体系，综合度量新型城镇化水平：第一类是人口城镇化类指标，反映的是城镇人口数量在社会总人口数量中的占比逐渐提高的过程；第二类是经济城镇化类指标，主要反映生产要素在城镇集聚，产业结构优化的过程；第三类是基础设施城镇化类指标，主要反映包括公路、交通、煤气、公园等公共设施，即俗称的城镇基础设施建设（physical infrastructure）的完善进步的过程；第四类是社会服务类指标，主要反映新型城镇化中，城乡一体化建设中社会福利和保障等社会公共品供给的变化。本书是通过收集与每个维度相关的新型城镇化发展的指标与历年数据，通过熵值法计算出各个维度及各指标的权重，最后计算出综合得分，来度量当年新型城镇化的水平。通过城镇化水平的测量值与发展历程，分析我国城镇化的特点与问题。

2. 农村消费水平与消费结构

分析中国农村近二十年的消费水平与消费结构的变化与现状。用消费增长率、平均消费倾向与边际消费倾向去度量消费水平的变化；用农民消费中食品、衣着、居住、家庭设备用品及服务、医疗保健、交通和通信、文教娱乐及服务、其他商品和服务在农村居民总消费中的占比来度量消费结构的变化；并利用消费结构的扩展线性支出分析模型（ELES）来分析农村八大消费需求类目的边际消费倾向。

3. 分析新型城镇化水平与农村居民消费总量的动态关系

通过新型城镇化水平的综合测量值与农村居民消费的相关数据，定量分析城镇化对农民消费规模的提升。并在具体分析城镇化发展对农村居民消费作用机理的基础上，结合2000—2018年的统计数据，构建GMM模型，分析新型城镇化中不同类型城镇化水平与农村居民消费需求的动态关系。

4. 分析新型城镇化水平对农村居民消费结构的影响

（1）把农户消费类目分为：食品、衣着、居住、家庭设备用品及服务、医疗保健、交通和通信、文教娱乐及服务、其他商品和服务，利用灰色关联法分析和比较城镇化水平对这八种消费需求的影响方式和程度；

（2）按消费支出满足居民生活的层次分为生存资料、发展资料和享受资料，定量分析城镇化水平下这三种层次消费需求的变化。

（二）新型城镇化对拉动农村居民消费需求的动力机制研究

1. 产业结构调整与农村居民消费需求

新型城镇化的建设过程也是生产要素的聚集过程，农村剩余劳动力向城镇转移，伴随劳动力转移的农村第二、第三产业也随之向城镇聚集，城镇化水平越来越高、城镇的数量越来越多，进城农民的收入增加，又进一步吸引更多的农村剩余劳动力往城镇转移，留住在农村的农民也因为资源约束的解除，可以进行农业的集约化规模经营，也会增加收入，进而促进生活性消费水平的提高。具体研究内容包括：①构建新型城镇化进程与产业结构指标 IS（第二、第三产业在 GDP 中的占比）相关系数与农村居民消费需求的关系模型；②对新型城镇化进程中产业结构指标 IS 与农村消费结构中八大消费类目的占比进行相关系数进行分析和比较。

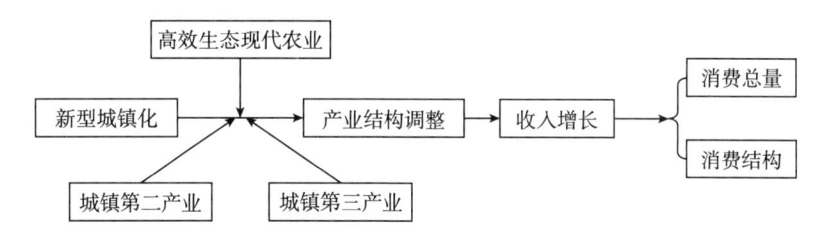

图 1-4 产业结构调整拉动农村消费技术路线

2. 消费环境优化与农村居民消费需求

在新型城镇化进程中，随着公共基础设施的投入和消费金融市场的逐渐完善，第三产业尤其是服务业的快速发展，社会经济文化环境必然会得到优化，从而刺激新市民在住房、汽车、家电、文化娱乐、教育、医疗、商业零售、餐饮等方面的消费需求。具体研究内容包括：①量化在城镇化体系下，包括交通运输、文化体育、医疗教育、水电供应、商业网点、通信技术等在内的城镇服务性公共基础设施的建设水平，构建其与农村消费的关系函数，实证研究新型城镇化进程中公共基础设施的投入对扩大农村消费需求的绩效。②分析新型城镇化进程中农村消费金融市场的发展对农村消费的影响。③分析新型城镇化建设中服务业的发展给农村消费需求所带来的刺激和影响。

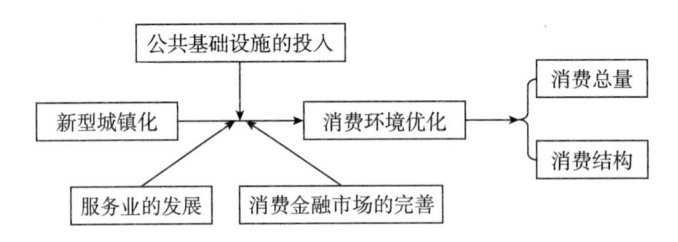

图1-5 消费环境优化拉动农村消费技术路线

3. 社会保障制度与农村居民消费需求

新型城镇化强调的是打破过去城乡分割的二元经济体制、改革户籍制度、促进城乡一体化发展的城镇化建设。城镇所具有的相对较好的社会保障体系，能够减少农民不确定性心理预期，将大量预防性储蓄转化为强大的消费能力。

以理性预期模型、预防性储蓄理论模型和流动性约束理论为理论依据，构建城镇化中各种社会保障制度体系下的消费关系函数，包括社会保障、医疗保障、基础教育、公共卫生等基本社会保障体制，进行因子分析，实证研究新型城镇化进程中各项社会保障制度对扩大农村消费需求的绩效。

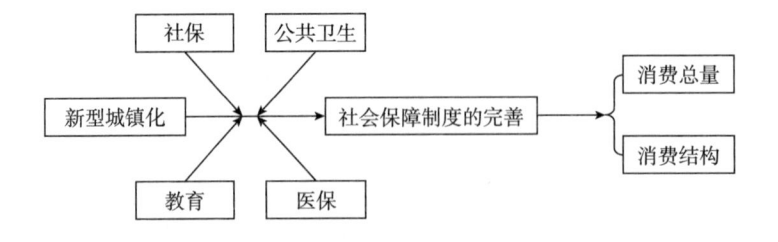

图1-6 社会保障制度完善拉动农村消费技术路线

4. 消费示范效应与农村居民消费需求

根据杜森贝利（Duesenberry）的观点，居民的消费行为不仅受到自身收入水平的影响，还会受到周围相关群体消费行为的影响，使其接近其他人的消费行为特征。这就是消费的棘轮效应和示范效应[①]。城市居民的消费示范效应会刺激、引导、进而拉动农村居民消费需求。

在杜森贝利相对收入消费理论的框架下，构建新型城镇化进程中周围城市居民消费水平与农村居民消费水平的关系函数，对示范效应所产生的消费拉动效应进行实证分析。

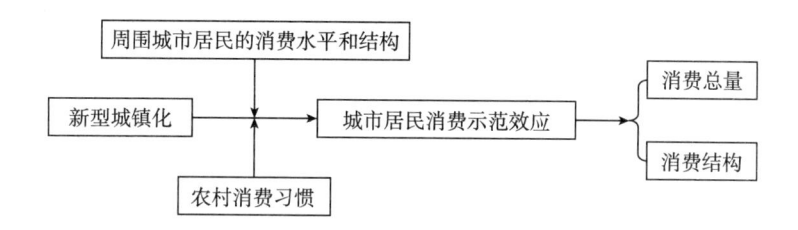

图 1-7 城镇消费示范效应拉动农村消费技术路线

（三）新型城镇化对拉动农村居民消费需求的阻力机制研究

从城镇化对农村居民消费需求的动力机制研究中会发现，城镇化对农村消费具有潜在的持续拉动效应，但如果同时存在于动力机制中的现实阻力因素成为主流，将会对拉动效应形成明显的阻滞，甚至出现负的相关关系。

1. 城镇化方式不合理挤占消费能力

基层政府片面地追求城镇规模的扩张，产业结构调整落后，跟不上城镇化水平，这种粗暴的城镇化发展方式就会阻碍城镇化对农村居民消费拉动效应的影响。

2. 农村消费环境落后阻碍消费拉动

在城镇化发展中，农村消费环境的改造没有跟上城镇化扩张的步伐。

---

① Duesenberry, J. S., *Income, Saving, and the Theory of Consumer Behavior*, Cambridge: Harvard University Press, 1949.

3. 社会保障不健全弱化消费信心

在城镇化建设中，新市民和农村居民的养老、医疗、教育、失业等相关的社会保障与公共服务并没有跟上城镇化建设的步伐，弱化了城镇化对他们的消费需求带来的正向影响。

4. 城乡结构失衡制约消费意愿

城镇化发展速度加快，可能的副作用就是让城乡的收入差距不断扩大，让城镇化中消费的示范效应不能发挥，阻碍消费拉动效应。

（四）发展新型城镇化，拉动农村居民消费需求的对策建议

从强化城镇化拉动农村消费的动力机制和消除城镇化拉动农村消费中的阻力因素两个层面，制定完善新型城镇化建设，进而扩大消费需求的对策。

（1）优化产业结构，增强农村居民收入与消费能力；

（2）加大基础设施的建设及公共产品服务的供给，并构建多层次的农村消费金融市场供给体系，给农村居民创造一个良好的消费环境；

（3）全面提高社会保障的覆盖范围，改革农村养老保险体系和户籍制度，减少预防性储蓄，增强消费信心；

（4）缩小城乡差距，增强消费示范效应；

（5）通过加强小城镇建设，来提高农村居民的消费水平；

（6）因地制宜，制定与中西部地区具体情况相符的新型城镇化策略。

（五）创新点

（1）研究方法创新。运用消费决策理论和城镇化经济理论，结合相关计量模型，创新搭建新型城镇化对农村消费需求拉动动力机制的计量模型。

（2）学术思想创新。①动态和比较分析城镇化对农村消费的拉动路径，具体分析和比较各动力因子对农村消费总量和消费结构的拉动效应。②将新型城镇化对拉动农村居民消费需求的动力机制和阻力机制结合分析，从而找到健康发展新型城镇化，拉动农村消费的综合机制。

（3）学术观点创新。城镇化对消费需求具有潜在的持续拉动效应，但如果同时存在于动力机制中的现实阻力因素成为主流，将阻碍拉动效应。这些阻力机制在我国普遍存在，使一些地区的农村消费水平大大落后于新型城镇化进程。因此,要从强化动力机制和消除阻力机制两个层面,制定完善城镇化方式进而扩大农村消费需求的对策。

(六) 本书的不足之处

(1) 本书分别从理论上和实证上研究了新型城镇化对农村居民消费的拉动机制,并在研究基础上对如何进行新型城镇化建设,提高农村居民消费提出了相关的政策建议。由于本书是基于全国的综合性数据进行的理论和实证分析,而我国的地理区域非常大,地区间的经济发展水平和城镇化水平并不一致。本书并没有进一步针对我国不同经济发展水平的各区域分别进行比较和研究,是本书的不足之处之一。

(2) 本书在研究城镇化对农村居民消费的拉动效应分析上,还缺乏与其他国家实证方面的比较分析。与其他国家的比较分析,能更好地帮助我们认识到我国城镇化建设中出现的问题和不足。

(3) 新型城镇化是一个内容丰富的综合性概念,包括很多方面,由于本人时间和能力有限,以及在短期内数据的可得性,本书只选取了一些具有代表性的可得性指标进行分析,这样可能给研究带来片面性。在后续研究中,可以选取更多的指标,从更多方面、更全面地研究新型城镇化对中国农村居民消费的拉动机制。

第二章

理论基础与文献综述

第一节　理论基础

本书对新型城镇化对农村居民消费的影响作用分别进行了定性和定量的研究；本书研究的展开是建立在下述相关理论基础之上的。

一　城镇化的相关理论概述

（一）区位理论

区位理论是一种以地区中产业分布为标准来划分区位的理论体系，把地区分为农业区、工业区和城镇区等，是城镇化理论体系中的重要理论之一。

区位理论指出城镇最重要的特点就是社会化大生产，在此过程中各生产要素往城镇这一空间上集聚。社会经济体系就是由不同的城镇、不同的子系统构成的，城镇之间会相互作用，各子系统之间也会相互作用，这样形成了共同发展。正是这种城镇化发展后的集聚效应及城镇、子系统间的分工合作，推动社会生产力和社会经济效益的提升。城镇是一种社会生产和生活方式。区位理论正是对城镇化能产生社会经济效益的原因进行探究，以产业分布为基础区分城镇的分布状态和形式。

（二）结构理论

结构理论也就是学界经常谈到的"二元经济结构理论"。二元经济就是指社会上同时并存两个经济结构：一个是以工业为主导的非农经济的城镇，另一个是以传统农业经济为主导的农村，这一理论涵盖了产业结构与区域结构。一个国家在工业化发展阶段时就是要改革这种二元经济结构，把城乡分离的二元经济结构转变为城乡一体化的现代一元经济结构。结构理论主要论述城镇化发展中人口结构的变化和城乡经济的变革，这两项指标也正好是城镇化的重要指标。这一理论目前有三个理论体系：刘易斯—拉尼斯—费景汉模型、乔根森模型和托达罗人口流动模型。

1. 刘易斯—拉尼斯—费景汉模型

1953年刘易斯创造了二元经济理论，认为发展中国家的经济结构可以分为工业部门和传统农业部门，同时建立了二元经济发展模型。在此模型中，按照现代生产生活方式的、以工业为主导的城镇和按传统生产生活方式的、经营传统农业为主导的农村在一国中并存。农村的劳动生产率和收入水平低下，而城镇的劳动生产率和工资水平较高。这样，在一国中存在生产效率和收入水平具有明显差距的城镇和农村两个区域，自然会吸引农村的剩余劳动力和要素、资源向城镇流入，当农村的全部剩余劳动力都转移到了城镇时，就达到了"刘易斯拐点"。这一理论将城镇化、工业化及人口转移三者联系在了一起，形成了刘易斯理论。之后，拉尼斯、费景汉（G. Ranis, J. Fei）[①]又在此理论中加入了新的研究变量，引入了制度因素，进一步完善成为刘易斯—拉尼斯—费景汉模型。也就是说制度因素决定了农业的收入水平，并且将农村剩余劳动力的生产率分成了两种：一种是边际生产率为零的剩余劳动力，另一种是边际生产率低于制度工资的剩余劳动力。这使模型扩展成为三个阶段，并认为农村生产率低下是农村剩余劳动力转移到城镇和工业发展的原因。

2. 乔根森模型

乔根森在20世纪60年代创建了基于新古典经济学模型的二元经济结构模式，并在《剩余农业劳动与二元经济发展》一书中批评了刘易斯—拉尼斯—费景汉模型，认为农村剩余劳动力存在的原因是农业的人均产出率大于人口增长率，刘易斯—拉尼斯—费景汉模型中描述的边际生产率为零的农村剩余劳动力并不可能存在[②]。并且乔根森理论的关注

---

① 费景汉、拉尼斯著：《劳动剩余经济的发展——理论与政策》，王蹄等译，经济科学出版社1998年版。

② Dale W. Jorgenson, "The Development of a Dual Economy", *Economic Journal*, 1961 (71).

点并不仅仅是农村剩余劳动力,而是农业剩余,认为只有当存在农业剩余时,农村生产没有需求去拉动,才会有农村剩余劳动力转移到城镇中的工业部门。并且,乔根森还指出了消费结构也会对农业剩余造成影响,正是因为消费者对工业品的需求增大,才会出现农村剩余劳动力转移到城镇工业中的情况,而居民消费结构的变化正是消费需求拉动的结果。

3. 托达罗人口流动模型

随后,托达罗[①]在1969年以刘易斯模型为原型,用居民的预期收入取代实际收入,新建了托达罗模型。这一经济模型指出,当城镇中出现了失业情况时,农村人口还是会由农村向城镇转移,因为农村人口仍然相信城镇有较多的工作机会和较好的收入预期。在这种情况下,特别是在发展中国家,由于长期存在的二元经济结构,导致城乡间收入和生活水平的差距,从而促使农村人口流动到城镇,进而加剧城镇的失业状况。但是只要社会没有完成城镇化,只要城乡有差距,这种人口流动的情况就会出现。这一理论解释了农村人口转移到城镇与城镇失业问题并存的情况。

托达罗认为,农村人口流动到城镇的主要原因就是城乡预期的收入差异,而不是两者之间现实的收入差异。当农村人口预期城镇工作的收入远远大于农村的收入时,便会积极寻求途径转移到城镇,城镇的人口数量就会大大增加。托达罗用农村转移到城镇人口的工作收入乘以城镇中的就业率,来度量城镇劳动的预期收入。并且把城镇分为现代化的工业、商贸部门和传统、落后的非工业部门,指出正是因为城镇中也存在非正规的工贸部门,才会促进农村人口流向城镇。

结构理论对本书的启示:

二元经济结构理论解释了城乡差距和农村人口自发向城镇转移的原因,提出了工业化和城镇化建设与发展可以促进农村人口向城镇转移。这一理论对本书研究选题的启示在于,通过推进新型城镇化建设,促进城乡一体化建设和体制改革,让城乡生产资源自由流动,升级农业产业

---

① Todaro, Michael P., "A Model of Labor Migration and Urban Unemployment in Less Developed Countries", *Journal of American Economic Review*, 1969, 12 (1): 138 – 148.

结构，创造和谐的城乡社会氛围，可以实现我国由传统的二元经济结构转变为一元结构，减少城乡差异，促进农村消费。我国过去传统的二元经济体制和城乡户籍管理制度将城乡隔离，不仅制约了生产要素在城乡间的自由流动，更是加剧了二元社会经济发展背景下的城乡差异，导致社会资源配置不能最大化优化，产业结构升级速度放缓，城乡市场隔离以及收入分配差距变大等一系列的经济与社会问题，并造成难以刺激农村市场，扩大内需拉力不足等问题。新型城镇化建设是解决这一问题的途径之一。

（三）非均衡增长理论

一些经济学家在20世纪50年代开始从区域的空间发展这一视角去研究城镇化理论，这种城镇化的理论研究可归类于非均衡增长理论。这一理论主要有四种代表性理论。

1. 增长极理论

1955年，法国经济学家佩鲁发现，在现实的经济社会中，经济地位的不均衡的条件就是促使各经济要素相互作用的条件[①]，也就是说，在经济社会中，有一些经济个体占据主导支配地位，有一些主体则处于非主导被支配地位，这种不均衡产生了极化现象，也就是"增长极"，是指经济发展的不均衡，社会上一些部门和行业发展速度较快，会促进各种包括劳动力在内的生产资料和要素向这些部门和行业涌入，推动这些部门和行业的更快的发展，这也就是"增长极"的极化效应；并同时推动相关行业的发展和产业扩张，产生经济增长的乘数效应，这是"增长极"的扩散效应。增长极理论同样适用于一个地区，放在城镇化理论框架中，就是指城镇地区经济发展得较好较快，会导致生产要素在城镇中集聚，推动该地区经济发展更好，产生极化作用，进而带动周边乡村的发展，产生扩散效应。

2. 中心—边缘理论

赫克歇尔—俄林的分析开始从地理经济学的角度切入到城镇化的理论研究，该理论认为城镇和农村的自然要素禀赋的差异，会促进要素的流动，城镇的劳动力工资高于农村，且市场和基础设施都较完善，自然

---

① 弗朗索瓦·佩鲁：《新发展观》，华夏出版社1987年版。

会促使劳动力要素由农村向城镇流动,当流动到一定程度,城乡收入就会趋于相同,此时,农村劳动力就会停止向城镇转移,这一理论和国际贸易会促使全球商品价格趋同的理论一样。该经济地理学说此后被弗里德曼(J. R. Frideman)认同,并以此为基础发展成为中心—边缘理论[1]。弗里德曼提出,在地理经济的空间里,中心地区是城镇或城镇的集群,处于经济的主导地位;边缘地区则是经济发展较落后的地域,处于被支配的位置,其经济发展依赖于中心区域。当社会的工业化发展到一定水平时,经济发展较好较快的中心区域会向经济发展较慢的边缘区域扩散,最终导致所有地区的经济发展趋同。

3. 循环累积理论

在前述理论的基础上,经济学家缪尔达尔于1957年提出了"循环累积理论",这一理论也称为"地理二元经济理论"[2]。他认为,由于前述中心—边缘理论中的"极化"和"扩散"效应,造成各地区的经济发展不是同步进行的,而且"扩散"效应也不是同步的,地区间会存在发展差距,这种差距就会产生"累积性因果循环",也就是好者越好,慢者越慢,进而加大地区间经济发展水平差距,形成地理区域上的二元经济结构,导致新的中心区域在边缘地区出现,受"扩散效应"和"极化效应"的影响,这一过程的重复循环,就会促进城镇化的发展。

4. 非均衡增长理论

1958年,赫希曼在《经济发展战略》一书中正式提出"非均衡增长理论"[3]。该理论认为,因为资源的有限性和缺少真正的企业家,不可能进行平衡增长战略。他指出,在社会经济发展较弱时,应该让发展最快的企业或地区拥有稀缺资源;当该企业和地区的经济发展起来,经济发展到较高水平后,就应该开始协调社会经济的全面发展,使社会经济往均衡的方向发展。因此,在非均衡增长理论中,社会经济发展的最

---

[1] J. R. Frideman, *Regional Development Policy: A Case Study of Venezuela*, MLT Press, Cambridge, 1966.
[2] 缪尔达尔:《亚洲的戏剧:南亚各国贫困问题研究》,商务印书馆2010年版。
[3] 艾伯特·赫希曼著:《经济发展战略》,曹征海、潘照东译,经济科学出版社1991年版。

终目的是经济的均衡发展,通过不均衡的区域经济发展为手段,实现高水平和均衡发展。

5. 推拉理论

赫伯尔(R. Heberle)在1953年对德国进行了实地调研,论著了《乡村—城镇迁移原因》一文。在文中,赫伯尔指出人口从农村流向城镇,是因为城镇产生的拉力与农村产生的推力共同作用的结果,首创造了"拉力"和"推力"这一概念。拉力是城镇吸引农村人口的因素,推力则是农村推出人口的原因,两者方向一致,造成农村人口转移到城镇。

随后,唐纳德·博格又对赫伯尔的理论进行了完善,提出了著名的"推拉理论",从人口的迁入地、迁出地全面解释了人口流动的原因。该理论指出,迁入地一定会有很多吸引因素,如城镇较好的就业机会,较高的工资水平或生活条件,较优的教育水平,即"拉力",把人口吸入;而迁出地则有种种消极原因,如自然资源约束、收入水平较低、基础设施较差等,即"推力"把人口推出。

埃弗雷特·李于1966年在一篇名为《迁移理论》的文章中,对"推拉理论"进行了发展,通过对人口流动数量,正向、反向流动,流动人口特征及迁移行为进行系统研究后,发现不同的人口,对迁移的拉力和推力的反应也是不同的,从而总结出了四种迁移的阻碍原因。一是迁出地的相关阻碍因素,如亲友团聚、社交环境较优等;二是迁入地相关阻碍因素,如当地的竞争就业市场、生活环境等;三是迁移过程相关阻碍因素,如交通、时间和经济成本等;四是迁移者自身的阻碍原因、如年龄较大、性别考量、教育程度有限等。

(四)城镇化发展理论

美国经济学家诺瑟姆(Northam)提出城镇化理论中著名的城镇化发展理论[1],即诺瑟姆曲线,这是他在研究了大量不同国家的城镇化过程后提出的。在这一理论中,人口城镇化率作为度量城镇化发展的重要指标,也是现行国际上反映城镇化的主流衡量指标。该比率是指城镇人口占该国家或地区总人口的比例,也就是 $=\dfrac{\text{城镇人口数量}}{\text{该地区总人口数量}}$。

---

[1] Northam, R. M., *Urban Geography*, New York: John Wiley &Sons, 1975 (8): 65 – 67.

诺瑟姆曲线是一条"S"形的曲线。分为城镇化发展阶段、快速发展阶段和缓慢停滞发展阶段。在城镇化初期，也就是发展阶段，城镇化发展相对较慢。人口城镇化率小于30%；在快速发展阶段，人口城镇化率在30%—70%；在最后一个阶段，人口城镇化率大于70%。

非均衡增长理论对本书的启示：

参照中国2017年的城镇化率58.52%，由上述理论可知，我国正处于城镇化发展的快速发展阶段。在这一阶段，社会的工业化水平较高，农业的生产率水平也有较大提升，工业的发展与扩张为农村转移人口提供了大量的就业岗位，城镇化的主要驱动力也是社会第二产业和第三产业的发展。我国过去长期的二元经济结构，使城镇的经济发展速度与水平远远超过农村。从人口迁移的迁入地的"拉力"来说，城镇有较好的基础设施和公共服务水平、较高的工资水平和教育资源等吸引力，但也存在生态环境恶化、公共服务跟不上人口增长、生活成本较高等阻碍因素；从迁出地的"推力"来说，农村从事农业产业的收入较低、不稳定，农村地区的公共基础设施相对较差。从非均衡增长理论来看，国家的新型城镇化发展建设，要在人口转移到城镇的过程中，减少阻力，提高进城农民享受公共服务的水平，注重转移到城镇的农民的生活水平和条件。在尽量减少人口转移阻力的同时，加大城镇的拉力和农村的推力的作用。

（五）城镇化水平下的产业结构理论

1. 库兹涅茨的人均收入理论

1941年库兹涅茨（Kuznets）提出了人均收入理论[①]，对经济发展中产业结构的演进规律进行了研究。该理论指出，当一国的经济水平不断发展提高时，会伴随着第一产业在国民经济中所占比重不断下降，从事第一产业的人口占社会总人口数量的比重也在不断下降；与此同时，第二产业和第三产业在国民经济中所占比重不断上升，其中，第二产业的从业人员占社会总人口数量的比重基本不变或略有上升，而第三产业的从业人员占社会总人口数量的比重则是大大提升的状态。因此，国民收入的提高会引起产业结构的变化。

---

① 库兹涅茨：《现代经济增长》（中译本），北京经济学院出版社1999年版。

2. 罗斯托的主导产业选择理论

1960年，罗斯托（Rostow）指出在社会经济发展的不同时期，会有不同的主导产业。他将经济发展时期从低到高分为六段，其主导产业分别为农业、工业、交通运输业、消费品业、教育业和医疗业。伴随着生产力和科技水平的发展，经济发展会引起不同产业部门的发展状态的变化，进而引致产业结构升级[①]。

3. 钱纳里的标准产业结构理论

钱纳里（Chenery）等在1975年发表了标准产业结构理论，指出了经济发展与国民人均收入发展的相关性[②]。经济的发展就是经济结构由低到高升级的过程，在西方发达国家过去的经济发展历史中，在人均国民生产总值不变时，产业结构和从事各产业的劳动力占比基本不变，而在工业化发展的过程中，当人均国民收入水平上升后，产业结构会发生变化，第二、第三产业的占比明显上升，相应的劳动力占比也明显上升。

二 居民消费理论

早期的居民消费理论的发展主要有三个阶段：第一阶段以凯恩斯的绝对收入理论和杜森贝利的相对收入理论为主，研究的是居民在短期内的消费行为随着收入的变化而变化；第二阶段以莫迪利安尼的生命周期消费理论为代表，研究的是居民是长期内，甚至是一生的消费行为；第三阶段是弗里德曼的持久收入消费理论，研究的是居民的消费行为和暂时性收入、持久性收入的关系。

（一）早期消费理论

1. 绝对收入理论

凯恩斯提出了最早的消费理论：绝对收入理论[③]。他在该理论中指出，居民的消费和收入是存在函数关系的，收入水平越高，消费越高；同样，当收入下降时，消费也会下降。消费因为收入的变化而变化的函数关系系数就是居民的边际消费倾向，并且这一值是递减速的，也就是

[①] 罗斯托：《主导部门起飞》，四川人民出版社1988年版。
[②] 钱纳里等：《工业化和经济增长的比较研究》，上海三联书店、上海人民出版社1995年版。
[③] 凯恩斯：《就业、利息和货币通论》，商务印书馆1999年版。

说，当收入越来越高时，消费的增速却会越来越小。如果社会存在收入分配不均的现象，高收入的居民的消费增长速度随着收入的增长而降低，而低收入的居民却因为收入水平的限制无法消费，这样，整个社会随着贫富差距的增大，会出现消费不足的问题。

2. 相对收入理论

在凯恩斯绝对收入理论的基础上，杜森贝利引入了心理学的相关研究，提出了相对收入理论[①]。该理论提出，居民的消费行为不仅受到自身收入水平的影响，还会受到周围相关群体的消费行为的影响，会接近其他人的消费行为。特别是一些收入水平较低的人，会由于攀比心，去模仿高收入人群的消费行为，提高自己的消费水平，尽管自己的收入水平并没有增加。这就是相对收入理论中的"示范效应"。此外，研究还发现，当居民收入降低时，消费并没有如绝对收入中描述的因为收入的降低而降低，而是维持在原有水平，这是因为当居民达到某一消费水平时，消费具有惯性，居民很难在短期内因为收入的减少而减少消费。这就是相对收入理论中的"棘轮效应"。

3. 生命周期理论

美国的经济学家莫迪利安尼等在凯恩斯和杜森贝利之后提出了生命周期理论，该理论指出居民都是理性行为人，会根据其一生的总收入来合理分配每个时期的消费水平，达到效用的最大化。所以消费行为并不会因为短期收入的变化而变化，只有在长期内的收入发生变化时，消费行为才会发生改变[②]。在这一理论中，居民的生命分为青年、壮年和老年三个时期。青年时收入水平较低，老年时丧失工作能力，因而这两个阶段的消费水平会大于其收入水平；而壮年是一生收入水平最高的时期，居民会选择在这一时期偿还青年时的债务和储蓄老年的养老费用，因此，这个阶段的消费水平会低于收入水平。

4. 持久性收入理论

随后，持久性收入理论出现了，它由美国经济学家弗里德曼提

---

① Duesenberry, J. S., *Income, Saving and the Theory of Consumer Behavior*, Harvard University Press, 1949.

② Modigliani, F., "Life Cycle, Individual Thrift, and the Wealth of Nations", *Science*, 1986, 34 (4777): 704-712.

出①。该理论认为居民的消费不会因为短期内的暂时性收入水平提高而提高，而是根据其长期的持久性收入水平去决定其消费水平。暂时性收入是指在短期内获得的，并且具有一定的偶然性，比如意外中奖等情况；持久性收入是指在长期内稳定的收入，并不是偶然的，而是预期内的收入。当居民获得暂时性收入时，最常见的做法并不是消费，而是储蓄起来，而当居民知道自己的持久性收入增加时，才会提高其消费水平。

（二）随机游走理论

随机游走假说的出现，意味着消费理论的一个里程碑，它第一次把不确定性引入到消费理论中，构建了消费隐函数。霍尔（Hall, Robert E., 1978）在持久性收入理论、生命周期理论这两个早期的消费理论的基础上，加入了理性预期理论，首次提出了随机游走理论。随后，弗莱文（Flavin, 1981）运用这一理论进行了相关实证研究，发现居民的消费水平会受到滞后性收入的影响，并且是一个正向的关系，提出了消费的"过度敏感性"学说。而坎贝尔和迪顿（Campbell and Deaton）同样根据这一理论，对居民的消费水平和收入变化进行了回归分析，发现由收入变化所产生的消费变化的标准差和理论估计有较大的差距，他们认为产生差距的原因是消费的"过度平滑性"②。这也是从另一个角度去验证霍尔的随机游走理论，并引起质疑的地方。伴随着对这一理论进一步的探讨，学述界对引入了不确定性因素的消费理论研究持续展开，并最终形成了预防性储蓄理论和流动性约束理论。

（三）预防性储蓄理论

预防性储蓄理论是经济学家利兰德（Leland）③首次提出来的，相对于确定性条件而言，在引入不确定性后，理性行为人为了防范不确定性事件的发生，会采取更为谨慎的消费行为，这就是预防性储蓄假说。

---

① Friedman, M. A., *Theory of the Consumption Function*, Princeton University Press, 1957.
② Campbell, J. Y., Deaton, S., "Why is Consumption So Smooth", *Review of Economic Studies*, 1989 (56): 357-374.
③ Leland, Hayne, "Saving and Uncertainty: The Precautionary Demand for Saving", *Quarterly Journal of Economics*, 1968 (82): 456-473.

预防性储蓄是指消费者由于害怕未来的风险，担心未来的收入水平会降低，以及意外支出等不确定性因素，会选择抑制其消费需求，进行储蓄来应对未来可能发生的收入和支出风险。因为害怕这种不确定性而产生的储蓄需求，被称为预防性储蓄。其主要诱因就是人们未来的收入和支出可能出现的变动，这种变动既可能是因为居民的个人情况而造成的不确定性，也可能是社会和经济环境造成的未来的不确定性。收入不确定性的增强会提高消费者的预防性储蓄。那些对未来不确定性感受较低的人相对于不确定性感受较强的人，其边际消费倾向会高一些。

利兰德（Leland，1968）和桑德莫（Sandmo，1970）在进一步研究后发现，预防性储蓄的动机是存在的，因为消费效用函数的第三阶求导大于零。他们在研究中将预防性储蓄因素加进消费函数，而不使用二次型效用函数，使消费函数中真正具有不确定性因素的成分。在预防性储蓄模型中，收入变动越大，也就是收入不确定性越大，消费者会有一个较高的财富——收入比率，即他们会在年轻时倾向于积累财富，缩减开支，储蓄财富，在年老时再进行较多消费。经济学上定义的理性人，都是相对风险厌恶者，他们对即期收入非常敏感，储蓄过多，并有较高的消费的预期增长率[①]。

利兰德根据理性经济人假设，行为人总是希望维持固定的长期边际消费效用，建立了一个消费的两期模型。即：

$$u'(C_1) = E[\beta(1+r_1)u'(C_2)]$$

式中，c_1 为第一期消费；c_2 为第二期消费；β 为时间贴现因子；r 为利率。满足：$u'>0$，$u''<0$。当时间偏好率 $1/\beta = r$ 时，$u'(C_1) = Eu'(C_2)$。

这表示消费者对未来的消费边际效用的预期等于现在的消费边际效用。

$$\frac{d(-u''/u')}{dc} < 0, \quad 即 \frac{u'u''' - u''^2}{u'^2} > 0$$

由于 $u'>0$，所以由上式得 $u''' > 0$，那么消费边际效用为凸函数。

---

① Zeldes, Steven P., "Optimal Consumption with Stochastic Income: Deviations from Certainty Equivalence", *Quarterly Journal of Economics*, 1989, 104 (2): 275-298.

边际效用函数是凸函数表示在居民处于较低消费水平时，边际消费效用却大于处于较高消费水平的状态，也就是说居民在较低消费水平时，随着当期消费减少，边际消费效用增长率却在上升，并且其值要大于居民在消费水平较高时的值。对消费效用函数进行三阶求导的值大于零时，表明当存在不确定性因素时，居民预期消费的边际效用要比没有不确定性时大。

则有：

$Eu'(C_2) < u'E(C_2)$，也就是 $E(C_2) > C_1$

该式表明，消费者的当前消费会小于预期的未来消费。也就是说，由于存在不确定性，居民会选择减少当期消费而增加储蓄。

（四）*流动性约束理论*

早期的消费理论（凯恩斯的绝对收入理论、杜森贝利的相对收入理论、莫迪利安尼的生命周期理论和弗里德曼的持久收入理论）都是假设居民是可以自由借贷的，也就是说，没有流动性约束。但之后的经济学家发现，流动性约束是存在的，并对流动性约束对消费的影响进行了研究，发现当流动性约束存在时，居民对未来的预期收入水平会产生过度敏感性，进而减少消费[1]。托宾（Tobin，James，1971）、弗莱明（1973）都对这一问题进行了研究，并且认为在消费函数中引入流动性约束成分非常必要。泽尔迪斯（Zeldes）等在对发展中国家和发达国家的案例中进行了实证研究，证实了流动性约束这一因素会导致居民在实际消费时，降低其消费需求和欲望，减少消费，而且发达国家中居民面临的流动性约束比发展中国家要小[2]。

流动性约束又称信贷约束，对于消费来说，由于信贷市场的不完善，消费者不可能在其一生或预期持久收入的基础上安排消费水平，即为流动性约束，也就是消费者想利用贷款进行消费时，无法畅通地、随时地获得金融机构或非金融机构的贷款服务，无法满足其融资需求。流动性约束假说认为，正是由于在现实中存在流动性约束，消费者并不可

---

[1] Deaton, S., "Saving and Liquidity Constraints", *Econometrica*, 1991 (59): 1221 – 1248.
[2] Zeldes, Steven P., "Optimal Consumption with Stochastic Income: Deviations from Certainty Equivalence", *Quarterly Journal of Economics*, 1989 (2): 275 – 298.

能在任何时候总能在金融市场上获得贷款，消费者只能根据现有财富进行消费决策。这样，消费者为了保持消费的平滑，避免因为未来收入的大幅度减少而降低生活质量，消费者不得不减少即期消费，以便进行储蓄，储蓄起到了保障未来消费预期的作用。在这样的假定下，消费者的最优消费水平是平滑的，消费者以消费效用最大化为目标来进行跨期消费决策。当不存在流动性约束时，其作用机理为：当消费者认为其将来的收入会提高，他可能会想通过在金融市场进行贷款来增加现有的现金，进而提高当期的消费水平；当消费者认为将来的收入会降低时，为了让未来的消费水平不会下降到最优消费水平以下，消费者会缩减目前的消费支出，进行一定比例的储蓄，用以保障未来的生活消费。

只有在一个完全信息和充分发达的金融市场体系上，消费者才可以随时获得自己想要的贷款，这在实际中是不存在的。即便是一个非常完善的金融市场，也会因为信贷市场信息不对称等各种原因，导致消费者无法随心所欲获得贷款，因而流动性约束的存在是必然的。特别是在发展中国家，除信贷市场信息不对称等这些普遍存在的原因之外，金融体系并不发达和完善，流动性约束更是普遍存在。消费者无法因为预期收入的增加而在当前顺利地从金融市场取得贷款，增加即期消费，只能在现有财富的基础上进行消费决策。也就是说，由于这种流动性约束的存在，消费者是无法按照生命周期消费理论或持久性收入消费理论中的描述，根据其一生可能获取的财富资源进行平滑消费。并且，消费者由于受到流动性约束，也可能无法遵循随机游走假说进行消费，因为如果消费者无法随时获得贷款，而目前的收入又低于持久性收入，那么消费者的即期消费就会受到即期收入的制约。

通过以上的分析我们发现，流动性约束通过两个途径来降低消费：第一，由于流动性约束的存在，即便消费者对未来有较高的收入预期，由于无法取得贷款，消费者也只能根据现有收入进行消费，无法平滑消费一生的财富。消费者只有等到未来，实际收入增加时，才能提高消费水平。那么，在存在流动性约束的情况下，居民的消费水平仅和当期收入相关，即消费的"过度敏感性"。第二，如果居民预期将来可能会发生流动性约束，也会对当期消费产生负面影响。如果对下一期的收入预期是下降的，那么消费者可能会决定在下一期通过借贷来满足消费的平滑；但是如果消费者预期未来无法顺利取得贷款，为了不让下一期消费水平明显下降，消费者只能通过降低本期消费，进行预防性储蓄行为规避未来的消费风险。这说明了流动性约束对消费的影响和不确定性对消费的影响是有一些相似的，也表明当存在流动性约束时，居民预防性储蓄的动机会加大。

（五）缓冲库存储蓄理论

之后的经济学家迪顿（Deaton，1991）和卡罗尔（Carroll）又发展了缓冲库存储蓄理论，他们在预防性储蓄和流动性约束的理念框架里，加入了新的消费影响因素——消费欲望[①]。该理论认为，居民因为害怕未来收入变动下降，会进行预防性储蓄，这一储蓄可以说是居民的缓冲存货，目的是当发生收入降低时，可以保持现有的消费水平，而在收入提高时，也可以提高消费水平。这一模型——缓冲库存储蓄模型，是把消费者的不耐心性加入到预防性储蓄模型后的产物。这一理论提出了当居民面对流动性约束和不确定性时，会产生不耐心性，会进行缓冲库存储蓄。正如预防性储蓄和流动性约束理论所阐述的，消费者会因为可能发生的不确定性和流动性约束进行预防性储蓄，降低消费水平；但是消费者的不耐心性又会让他们选择不降低甚至增加消费，减少预防性储蓄。这两方面会达到一个均衡点，这个点就是消费者确定的、想拥有的财富对持久收入的目标比例。首先消费者会确定这一比率，在进行预防性储蓄的动机下，如果持久收入的目标高于财富，会抑制住消费欲望，降低消费，增加预防性储蓄；反之，如果持久收入的目标低于财富，则会释放消费欲望，提高消费，减少或不进行预防性储蓄，甚至负储蓄，选择提前消费。

该理论认为大多数行为人都会进行预防性储蓄，还解释了现实普遍存在的、但却有悖于传统消费理论的一些现象。首先是前面提到的消费的"过度敏感性"，即居民的消费水平仅和当期或短期收入相关。这一现象可以用缓冲库存储蓄理论来解释，居民会在消费时具有时间偏好，消费水平会随着时间的流逝而逐渐下降，特别是50岁左右时，居民会

[①] Carroll, C. D., "The Buffer-Stock Theory of Savings: Some Macroeconomic Evidence", *Brooking Papers on Economic Activity*, 1992（2）：61–156.

考虑到时退休后的生活情况而加大储蓄额。其次，它解释了为什么在美国有很多的消费者只拥有较少的财富（Deaton）[①]，这是因为居民不会把当期收入全部用光，而会选择进行少量储蓄，也就是"缓冲库存储蓄"，来预防将来出现收入意外减少的情况。

本书的启示：

早期消费理论中的绝对收入理论、生命周期理论和之后的随机游走理论可以为新型城镇化带来的产业调整，使农村家庭收入结构和收入水平发生变化提供理论和实证分析依据，农民当期和往期收入水平共同对农村消费水平和结构发生作用；而杜森贝利的相对收入理论则为新型城镇化对农村居民家庭的"示范效应"提供了理论和实证依据，农民会根据周边人口的消费水平和结构来调整消费；流动性约束理论解释了新型城镇化中消费环境的改变带来农村居民消费的改变；预防性储蓄理论、缓冲库存储蓄理论则解释了新型城镇化中社会保障制度的完善对农村消费的影响。

综上所述，本小结对新型城镇化的相关理论和西方消费理论进行梳理，并将相关理论与本书所研究的新型城镇化对农村消费的拉动机制研究联系起来，为后述研究的理论分析及实证分析做好基础。

第二节　国内外相关研究文献综述

国内外学者关于城镇化对居民消费的需求拉动效应上有较多研究，大部分学者认为城镇化对居民消费有正向拉动效应。

一　国内外关于城镇化对居民消费正向拉动效应的研究

（一）国外学者的研究

国外学者 Duesenberry 首次从农村居民消费的角度研究了城镇化中的人口转移问题，指出当农业生产力提高时，农村存在大量剩余劳动力，而与此同时，城镇的工业部门存在消费品供不应求的情况，那么农村剩余劳动力自然地会转移到城镇的工业部门，农村人口转移到城镇，促进城镇化的发展，而城镇化发展又促进农民消费行为的变化，改变农

[①] Deaton, S., "Saving and Liquidity Constraints", *Econometrica*, 1991 (59): 1221–1248.

村的消费结构，造成整个社会消费需求水平的提高[1]。Lewis（1954）也分析研究了类似问题，指出当农村剩余劳动力从农业转移到城镇的非农业部门，在城镇中工作生活定居下来，这就是城镇化的过程，而在此过程中，农民的生活环境与消费方式都发生了变化，促进了农村消费的提升[2]。Daniels 等对美国各城镇服务消费情况进行了研究，实证研究了服务消费增长的原因在于城镇化的发展提升了该地区服务市场的需求[3]。克鲁格曼研究了城镇化发展对经济外部性的推动作用，即由需求和成本关联循环造成的累积效应、信息和劳动力市场的共享等外部效应，这些外部效应再通过积累效应和规模效应去推动居民的消费增长[4]。克鲁格曼（2012）对外部效应引起消费增长的现象又进行了进一步的研究和论证，研究发现，由于居民对消费品的需求是多样化的，企业也会往规模经济的方向去发展，由此产生的消费者与企业间的集聚效应，以及城镇化的集聚效应都会对居民消费造成循环累积效应，表明城镇化对消费需求有正向影响。Fujita、Krugman 和 Venables（2014）研究了城镇化产生的外部经济性与居民消费之间的关系，发现居民在地理区域上的经济行为会形成经济外部性，城镇化正是这一经济活动集中性的主要形式，因而能够促进居民消费。Henderson 提出了城镇的形成与转移是因为一个地区由农业为主转变为以非农产业的产业结构变化及工业化发展水平，而城镇的形成产生的集聚效应会扩大居民消费[5]。Chauvin（2017）在研究中主要汇总了中、美、日、印四国的城镇化发展的数据，通过对比分析结果得知，城镇化发展可以推动经济的发展，为产业集聚规模效益的获取创造良好的条件，并且有助于人力资本集中使用，有着非常显著的外部性特征，尤其是对于经济发展相对比较落后

---

[1] Duesenberry, J. S., "Income, Saving and the Theory of Consumer Behavior", *Harvard University Press*, 1949.

[2] 威廉·阿瑟·刘易斯：《二元经济论》，施炜、谢兵、苏玉译，北京经济学院出版社1989年版。

[3] Daniels, O., et al., "The Planning Response to Urban Service Sector Growt", *An International Comparison, Growth and Change*, 1991, 22 (4): 56 – 61.

[4] Paul R. Krugman, "The Economic of Technology and Employment", *Theory and Empirical Evidence*, 1995 (3): 30 – 36.

[5] Henderson, J. V., "The Effect of Urban Concentration on Economic Growth", *NBER Working Paper*, 2014, No. 7503.

的国家，城市化和经济发展水平之间的联系更加密切。Arouria 等利用住户调查数据实证研究城市化对农村居民收入、支出及贫困的关系，发现农村居民消费随着城市化的发展而逐渐增加[①]。

西方国家是最早对城镇化进行了系统而全面的研究，也取得了较为丰富的研究成果。国外研究理论从不同的视角出发，阐述了城市化作用于消费的途径和机制，结果表明城市化进程对提高消费水平、促进内需增长有着积极的影响作用。然而这些研究多是建立在外国的经济环境下，西方国家与我国在经济、政治制度、文化背景存在很大的差异，并且国外的城市化不同于我国的城镇化，在国外的一些发达地区，在 20 世纪，城市化过程就已经完成，所以，西方研究学者对于城镇化的研究结论主要是站在其自身发展角度上来分析的，与我国的现实状况存在一定的偏差，所以并不一定适用这些研究结论。因而，在研究中，对于国外的研究理论，要结合我国各个阶段的城镇化特征去借鉴使用。

(二) 国内学者的研究

1. 城镇化对消费需求有正向拉动作用

国内学者蔡昉提出城镇化水平与居民消费需求存在相互影响的关系，消费需求的变化会影响城镇化水平；反过来城镇化水平提高了，居民的总体消费需求也会提高，特别是农村地区消费需求会提高。所以，他认为解决我国目前国内消费需求不足问题的有效途径之一就是通过城镇化的发展战略，转变我国二元经济结构[②]。田雪原也表示人口城镇化与消费需求之间的关系是相互影响的，城镇化带来农村人口向城镇转移，城镇化不仅提高了居民消费水平，也增加了消费者数量。此外，劳动力转移后的农村，农业生产率和农村居民的人均收入水平都会增长，城乡收入差距变小，社会商品化率提高，进而提高他们的消费需求。所以，城镇化是改变我国城镇与农村人口结构，拉动农村消费的有效手段，是解决我国内需不足的重要方法之一[③]。曾令华研究表明城镇化发

---

① Arouria, M., et al., "Does Urbanization Reduce Rural Poverty?—Evidence from Vietnam", *Economic Modelling*, 2017, 60: 253–270.

② 蔡昉：《加快城市化，培育新的消费群体》，《领导决策信息》2000 年第 43 期。

③ 田雪原：《人口城市化驱动消费需求效应研究》，《中国人口科学》2000 年第 2 期。

展水平的提高会带来居民消费的提高[1]。樊纲、王小鲁通过创建消费条件模型来分析对我国居民消费水平有影响的各种因素，发现除了居民的收入，一个地区的城镇化水平是对居民消费影响的最重要的原因，并且量化得出城镇化水平对居民消费水平拉动的贡献率是17.6%[2]。谢晶晶、罗乐勤在向量误差修正模型的框架下研究了我国城镇化水平与投资对消费的影响作用。研究发现，城镇化和投资对居民消费需求都有正向影响，并且城镇化水平的提高对消费的正向影响，比投资对消费的影响更大，城镇化是可以促进居民消费增长的。城镇化对扩大消费需求表现在两点：一是城镇化可以促进农民收入的增长，收入的增长自然可以提高消费水平；二是城镇化建设会带动第三产业，即服务业的发展壮大，进而刺激消费需求。城镇化建设、第三产业的发展、农村剩余劳动力转移、居民消费水平这几个因素密切相关，共同促进国家GDP的增长[3]。杨涛在研究中提出，从长期效应来看，如果我国内需不足，经济增长自然会下降，城镇化水平又与居民消费有正相关关系，因而，城镇化可以成为长期内我国经济发展的动力，如果能够加快城镇化建设进程，对扩大我国内需，促进经济增长具有非常大的作用[4]。何海鹰、朱建平在研究中利用向量自回归模型与脉冲响应函数，对我国从1978—2003年的城镇化水平与消费数据进行了研究，发现居民消费水平与城镇化水平存在长期内的正相关关系，城镇化水平对消费水平有促进作用[5]。胡日东、苏桔芳认为城镇化可以促进居民消费需求，并且对比了城镇化对农村居民和城镇居民消费的促进作用，发现城镇化对农村消费的拉动作用比城镇消费要大[6]。刘艺容利用向量自回归和回归模型研究了我国城镇化与居民消费的关系，发现我国城镇化水平对居民消费增长率存在长期

---

[1] 曾令华：《我国现阶段扩大内需的根本途径——城镇化》，《经济学动态》2001年第3期。
[2] 樊纲、王小鲁：《消费条件模型和各地区消费条件指数》，《经济研究》2004年第5期。
[3] 谢晶晶、罗乐勤：《城市化对投资和消费需求的拉动效应分析》，《改革与战略》2004年第3期。
[4] 杨涛：《城市化促进消费应成为扩大内需重要战略》，《上海证券报》2006年第8期。
[5] 何海鹰、朱建平：《城市化与消费需求相互拉动的效应分析》，《南昌工程学院学报》2006年第1期。
[6] 胡日东、苏桔芳：《中国城镇化发展与居民消费增长关系的动态分析——基于VAR模型的实证研究》，《上海经济研究》2007年第5期。

的正向拉动关系，并且在不同阶段，影响的程度不一样。而且城镇化率与消费增长率之间的关系是相互的，消费增长率对城镇化的影响大于城镇化率对消费增长率的影响[①]。金三林研究了我国 1979—2007 年的居民消费与收入水平、人口数量，发现居民的收入水平、消费倾向、城镇化水平这三个因素对居民消费都有影响，其中城镇化水平对居民消费率的增长有显著影响[②]。因此，推进城镇化进程是扩大内需，促进消费的重要手段。李朴民、田成川提出我国当前城镇化水平不高与抑制居民消费力是相关的，因此发展城镇化是促进内需和经济良性持续发展的重要途径[③]。辜胜阻等研究指出，发展城镇化是促进经济良性可持续发展的方法和动力，城镇化建设可以促进消费需求的增长，进而提高居民消费水平，并对产业结构优化起到推动作用，带动消费和生产型的服务业的发展，并能促进国家公共服务的提升[④]。此外，更是可以促进具有生产技能和创业型的新型农民的产生，有利于农村转移到城镇的新市民的安居乐业。张书云、周凌瑶同样也是在向量自回归（VAR）模型的基础上，对我国 1978—2011 年的农村居民消费和城镇化水平数据进行了分析，发现农村消费和城镇化水平存在相互促进的关系：一方面，城镇化建设会刺激农村消费的提高，另一方面，反过来农村消费的增长又会带动、加快城镇化建设进程。所以，我国政府应该制定长期的城镇化发展战略，以此来提高农村消费内需，并促进城镇化建设[⑤]。于淑波指出我国内需不足的主要原因是因为长期存在的二元经济体制，而城镇化建设是有效减少城乡居民收入差距，提升农村居民消费水平，扩大内需的重要途径。并且，城镇化建设可以推动我国改革传统户籍制度，制定新的农村土地政策，对小城镇的发展和转变二元经济结构都有促进作用[⑥]。

---

① 刘艺容：《中国城市化水平与消费增长的实证分析》，《湖南社会科学》2008 年第 2 期。
② 金三林：《收入分配和城市化对我国居民消费的影响》，《开放导报》2009 年第 4 期。
③ 李朴民、田成川：《加快城镇化扩大内需的战略思考》，《宏观经济管理》2009 年第 11 期。
④ 辜胜阻等：《城镇化是扩大内需实现经济可持续发展的引擎》，《中国人口科学》2010 年第 3 期。
⑤ 张书云、周凌瑶：《我国城镇化发展与农村居民消费关系的实证研究》，《农业技术经济》2010 年第 11 期。
⑥ 于淑波：《二元经济结构下人口城市化对消费需求的影响分析》，《商场现代化》2010 年第 25 期。

方辉振研究了城镇化和居民消费结构的关系，指出城镇化可以促进消费结构升级，进而扩大消费总量①。席小瑾的研究表明，城镇化建设可以带来农民收入的提高和农村基础设施的完善，对创业型农民和新型农民起到帮助作用，可以提高和扩大农村消费需求②。蒋南平等通过协整及因果检验的方法，验证了城镇化水平的提高对农村消费的增加有拉动作用③。林秀清从三个方面论述了城镇化建设对扩大农村消费的作用机理：一是城镇化建设可以促进农民收入水平的上升，进而增大农业居民的消费能力；二是城镇化的变化也会让居民的消费结构和消费方式发生变化；三是城镇化的发展可以提高农村的消费环境和消费秩序，让农村居民有更好的条件，更方便地消费，从而扩大消费总量④。杨新铭（2013）的研究成果结论指出，中国的城镇化发展对居民消费是有明显拉动作用的。李通屏、成金华利用我国人口普查的统计数据，整理出了我国各省的城镇化发展状态和居民消费的统计数据，研究了新型城镇化和居民消费率的相关性，发现如果在研究中加入城乡收入差距的变量，并且把城乡收入差距和城镇化水平相乘作为其中一个变量，新型城镇化对居民消费率是有正向的拉动作用的，但是城乡收入差距和城镇化发展的共同作用这一变量对居民消费率却是负向影响。这说明实施新型城镇化建设，提高居民消费水平，必须以新型城镇化发展为目标，提高新型城镇化的质量，才能促进消费水平的提升⑤。王希文论述了城镇化建设中的农村人口向城镇转移，可以使农村居民在收入提高的同时，其消费方式和观念得以改变，进而对农村消费水平和消费结构产生影响⑥。王殿茹、赵欣勃研究了河北省的农村居民消费结构，发现城镇化建设对一个地区经济的发展有着重要的推动作用，城镇化对农村居民的消费有着正向拉动作用，并且能通过提高消费水平来进行消费结构升级，进而推

---

① 方辉振：《城镇化创造国内需求的机理分析》，《现代经济探讨》2010年第3期。
② 席小瑾：《城镇化拉动农村消费问题浅析》，《黑龙江对外经贸》2010年第8期。
③ 蒋南平等：《中国城镇化与农村消费启动》，《消费经济》2011年第11期。
④ 林秀清：《城镇化水平与农村居民消费关系研究》，《商业时代》2011年第3期。
⑤ 李通屏、成金华：《城镇化驱动投资与消费效应研究》，《中国人口科学》2005年第5期。
⑥ 王希文：《城镇化对农村居民消费的影响》，《江淮论坛》2013年第2期。

动当地经济的发展①。陈阵则是研究了湖南省的农村居民消费结构，发现城镇化对农村居民的消费环境、收入水平、消费水平、消费结构、消费方式、消费心理都有影响，能够拉动农村消费②。潘龙指出城镇化的发展是可以提高居民的收入水平的，进而提高消费水平，并且城镇化能起到示范作用，城镇居民的消费模式和消费水平能够带动周围农村地区的居民消费，农村转移到城镇的新市民的消费水平也会因为居住生活地的变化而增加③。夏杰长在研究中对城镇化水平和服务类消费水平进行了实证分析，发现两者之间是正相关的关系④。张杨波从社会学的角度进行分析，认为新型城镇化的直接结果是扩大内需和消费升级，并指出在新型城镇化进程中要注重吸取以往城镇化的教训，要将农民工市民化指标与城市建设用地指标、财政转移支付数额相联系，真正实现人的城镇化⑤。周少甫、范兆媛用熵权法从经济基础、人口发展、社会功能、环境质量四个方面选取22个指标构建新型城镇化综合指标，基于2004—2014年的面板数据，运用系统GMM面板数据模型进行实证研究，发现新型城镇化对居民消费率有正向促进作用，并且这种促进作用有区域差异⑥。范兆媛、周少甫从经济、人口、社会、环境四个方面选取指标构建新型城镇化综合指标，并运用空间误差模型进行实证，发现新型城镇化能显著促进居民消费⑦。

  从这些研究成果中我们可以看到，2014年以前的研究基本上都是用传统城镇化（人口城镇化率）去研究城镇化与居民消费之间的关系，因而在实证分析时中使用的是城镇化率这一单一指标来衡量城

---

① 王殿茹、赵欣勃：《城镇化对河北省农村居民消费结构影响的实证分析》，《经济论坛》2014年第9期。
② 陈阵：《湖南省城镇化与经济增长关系的实证研究》，《经济视角》2013年第7期。
③ 潘龙：《城镇化发展对城乡居民消费的影响研究》，硕士学位论文，西北大学，2014年。
④ 夏杰长：《城镇化对中国城乡居民服务消费影响的实证分析——基于2000—2011年省际面板数据》，《学习与探索》2014年第1期。
⑤ 张杨波：《新型城镇化、扩大内需与消费升级》，《浙江学刊》2017年第3期。
⑥ 周少甫、范兆媛：《新型城镇化与城乡收入差距对居民消费的影响》，《城市问题》2017年第2期。
⑦ 范兆媛、周少甫：《新型城镇化与居民消费关系的实证分析》，《统计与决策》2018年第8期。

镇化水平，与当前国家进行的新型城镇化有一些差距，2015年后，才开始有成果是针对新型城镇化的，但是关于新型城镇化的指标构建并未达成共识，此外，大部分研究都是基于VAR模型做实证，缺少区域差异分析。

2. 城镇化对消费需求的拉动作用不大

但是也有部分学者对城镇化对居民消费的正向影响持有不同观点，认为城镇化与居民消费相关性不大。范剑平、向书坚指出我国从1978年就开始了城镇化建设，但是城镇居民并没有因为城镇化水平的提高而导致消费水平随之提高，城镇化水平的提高对居民消费水平没有影响[1]。王飞、成春林利用1978年后的我国的人口城镇化率与居民消费率这一统计数据进行了计量分析，发现人口城镇化率与居民消费率是一种负相关的关系[2]。刘志飞以中国1978—2000年的统计数据为依据，对期间的城镇化水平和居民消费进行分析，认为在大多数年份中，城镇居民消费占居民总消费比例的增长率并没有大于城镇化水平的增长率，这说明城镇化水平和城镇居民的消费并没有明显的关联，城镇化水平提高了，但城镇居民的消费份额并没有相应提高，因而城镇化对居民消费的拉动作用是几乎没有的[3]。吴福象、刘志彪则是对长江三角洲地区的城市进行了实证研究，也认为城镇化水平与消费水平相关性不大[4]。王启云认为改革开放后，我国的城镇化水平得到了很大发展和提高，但中国农村居民的消费水平仍然不高，城镇化对我国农村消费的影响不显著[5]。

这些研究成果说明，国内外大多数学者认为城镇化对居民的消费具有正向的拉动作用，但是部分学者也提出了质疑，说明研究结论是值得再次深入研究的。此外，学界的研究对象也多是全国居民或者城镇居

---

[1] 范剑平、向书坚：《我国城乡人口二元结构对居民消费率的影响》，《管理世界》1999年第5期。

[2] 王飞、成春林：《城镇化对我国居民消费率的影响》，《甘肃农业》2003年第12期。

[3] 刘志飞：《经济转轨、不确定性与城镇居民消费行为》，《经济研究》2004年第4期。

[4] 吴福象、刘志彪：《城市化群落驱动经济增长的机制研究》，《经济研究》2008年第11期。

[5] 王启云：《我国农村居民消费升级缓慢的突出表现与对策研究》，《中国流通经济》2011年第3期。

民，但是以农村居民为研究对象的不多，而本书正是以农村居民为研究对象，以期进一步丰富这一领域的研究内容。

二 国内外关于城镇化对居民消费需求拉动机制的研究

罗斯托在分析居民消费需求时，首次从城镇化和工业化的角度出发，从经济增长的不同时期去研究这一问题[1]。克鲁格曼在西方经济学的理论框架下，认为城镇化的发展可以促进消费增长，其拉动的原因在于集聚效应和规模经济[2]。蔡思复在研究中指出，城镇化进程会转变传统就业结构，进而提高居民收入水平，促进消费需求的增长[3]。Jyotsna Jalan（2002）在分析中国农村消费的影响因素中发现，不同的地理位置，由于其相邻城镇的各生产要素和资本对该农村地区的消费水平有重要的影响，因而在城镇化进程中，政府对公共品投入的加大可以提高农村居民的消费水平。李永周（2004）、龚映清、王瑞也讨论了如何拉动农村消费，认为城镇化的发展，是可以增加农村居民的收入，进而影响其消费模式的[4]。Elisabeth Croll 指出，在中国城镇化建设的过程中，政府对农村交通和通信设施的建设和完善，对农村消费的增长起到了非常大的促进作用[5]。Farhat Yusuf 也从现代交通通信这一角度，分析在城镇化建设的过程中，城镇消费如何影响农村消费，进而促进农村消费的增长[6]。贺建林、李慢分析了城镇化对促进居民消费需求的拉动机制，认为在城镇化进程中，会产生大量的生产性以及生活性需求，进而拉动消费需求[7]。吕景春、胡钧浪（2010）指出了阻碍我国城镇化迅速发展的原因，如果经济形态是内需导向型，那么就可以产生多种需求和效应，共同促进农村居民生活性消费需求的增长。孙虹乔、朱琛通过实证研究，发现城镇化水平越高，农村消费水平也越高，城镇化可以带动农

---

[1] Rostow, "The Effect of Uncertainty on Saving Decision", *Review of Economics Studies*, 1990.

[2] 保罗·克鲁格曼:《发展、地理学与经济理论》，北京大学出版社2000年版。

[3] 蔡思复:《城市化是克服市场需求不足的基本途径》，《中南财经大学学报》1999年第5期。

[4] 龚映清、王瑞:《城镇化与解决三农问题关系研究》，《农业经济》2007年第3期。

[5] Elisabeth Croll, *Social Development and Domestic Demand*, Routledge, 2006-11-24.

[6] Farhat Yusuf, "Gordon Brook, Demographics and Consumption Patterns in Urban China", *Population Research and Policy Review*, 2010, 19 (1): 5-17.

[7] 贺建林、李慢:《城镇化扩大内需的机理分析》，《理论与改革》2009年第5期。

村居民收入水平和教育水平的增加，以及金融环境的改善也都会推动农村居民消费水平的增长[1]。万勇从结构效应、收入效应、保障效应和交易效应这四个效应去解释我国城镇化对居民消费的拉动作用[2]。Keith Halfacree（2012）从农民工这个角度去研究城镇化对农村居民消费的拉动效应，发现农民工从乡村迁移到城镇，会出现"反城市化"现象，进而提高了其在农村住房消费的需求。李华香、陈志光也研究了城镇化对居民消费的拉动作用机理[3]。Taylor（2013）的研究表明，由于城镇和农村居民的收入差距，造成消费方式不同，而城镇化则会减小这一差距，因此，城镇化中非农产业的发展，和农村居民转移到城镇都是可以促进消费的增长的。孔仲岩从经济、人口、社会、环境四个角度构建新型城镇化指标，分析新型城镇化、产业结构、消费结构的互动关系，并运用 VAR 模型进行实证，得出新型城镇化在长期上能够推动消费结构升级的结论[4]。王平从收入、消费习惯、公共支出视角研究新型城镇化驱动居民消费的作用途径，实证结果显示新型城镇化能有效促进居民消费[5]。

这些关于城镇化拉动农村居民消费的机理的研究非常有价值，对本书的研究开展有着非常大的借鉴作用。同时也可以注意到，学界的研究多是从城镇化如何拉动农村居民消费的某一个角度去分析探讨，但是对拉动路径的全面研究分析的成果不多，针对新型城镇化拉动农村居民的具体消费项目的研究和对比也相对缺乏，这些空白给了本书一定的研究空间，使本书有机会进一步完善和丰富关于新型城镇化对中国农村消费需求拉动机理的研究内容。此外，关于进行城镇化拉动效应的研究成果中，关于对消费结构的改变的研究不多。而消费结构在一定程度上显示

---

[1] 孙虹乔、朱琛：《城镇化发展对农村消费增长的动态影响》，《广东商学院学报》2010年第9期。

[2] 万勇：《城市化驱动居民消费需求的机制与实证——基于效应分解视角的中国省级区域数据研究》，《财经研究》2012年第6期。

[3] 李华香、陈志光：《城镇化驱动居民消费增长的机理及实证分析》，《东岳论丛》2013年第10期。

[4] 孔仲岩：《新型城镇化、产业结构与消费结构互动关系研究》，硕士学位论文，山西财经大学，2017年。

[5] 王平：《新型城镇化驱动居民消费的效应研究》，博士学位论文，陕西师范大学，2018年。

了居民的消费质量，这也给本书带来一定研究空间，本书从农村消费水平与消费结构两方面去研究新型城镇化与农村消费的关系，以期对我国城镇化发展进程中消费的可持续发展有所帮助。

三 国内学者对制约我国城镇化拉动居民消费需求因素的研究

齐红倩、刘力认为在中国的城镇化过程中，虽然农村居民转移到城镇生活，但其户籍身份很难变化，且进城农民的收入不稳定，在这种情况下，城镇化对农村居民消费的拉动作用有限。此外，由于我国长期的二元经济模式，城镇化发展过程中的农村居民实际上是"离土不离乡"，这种城镇化发展状态并不能保证农民收入的提高，也不能让农民的消费水平提高①。王飞、成春林在研究城镇化对居民消费的影响时，发现我国城镇化水平较低，且城乡收入差距较大，是造成我国居民消费率较低的因素之一②。张军莲等的研究表明，制约农村消费提升的原因在于农民收入不高、农民教育程度不高、农村社会消费环境也不佳③。秦伟广在研究制约农村消费提升时指出，农民收入不高且差距大、农业产业结构不合理、社会保障制度不完善及农民的心理预期不乐观是主要原因④。刘艺容分析了城镇化影响我国居民消费增长的原因，认为城镇化水平不高、城镇化中市场机制失灵、城镇发展规模不合理等因素影响了城镇化对消费的促进作用⑤。章铮等在分析城镇化进程中的农民转变成为新市民后的生活成本时指出，城镇化后的养老、子女教育和住房成本，阻碍了农民转移到城镇的意愿⑥。贺建林、李慢分析了我国城镇化水平不高，发展缓慢的原因是长期存在的二元经济结构，它既阻碍了第三产业服务业的发展水平，也不利于居民消费需求水平的提高⑦。国务

---

① 齐红倩、刘力：《城市化：解决我国内需不足的关键》，《管理世界》2000 年第 2 期。
② 王飞、王春林：《城镇化对我国居民消费率的影响》，《甘肃农业》2003 年第 12 期。
③ 张军莲等：《论农民工的适当生活水准权——以完善我国社会保障制度为视角》，《前沿》2006 年第 3 期。
④ 秦伟广：《我国农村居民消费结构分析》，硕士学位论文，河北大学，2006 年。
⑤ 刘艺容：《中国城市化水平与消费增长的实证分析》，《湖南社会科学》2008 年第 2 期。
⑥ 章铮等：《论农民工就业与城市化——基于年龄结构—生命周期分析》，《中国人口科学》2008 年第 8 期。
⑦ 贺建林、李慢：《城镇化扩大内需的机理分析》，《理论与改革》2009 年第 5 期。

院发展研究中心书组[①]也同样指出,我国的城镇化建设中有一个特殊现象就是农民工的"候鸟式迁移",进城的农民工并没有真正融入城镇成为新市民,并不能享受城镇居民可以享受的城镇公共服务和福利,加上农民工工作不稳定,工作、生活地点和生活方式都有很大的不确定性,多数都没有固定居住点,农民工家庭对城镇生活没有安全感,并不能完全享受城镇化水平提高后的各种公共服务和便利,也影响到他们的消费水平和消费方式。因而,这种情况加之一些低质量的城镇化发展成果,阻碍了城镇化对农民工消费水平的拉动作用。田伟(2010)的研究表明,当前我国农村居民收入不高、收入分配问题、教育程度不高、社会保障程度不高、农村金融信贷环境不佳、农业产业结构不合理、农村基础设施待完善等问题,是制约城镇化促进我国农村居民消费提升的原因。胡宝娣在研究制约我国农村居民消费提升的因素时发现,农民收入不高、农村社会保障政策和财政支农政策都会对农村居民生活性消费产生影响[②]。宋焕如在对农村居民消费影响因素分析时指出:一个地区的城镇化水平、农村社会的社会保障制度、该地区政府的财政能力,以及农村居民自身的收入水平都会对该地区农村居民的消费产生影响,并且指出无论是农村内部居民的收入差距还是城乡间的收入差距,都对当地农村居民的消费水平没有显著性影响[③]。相伟研究发现我国每个农民转移到城市转变成市民的平均成本要10万元,如果每年有1000万—1500万农村居民变成城镇居民,假如政府只承担转移成本的1/3,也会让政府有巨大的财政压力;此外,如果农民自己也负担不起另外2/3的成本,他们有可能会成为城镇贫民,这也会带来巨大的社会问题[④]。刘成忠指出农村居民收入增长较慢、农村社会消费环境不佳是阻碍农民消费

[①] 国务院发展研究中心书组:《农民工市民化对扩大内需和经济增长的影响》,《经济研究》2010年第6期。

[②] 胡宝娣:《中国农村居民消费影响因素的实证分析》,博士学位论文,西南大学,2010年。

[③] 宋焕如:《我国农村居民消费需求影响因素的实证分析》,硕士学位论文,山东大学,2010年。

[④] 相伟:《我国人口城镇化的难点与对策》,《宏观经济管理》2011年第11期。

提升的重要原因①。肖婷婷对河南省的农村居民消费进行了研究，认为当地消费水平较低，主要以生存型消费为主，消费结构不合理，其主要原因还是农民的收入水平较低②。

张旺月（2013）同样研究了制约我国农村消费的因素，发现当地的物价水平、地区及居民收入差异性、农户的人数与构成，以及农户的预防性储蓄心理都是影响农村居民消费结构的因素。田飘逸（2014）对重庆的农村居民消费进行实证研究，发现城镇化进程中城镇化质量不高、农村居民的收入分配不合理、农业的商品化是影响农村居民消费提升的重要原因。陈阵对湖南省城镇化发展与农村居民消费进行研究，发现有以下几方面因素会制约城镇化对消费的拉动作用。一是城乡的二元经济结构和户籍制度，这一制度阻碍了城镇化水平的提高；二是城镇的管理水平较低和城镇的发展模式与结构单一；三是农民的教育水平不高。这些都制约了城镇化对农村消费的拉动作用③。雷潇雨的研究表明，提高城镇化水平有利于城镇消费率的增长，但是城镇化提高速度太快则会阻碍消费的提升，因此对于我国城镇化发展较好的东部区域来说，应该保持城镇化发展的平稳性，而对于城镇化率较低的西部区域，则要加快城镇化进程，这样才有利于消费水平的提升④。

在这一研究视角上，国内学者对影响我国农村居民消费的制约因素的研究较多和较全面，但是侧重于从城镇化建设的角度去研究农村居民消费的制约因素的不多。学术界的研究多是从经济学视角，而较少从社会学视角去看待这一论题。这也是本书的价值所在。

综上所述，目前我国正在快速进行的城镇化进程，对农村居民的影响无疑是非常巨大的，他们的生活方式和环境、社会身份都发生了非常大的改变，这些改变对农村消费总量与消费结构也有非常大的影响。本

---

① 刘成忠：《中国农村居民消费结构优化问题研究》，硕士学位论文，中共中央党校，2011年。
② 肖婷婷：《河南省农村消费结构研究》，博士学位论文，西北农林科技大学，2011年。
③ 陈阵：《湖南省城镇化对农村消费的研究》，硕士学位论文，湖南师范大学，2014年。
④ 雷潇雨：《城镇化对于居民消费率的影响：理论模型与实证分析》，《经济研究》2014年第6期。

书正是在现有研究文献的基础上，从经济学和社会学相结合的角度，研究新型城镇化对农村居民的消费产生的影响，从拉动机制到制约因素两方面都进行分析，并从高质量的新型城镇化建设的角度出发，对提升我国农村消费，扩大内需，提出相应的政策建议。

第三章

新型城镇化对农村居民消费需求的拉动效应

西方一些发达国家的社会经济发展历程告诉我们，城镇化可以创造居民需求，推动经济的发展。我国正在经历这一阶段，从20世纪90年代开始，我国开始进行城镇化建设，人口城镇化增长得非常快，从1996年的29.4%提高到2017年的58.5%。有相关研究指出，如果我国人口城镇化率在未来十年还能再上升10%—15%，那么我国的居民消费率就可以再上升10%，我国居民的消费结构也会随着人口城镇化率的上升而升级。城镇化建设是对包括农村在内的国家的一个全面建设的过程，并不是消灭农村，而是通过城镇化建设，把大中城市先进的经济形态和生产、生活、消费观念传导到相对较落后的农村地区，起到以点带面的辐射作用的一个过程。

本书的第二章回顾了城镇化发展和消费经济的经典理论，也对我国有中国特色的新型城镇化理论进行了介绍。本章从定性和定量两个方面来分析中国新型城镇化和中国农村消费的现状。

第一节 中国新型城镇化的发展水平与现状研究

一 城镇化的特点与类型

城镇化的建设和发展过程实质上就是人口、资金、信息等生产要素向城镇集聚和扩散的过程。在对我国目前的新型城镇化水平进行定量研究和评估之前，可以首先对一般情况下的城镇化的特征进行简要的归纳总结。

城镇化建设不仅只是推动城镇的建设和发展，促进各种生产要素向城镇聚集，产生聚集效应，同时也是促进农村的建设和发展，促使各生产要素自由在城乡之间流动，最终达到资源优化配置的过程。城镇化建设一方面是在向全社会传递城镇的现代生活方式包括消费方式，另一方面也会帮助城镇居民从农村传统的生活方式和生活态度中汲取可贵之处。城乡一体化发展是城镇化建设的目的之一，也就是要在城镇化进程中，推动城乡互动，打破城乡阻隔，促进城乡和谐发展，共同进步。在这个过程中，会伴随着国家产业结构的升级和优化，消除城乡的二元经济模式，让国家从以第一产业（传统农业）为主导的产业结构，转变为第二（现代工业）、第三产业（现代服务业）为主导的产业结构，甚至进一步发展成以现代科技、现代信息技术为基础的高端产业链。

因此，城镇化的含义绝不仅仅是城镇人口的增加，或新建城区面积的变大的城镇化，而是整个社会和谐健康发展的城镇化，是在城乡一体化的基础上整个社会经济全面、可持续、健康发展的过程。

（一）城镇化的特点

1. 城镇中常住人口在社会总人口中占比增加

衡量一个社会城镇化的主要指标之一就是城镇人口数量占社会总人口的比重，城镇化的过程就是部分农村人口转移到城镇生产生活的过程。城镇化建设，就是让城镇产生集聚效应，产生更多的就业需求，容纳吸收更多的农村剩余劳动力进入城镇工作生活，城镇人口数量逐渐增加的过程。

2. 城镇化发展与产业升级同步发展

国外发达国家城镇化的历史告诉我们，城镇化是与国家的产业升级共同发展的。社会经济开始进步，源于工业化的进步与发展，工业化发展则需要大量的产业工人，从而吸纳农业剩余劳动力进城务工，这样城镇自然产生了聚集效应，进而产生了第三产业（服务业）的需求，推动了第三产业的发展，同时完善了城镇的功能，促进了城镇化的发展。

工业化伴随着城镇化的发展，城镇化的发展会进一步带动产业调整与升级。城镇人口日益增多，对城镇的功能性需求越来越大，这也促使社会各行各业的进一步发展与需求。例如居民对日用消费品、耐用品的要求越来越大，会促使工业制造业的创新与进步；居民对服务业的要求越来越丰富，也会促进服务业的扩张与创新；农业科技与机械创新了，农业从业人口少了，又会促使农业的生产率提高。总之，城镇化与产业升级应该是同步、协调发展的。

目前我国还没有实现这两者的同步发展，但是中国的城镇化也与产业升级的发展趋势还是相同的，两者之间的差距正在缩小，本书在第四章会对此进一步阐述。

3. 城镇的基础设施和生活环境逐渐改善

新型城镇化的建设过程，也是城镇不断发展进步的过程，城镇的基础设施和生活环境也在这个过程中越变越好。城镇是居民生活居住的空间，城镇化建设自然要使它越来越美好，功能越来越完善。

根据最新的统计数据，2017年我国的新建城区面积是56225.4平方千米，对比2010年的40058平方千米，七年内的平均增速是5.7%，给中国的城镇居民提供了更多的空间承载力。2017年，中国每万人拥有的道路面积是16.1平方米，相对于2010年的13.2平方米，也增长了22%；2010年，中国平均每万人拥有的公交车数是9.7辆，而2017年已经增加到了14.7辆，公共交通设施改善了很多。再从生活生态环境方面来看，人均公园面积在2000年的时候仅为3.7平方米，2010年已增加到11.18平方米，2017年更是达到了人均14平方米。所以，城镇化的过程就是人民生存生活环境日益改善的过程。

（二）城镇化的类型

根据前文所述的一般的城镇化过程中所具备的特点，可以对应这些特点来把城镇划分为如下几个类型，将城镇化这一概念进一步细分，并基于城镇化的不同表现特征作为研究视角，将城镇化划分为四种不同的类型，即人口城镇化、土地城镇化、产业城镇化（或称为经济城镇化）和生活方式城镇化。在我国新型城镇化的过程中，这四种城镇化同时存在并相互作用，共同促进我国新型城镇化的发展。

1. 人口城镇化

人口城镇化是衡量一个国家城镇化发展水平时常用的指标，不同文献对人口城镇化的概念的具体表述可能有所差别，但其本质都是一样的，也就是说，随着城镇化过程中部分农村人口转移到城镇，城镇常住人口占社会总人口中的比例不断日益增长。因此本书将其定义为，人口城镇化是指在城镇化进程中城镇人口数量占该区域总人口数量中的比例不断提高的过程。

2. 土地城镇化

有些学者认为，为了提高地理空间使用配置的集约性和土地要素使用的高效性，把农用地转变为城镇用土，这种城镇化过程中土地形态的转变就是土地城镇化。本书吸收这种定义，对其做如下界定：土地城镇化就是指在城镇化过程中，城区占地面积占该区域内总土地面积中的比例逐渐增大的过程。

3. 经济城镇化

产业城镇化，或者称为经济城镇化，在学术界中一般认为是指在城镇化过程中，产业结构的发展与升级优化，具体是指第二、第三产业在整个国民生产总值中的比例不断上升的过程。有的学者也称为"产业非农化"。也就是说在城镇化的过程中，劳动力、资金、技术、信息等非农生产要素会集聚在城镇，经济城镇化率主要衡量这些要素在城镇空间的结构是否合理、聚集程度及可持续发展的程度。本书界定的产业城镇化是指，在城镇化过程中，第二、第三产业在国民生产总值中的比例不断提高的过程。

4. 生活方式城镇化

生活方式城镇化则是一个相当广泛的概念，它涵盖的内容非常的丰富，既包括居民的衣、食、住、行等基本物质生活方式，又包括人们工作生活、休闲娱乐、人际社交等的精神生活层次上的道德观、价值观、世界观。

从城镇提供的这方面的功能上来说，则体现在城镇提供的公共服务基础设施和社会福利保障两个方面。城镇和农村的生活方式目前来说还存在很多的不同，包括在教育、医疗、交通、消费、养老等各个方面[1]。

二 城镇化水平的测量方法

目前城镇化水平的测度方法主要有如下几种：

---

[1] 马惠娣:《社会转型中的生活方式》,《晋阳学刊》2013 年第 5 期。

(一) 单一指标法

单一指标法,是选择一种最能够反映城镇化发展水平的指标来衡量和描述城镇化水平,要求这一指标对城镇化最具有象征和本质意义。对城镇化测量的单一指标法主要是人口城镇化指标和土地城镇化指标这两个指标。

1. 人口城镇化指标法

对城镇化测量的单一指标法,学术界影响最广泛的,用得最多的是Northam 1979年提出的"S"阶段理论。他提出用人口比重来衡量一个地区的城镇化发展水平,也就是城镇化率=国家或地区城镇人口数量/该国家或地区总人口数量。这种测量方式具有一定的科学性,并且比较容易计算,因而受到大多数研究者的欢迎,在全球应用得很广。

这一指标法是用城镇人口比重来度量城镇化水平的,因此如何界定城镇人口是关键。定义城镇人口的方法有两种:第一种计算方法是用非农人口来界定城镇人口,也就是计算区域内非农人口数量占总人口数量比重来计算人口城镇化率,非农人口就是在该地区从事传统农业行业以外行业的人口。但是这种计算方法存在一些问题,例如一部分非农人口可能是并不居住在城镇,而是居住在农村,而且我国农村还有些居民农忙时务农,农闲时务工,这样会在统计上产生重叠,因而这一计算方法有一定的局限性。

第二种计算方法则是用区域内居住在城镇中的人口数量来界定城镇人口,这种界定的方法是从地域上对人口分布进行区别。也就是用当地居住在城镇中的人口数量除以该地区总人口数来计算城镇化率。这种方法比较容易界定和收集统计,被大多数学者广泛使用。本书使用城镇人口比重指标法这一计算方法计算出了1978—2017年的城镇化率。如图3-1所示。

农业化的发展在中国的社会发展历程中占了相当长的时间,中国的工业化发展开始的时间较晚,我国的城镇化建设起步也比较晚。

经济规律指出,如果按照这一指标法计算出城镇化率,社会的城镇化发展可以划分出三个阶段,当人口城镇化率为10%—30%时是城镇化发展的第一个阶段,初级发展阶段;当人口城镇化率为30%—50%时是城镇化的快速发展阶段,此时社会可以称为近城镇化;当人口城镇化率为50%—70%，被称为基本城镇化；当人口城镇化率超过70%时，被称为高度城镇化，此时进入了城镇化发展的平稳阶段。

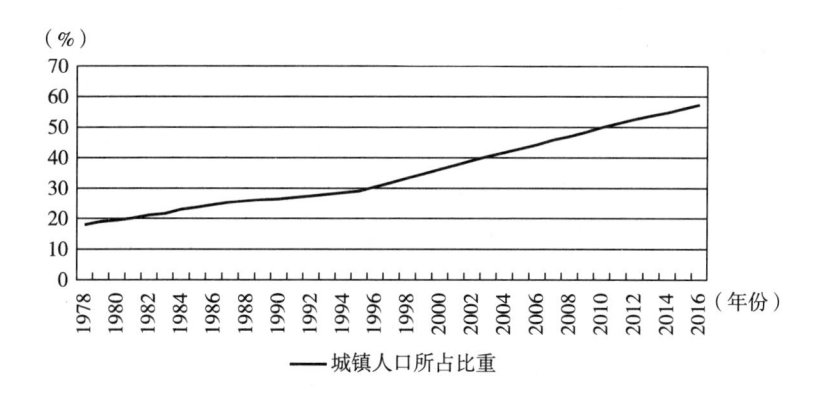

图 3-1　中国历年人口城镇化率

资料来源：由《中国统计年鉴》（1978—2018）相关数据整理计算得出。

由图3-1可以发现，我国的人口城镇化率在1996年第一次超过30%，达到30.48%，接近城镇化，从图3-1也可以看出，1996年正好是一个拐点，1996年后的增长斜率明显大于1996年前；2011年首次突破50%，达到51.27%，进入快速发展阶段，达到基本城镇化，而最新的统计数据显示，2017年的人口城镇化率是58.52%，仍处于基本城镇化阶段，对比发达国家的经济规律，这一阶段也是城镇化发展的关键时期，未来城镇人口的数量还会不断增加，并且这一阶段也是我国社会经济结构和人民生产生活方式发生重要转变的阶段。

2. 城镇化土地指标法

衡量城镇化水平的单一指标法还有另一种常用指标，就是土地的城镇化率。有的学者用城区建成面积的变量值来计算这一指标，有学者用城镇建设用地占区域建设总体用地的比例来衡量，也有学者考察一个区域内城市用地、建设城镇用地、独立工矿用地、农村用地的土地使用结构，用前三者占总体用地中的比例来衡量土地的城镇化率。本书选取学术界中运用最广泛的做法，用城镇建成区面积与区域总面积之比的计算方法来度量土地城镇化率。

亦即：土地城镇化率＝城镇建成区面积/城镇土地总面积

但是这一评价指标也是存在明显缺陷的,也并不能完整地反映城镇化水平。对于一些人口密度较高、已经发展成熟的城镇城区来说,这一指标是可以反映其城镇化水平的;但是对于一些新开发出来或处于发展状态中的新建城区来说,区域的人口密度并不高,在这种情况下这一指标就显得过于片面,并不能准确地反映和代表该区域的城镇化水平[①]。Dsa 等(2010)认为,如果城镇居住区或商业区的人口密度低于 5 人/平方千米,则不适合用这一指标来测量城镇化水平。

特别是当前我国正处于城镇化快速发展的时期,在中央城镇化发展战略的驱动下,很多地方政府盲目地进行城镇化建设,认为城镇化就是扩大城镇的地理覆盖范围,就是"造城"运动,就是土地的城镇化,这显然和真正意义上的城镇化、更不要说新型城镇化的内涵相背离。在这种情况下,土地城镇化这一指标很明显是失效的。图 3-2 是按这种单一土地指标法计算出来的我国城镇化率。

表 3-1　　　　　　　　中国历年城区面积和建成区面积统计

年份	城区面积(平方千米)	建成区面积(平方千米)	土地城镇化率(%)
1990	1165970	12856.00	1
1995	1171698	19264.00	2
2000	878015.00	22439.00	3
2007	176065.50	3569.65	20
2008	178110.28	36295.30	20
2009	175463.61	38107.26	22
2010	178691.73	40058.01	22
2011	183618.02	43603.23	24
2012	183039.00	45566.00	25
2013	183416.00	47855.00	26
2014	184099.00	49773.00	27
2015	191766.00	52102.00	27
2016	19879.00	54331.00	27

资料来源:由《中国统计年鉴》(1978—2018)相关数据整理计算得出。

---

① 潘龙:《城镇化发展对城乡居民消费的影响研究》,硕士学位论文,西北大学,2014 年。

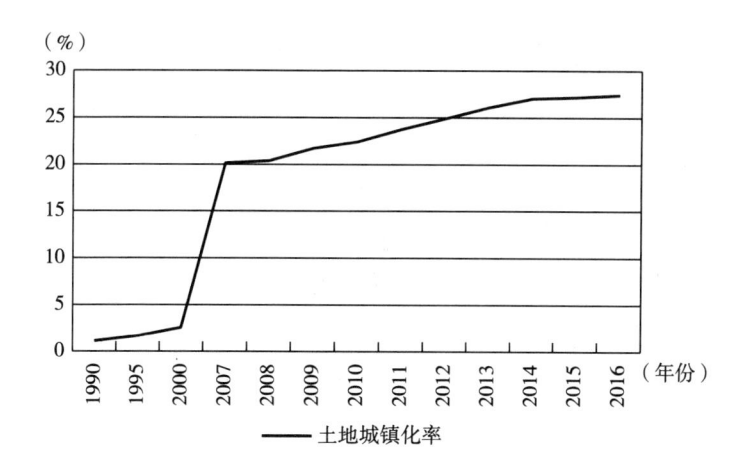

图3-2 中国历年土地城镇化率

资料来源：由《中国统计年鉴》(1978—2018) 相关数据整理计算得出。

再结合人口密度进行对比，可以发现两张图的趋势基本上是相同的，人口密度在2006—2007年激增，土地城镇化率也是在这两年急速提高。

可以发现，土地城镇化率的变化和我国城镇化政策的发展历程是相符的。我国的城镇化战略也经历了从探索到发展，再到最终完善形成新型城镇化理论体系和目标的过程。在2000年以前，我国的土地城镇化率仅为3%，我们是沿着"小城镇、大战略"的城镇化发展计划在探索。2002年党的十六大提出了"走中国特色的城镇化发展"的理念，国家开始重视城镇化的发展，由图3-3也可以看到，2002年的人口密度比2001年增长了28%。五年后也就是2007年，党的十七大进一步强化了"中国特色的城镇化"这一理念，提出了要在城镇化建设中合理布局、节约土地、完善城镇的功能，统筹考虑到城乡的共同发展，让大城市带动小城镇发展的思想。从国家的城镇化战略思想可以看出，从2007年开始，国家政策就以节约土地和重视城镇功能为导向，以免出现地方政府盲目"造城"，避免土地城镇化率和实际城镇化水平相去甚远的情况产生。在图3-2和图3-3中都可以看到，2007年的土地城镇化率达到20%，人口密度也增长到了21.04，是2005年的870人/平方千米的2.41倍。

图 3-3 中国历年城市人口密度

资料来源：由《中国统计年鉴》（1978—2018）相关数据整理计算得出。

（二）城镇化综合指标法

城镇化的过程是一个复杂的过程，城镇化也是一国家或地区的社会、经济、人口发展的综合表现，所有的单一的指标都只能片面地反映城镇化水平的一个部分，并不能准确而全面地体现城镇化水平。一个国家和地区的城镇化，特别是我国现阶段所提出的新型城镇化，必须是包括经济城镇化、人口城镇化、基础设施城镇化以及社会公共服务城镇化等多个方面的城镇化，而不是单一的、某个方面的城镇化；只有一个方面发展了，其他方面发展得不好，城镇化发展就一定是会有问题出现的。因此，为了准确而科学地反映新型城镇化水平，有必要建立一套综合评价指标体系来衡量城镇化水平[①]。

1. 熵值法

城镇化的综合指标评价法的思路，就是先找到一系列体现城镇化社会经济生活发展相关的指标，建立其指标体系，然后根据经济学理论与工具去确定每个指标的权重，最后再将每个指标的得分或统计值与权重相乘后，相加得出城镇化水平的综合值。这种方法可以解决单一指标法

---

① 臧睿等：《吉林省城市化水平综合测度及时空演变》，《地理科学》2013年第10期。

中评价内容过于片面的问题，比较能够综合全面科学地反映城镇化水平。但是这种方法的缺点在于指标体系中指标较多，复杂度较高，运用的时候困难较大。另外，这种综合指标法中各指标必须赋予权重，赋予权重的计量方法也有很多，有因子法、主成分分析法、熵值法。其中因子法是利用最小二乘法计算指数，此法在计算新型城镇化得分时会出现负值，有可能失效，不太好直观地表现新型城镇化水平。熵值法计算权重的原理是根据熵值与该指标的重要性来计算权重，该指标越重要，熵值越小，权重就越大，计算出来的结果对总的测量值影响也就越大[①]。本书采用熵值法来计算各指标的权重，再运用线性加权模型，得出中国新型城镇化发展水平的综合分值。具体步骤依次如下：

（1）整理原始数据。

首先要确定指标体系所包含的指标数量；假如指标体系包含 m 个指标，统计收集的数据一共有 n 年的各指标值，则需整理出整个指标体系 n 年中的 m 个指标矩阵。我们需要计算的是每年即第 i 年的综合水平值。

（2）标准化处理。

体系中的每个指标值因为属性的不同，数值可能很大，也可能很小，可能为负，也可能为正，在计算综合指数时，为了保证每个综合指标值处于同一个标准体系内，就必须对原始数据进行标准化处理。

标准化处理方法如下：当所选取的值对最终综合值的影响是正向时，运用正向的标准化处理方法。具体计算第 i 年第 j 项指标的标准值：

$$X'_{ij} = \frac{X_j - X_{\min}}{X_{\max} - X_{\min}} \tag{3-1}$$

（3）计算各指标的熵值 e 和信息效用值 f。

计算第 j 项指标的熵值：

$$P_{ij} = \frac{X'_{ij}}{\sum_{i=1}^{m} X''_{ij}} \quad (0 \leq P_{ij} \leq 1) \tag{3-2}$$

[①] 朱喜安、魏国栋：《熵值法中无量纲化方法优良标准的探讨》，《统计与决策》2015年第2期。

$$e_j = -k \sum_{i=1}^{m} p_{ij} \ln p_{ij} \left(k = \frac{1}{\ln m} \right) \quad (3-3)$$

计算信息的冗余度又称信息效用值 f：

$$f_j = 1 - e_j \quad (3-4)$$

该项指标的信息效用价值决定了权重值，冗余度越大，在系统评价中所得的信息效用值 f 值越大，权重就越小。

（4）确定各指标的权重值。

其原理就是通过计算该指标信息效用值占整体信息指标中比重的大小，信息效用系数越高，权重就越大，第 j 项指标的权重计算公式为：

$$w_j = \frac{f_j}{\sum_{i=1}^{m} f_i} \quad (3-5)$$

（5）计算最终的综合得分。

第 i 年的综合指标得分的计算公式为：

$$Y_i = \sum_{j=1}^{j=m} p_{ij} \times w_j \quad (3-6)$$

2. 新型城镇化水平综合评价指标体系的构建

由于2000年之前的指标数据获取度偏低，而且存在统计口径不一致和误差水平较大的情况，再结合我国城镇化的历史背景和新型城镇化战略的时间进程，2000年至今的相关统计数据对本书的研究具有更好的现实性和指导意义。因此，本书通过构建新型城镇化评价指标体系来测度我国2000—2017年间的新型城镇化水平，探讨其演变状况，展开定性、定量分析和对策研究。

（1）指标选取原则。

综合评价指标体系作为一个整体，以及各个具体指标的选取必须符合以下原则：

一是系统性原则。该指标体系应该是可以将新型城镇化的各个发展方面都立体体现出来，能够全面地、从不同的维度综合地评价新型城镇化的发展水平；二是适应性原则。该指标体系应该是符合中国的实际发展情况和具体国情的；三是代表性原则。该指标体系中选取的指标应该是可以代表新型城镇化的某一个具体内容的，能够衡量新型城镇化的某一个具体功能的；四是可行性原则。指标的选取也必须考虑到指标值能否容易获得，衡量新城镇某一个具体内容的指标可能不止一个，我们应该选择最容易获取和统计计算的那个指标。

（2）测量指标的选取。

很多学者都对城镇化的综合评价体系进行了研究，做出了贡献。美国斯坦福大学教授 Inkeles（2005）设计了体现城镇现代化水平的综合指标，包括城镇的人文居住环境、经济水平、产业结构等多个维度，这个体系得到了国际上的广泛认可。

我国学者王洋在构建新型城镇化的评价指标体系时，选取了多个反映，城镇化水平不同方面的指标，并按照计算出来的结果大小排序，最后分成城镇化的五个维度[1]。张向东等（2013）选取了 27 个具体指标，从城镇化中的基础设施、经济发展水平、人口数量、社会保障服务、生态自然环境和城乡一体化这六个维度去构建城镇化评价指标体系[2]。赵永平、徐盈之则选取了 31 个具体指标，利用熵值法赋权去计算我国山东省的各城镇的新型城镇化发展水平[3]。朱鹏华、刘学侠针对中国国情，设计了中国新型城镇化发展水平的指标体系，体系包括三个维度：城镇发展、城镇化效率及城乡一体化水平，三个维度下有 12 个子指标体系和 48 项指标构成[4]。利用德尔菲法、层次分析法、熵值法来进行综合赋权，计算中国的城镇化质量指数。

本书依照前述的指标体系和指标选取原则，从以下四个维度去选取具体的评价指标，来设计我国新型城镇化的评价体系。

①人口城镇化。城镇化发展水平提高的一个最明显的特征就是城镇中的人口迅速增长，城镇人口数量占地区总人口数量的比重越来越大。并且在此过程中，农村剩余劳动力从农村转移到城镇的新建城区，城镇的集聚效应的发挥，使城镇规模变大，人口密度变大，城镇的功能性在扩张，在农业从业人数减少的同时，城镇服务业从业人数在增加。因

---

[1] 王洋：《论美国新城建设及其对中国的启示》，《中国名城》2012 年第 10 期。
[2] 张向东等：《河北省新型城镇化水平测度指标体系及评价》，《中国市场》2013 年第 20 期。
[3] 赵永平、徐盈之：《新型城镇化发展水平综合测度与驱动机制研究》，《中国地质大学学报》（社会科学版）2014 年第 7 期。
[4] 朱鹏华、刘学侠：《城镇化质量测度与现实价值》，《改革》2017 年第 9 期。

此，人口城镇化是本指标体系中首先设计的一个维度，并选取城镇人口占区域总人口比重、第三产业从业人员比重、城市人口密度这三个指标作为衡量人口城镇化的指标。

②经济城镇化。新型城镇化的发展过程，一定也是地区经济发展的过程。新型城镇化也是产业结构优化、国民经济生产总值进步、资源耗能降低、浪费减少的城镇化。因此，社会经济的发展也是考察城镇化水平的一个重要维度。城镇化的发展会促进生产要素在城镇集聚，进而产业结构会被调整而优化，就业结构也随着产业结构的变化而变化，居民收入会因为就业结构的变化而发生变化。因此，从经济发展维度来看，新型城镇化的发展表现为产业结构优化、经济发展水平高效增长、人民收入水平提高。本书选取的反映经济城镇化的发展指标，包括人均 GDP 产值、第三产业占 GDP 比重、城镇居民个人可支配收入。人均 GDP 体现了城镇化过程中经济发展的总体水平，城镇居民个人可支配收入反映了城镇化中人民收入水平，第三产业对 GDP 的贡献反映了产业结构的合理与优化。

③基础设施城镇化（physical infrastructure）。在新型城镇化发展过程中，城镇人口数量增加，必然会对城镇的功能性和容纳性提出更高的要求。城镇中各项基础设施的完善与健全是评价一个城镇现代化发展水平的重要指标，这也是与传统城镇化的重要区别之一，我国传统的城镇化往往单纯追求城镇规模的扩大、人口数量的增加，而忽视了城镇相应配套设施的跟进与完善，因此大大降低了居民的生活质量。新型城镇化水平的提高意味着城乡居民可以享受到基础设施水平的提高，城乡居民可以享受到更加方便、舒适的城镇设施。此处为了简化计算，把生态环境绿化的指标也归入基础设施城镇化来计算。

指标选取包括：人均道路面积（平方米）和万人拥有公共汽车数（标台），这两项指标直接反映了城镇公共交通的便利情况；天然气用气普及率（%），度量了城镇基本生活设施的水平；人均公园绿地面积，反映了城镇生态环境绿化的程度；每万人有公厕（座），反映了城镇生活环境的优化便利程度。在满足前述的指标选取原则的条件下，上述 5 项指标较为全面地涵盖了公路、交通、煤气、公园等公共设施，即俗称的基础建设（physical infrastructure），能够科学、全面地度量城镇的基础设施建设水平。

④社会服务城镇化（social infrastructure）。在城镇化发展过程中，伴随着城镇中公共基础设施硬件服务水平的提升，社会福利、社会保障类的软件服务水平也会逐步健全和完善。新型城镇化的内涵之一就是建立健全社会公平，促进城乡一体化建设。要让城乡居民公平地、均衡地享受到高质量的养老、医疗等社会保障和教育、公共卫生等社会公共服务品，才能综合提升城镇化的质量与功能效益。城镇化从来就不仅仅只是经济发展问题，更是社会发展问题，城镇化建设中的关键任务之一，就是保证社会福利和社会保障等社会公共品供给的充足，让包括流动在城乡之间的农民工和居住在农村的农民在内的所有居民都能享受到新型城镇化发展的成果，最终实现养老、医疗、教育、公共卫生等社会公共福利的城乡一体化。而更加均衡完善的社会保障体系，惠及全体居民的各种公共福利与服务，能够有效地降低居民对未来生活的不安全感，提高消费信心，提高居民的生活质量与水平。

在这一维度中选取的指标包括：城镇医疗保险参保比率、城镇基本养老保险参保比率，这两项反映了城镇化中以医疗保险和养老保险为主的社会保障覆盖水平；每万人拥有医师数（人），则反映了公共卫生事业的发展水平；平均每万人大学生在校人数，反映的是伴随着城镇化水平的提高所带来的人口素质的整体水平的提高，也是教育水平的提高。因此，这4项指标较好地覆盖了主要的社会服务（social infrastructure），包括养老、医疗、卫生和教育。

综上所述，本书从人口城镇化、经济城镇化、基础设施城镇化和社会服务城镇化四个维度构建了针对我国新型城镇化发展的综合评价指标体系，并参考国内外学者现有的相关评价指标体系和成果，依照前述的指标选取原则，从每个维度选取了具体的评价指标，最终确定了包括四个维度、十二个具体指标的新型城镇化综合评价体系。该体系由目标层、准则层和指标层三个层次组成，其相互关系归纳整理如表3-2所示。

表 3－2　　　　　新型城镇化水平综合评价指标体系

目标层（一级指标）	准则层（二级指标）	指标层（三级指标）
城镇化水平	人口城镇化	城镇人口比重
		第三产业从业人员比重
		城市人口密度
	经济城镇化	人均 GDP
		第三产业产值占 GDP 比重
		城镇家庭人均可支配收入
	基础设施城镇化	人均拥有道路面积
		每万人拥有公交车辆
		人均公园绿地面积
		天然气用气普及率
		每万人拥有公厕（座）
	社会服务城镇化	城镇基本养老保险参保比率
		平均每万人大学生在校人数
		平均每千人拥有医师数
		城镇医疗保险参保比率

此处的人均 GDP 值和城镇家庭人均可支配收入均按 1985 年的定基价格指数进行了平减，以消除价格因素的影响。

三　新型城镇化水平的测量结果及现状分析

（一）测量新型城镇化水平的各指标权重

在对收集到的原始统计数据进行标准化后，利用熵值法进行计算，首先得出各个具体指标的熵值，然后进一步计算得出各综合指标权重值。计算得到的熵值越大，则该指标的权重越大，说明该指标在新型城镇化综合水平评价值中的影响和重要性也就越大。从表 3－3 可以看出，权重排名前五名的指标依次为：城镇基本养老保险参保比（0.089234），权重排名第一，其次是排名第二的每万人有公厕（座）（0.084436），排名第三的是城市人口密度（0.076802），排名第四的是平均每千人拥有医师数（0.075335）；排名第五的是人均 GDP（0.074762）。值得注意的是，权重排名前五名的指标有两项（第一名和第四名）归属于社会服务城镇化这一维度。其余指标权重依据降序排列为城镇医疗保险参保比（0.074109）、城镇居民家庭人均可支配收入（0.071031）、第三产业从业人员比重（0.066725）、第三产业GDP占比（0.066272）、人口城镇化率（0.06121）、平均每万人大学生在校人数（0.057744）、人均公共绿地（公园）面积（0.056779）、平均每万人拥有道路面积（0.054436）、平均每万人拥有公交车（辆）（0.053552）、用气普及率（0.037574）。可见，社会服务方面的指标权重排名最高，其次是城镇经济发展方面的指标，而基础设施方面的指标权重排名较为靠后。

表3-3　　　　　　综合评价体系各指标的熵值和权重

三级指标各指标值	熵值	权重
用气普及率（%）	0.99558	0.037574
平均每万人拥有道路面积（万平方米）	0.993596	0.054436
平均每万人拥有公交车（辆）	0.9937	0.053552
人均公共绿地（公园）面积（平方米）	0.99332	0.056779
每万人有公厕（座）	0.990067	0.084436
平均每万人大学生在校人数	0.993207	0.057744
平均每千人拥有医师数	0.991137	0.075335
城镇基本养老保险参保比	0.989502	0.089234
城镇医疗保险参保比	0.991282	0.074109
人均GDP	0.991205	0.074762
第三产业GDP占比	0.992204	0.066272
第三产业从业人员比重	0.99215	0.066725
城镇居民家庭人均可支配收入	0.991644	0.071031
人口城镇化率	0.992799	0.06121
城市人口密度	0.990965	0.076802

资料来源：《中国城市统计年鉴》《中国统计年鉴》（1978—2018）历年中数据整理标准化后用熵值法计算得出。

以上这种传统的综合计算权重的方法，只能体现单个具体指标的重要程度，并以此计算出新型城镇化的综合得分；但是由于每种二级指标所包含的三级指标数量不一样，就会造成由于三级指标数量多少的不同而引起二级指标值在计算上的偏差。为了消除这种由于二级指标所包含的三级指标数量不同而造成的二级指标值的偏差，并为了能更好地分析新型城镇化综合评价体系中四个维度各自不同的重要程度和贡献值，就需要再进一步计算各三级指标在分项二级指标中的权重值，以及二级指标在一级指标（目标层）中的权重值，消除各分项指标（准则层）所包含的指标数（指标层）不同造成的计算偏差。根据四大分类分别以类别计算权重值，如表3-4所示。

表3-4　　　　　　综合评价体系中四个维度的权重

二级指标	指标权重	三级指标	指标权重
人口城镇化	0.252393	人口城镇化率	0.298968
		城市人口密度	0.375124
		第三产业从业人员比重	0.325908
经济城镇化	0.261426	人均GDP	0.352544
		第三产业GDP占比	0.312508
		城镇居民家庭人均可支配收入	0.334948
基础设施城镇化	0.212118	用气普及率（%）	0.131021
		平均每万人拥有道路面积（万平方米）	0.189819
		平均每万人拥有公交车（辆）	0.186738
		人均公共绿地（公园）面积（平方米）	0.197991
		每万人有公厕（座）	0.294432
社会服务城镇化	0.274064	平均每万人大学生在校人数	0.194803
		平均每千人拥有医师数	0.254149
		城镇基本养老保险参保比	0.301036
		城镇医疗保险参保比	0.250011

资料来源：《中国城市统计年鉴》《中国统计年鉴》（1978—2018）历年中数据整理标准化后用熵值法计算得出。

从四个维度的权重来看，最高值是社会服务的城镇化，权重平均值为0.27；其次是经济服务的城镇化，权重平均值为0.26；再次是人口城镇化，权重平均值为0.25；最后是基础设施城镇化，权重平均值为0.21。

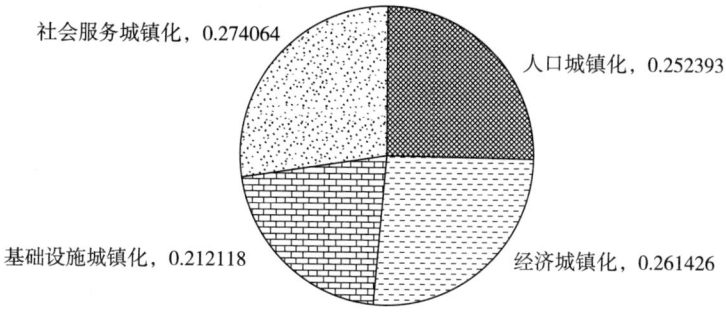

图 3-4 综合评价体系中四个维度权重

可见城镇的社会福利和公共服务能力的权重比较重，以及城镇的经济发展水平是新型城镇化综合水平的重要影响因素。

（二）2000—2017年中国新型城镇化的综合评价得分及结果分析

根据各指标权重和标准化计算的结果，新型城镇化发展水平的四个维度根据表3-4计算出来的各指标的权重和标准化后的各项指标值，可以得出人口城镇化、经济城镇化、社会保障城镇化和基础设施城镇化各自的得分，再加权求和后就是当年的新型城镇化水平的综合评价得分。

表 3-5　　　　2000—2017年新型城镇化各维度及综合水平得分

年份	基础设施城镇化	社会服务城镇化	经济城镇化	人口城镇化	综合新型城镇化
2000	1.000001	1.030272	1.000491	1	1.008426
2001	1.271297	1.06515	1.05196	1.049729	1.101538
2002	1.445206	1.07423	1.101748	1.116089	1.170681
2003	1.537245	1.09335	1.119709	1.165499	1.21261
2004	1.599788	1.135505	1.125569	1.209627	1.250099
2005	1.626822	1.21536	1.160933	1.241961	1.295125
2006	1.455582	1.268784	1.210787	1.525059	1.357929
2007	1.608747	1.332475	1.285774	1.525101	1.427487
2008	1.695667	1.423375	1.324427	1.550448	1.487339
2009	1.757095	1.508814	1.407077	1.597646	1.557304

67

续表

年份	基础设施城镇化	社会服务城镇化	经济城镇化	人口城镇化	综合新型城镇化
2010	1.676605	1.570304	1.456068	1.639925	1.580562
2011	1.669063	1.633152	1.514518	1.681696	1.622009
2012	1.698765	1.704047	1.608509	1.721052	1.682244
2013	1.671874	1.771293	1.690665	1.791606	1.734255
2014	1.693823	1.825231	1.760866	1.855298	1.788121
2015	1.652237	1.879758	1.845769	1.903189	1.828527
2016	1.674942	1.964925	1.928957	1.942195	1.888276
2017	1.764456	1.999997	2	2	1.950038

资料来源：《中国城市统计年鉴》《中国统计年鉴》（1978—2018）历年中数据整理标准化后用熵值法计算得出。

从图3-6可以看出，近二十年来，我国城镇化综合发展水平总体来说呈不断上升趋势，而且基本上是一条平滑的直线，也可以说上升发展速度是比较稳定的。但是对比新型城镇化的四类组成指标变化来看见图3-5，其发展曲线并不是一条较平滑的直线，四类指标的发展变化曲线之间存在较大的差异，反映出新型城镇化发展的内在推动力仍然处于动态的变化之中。

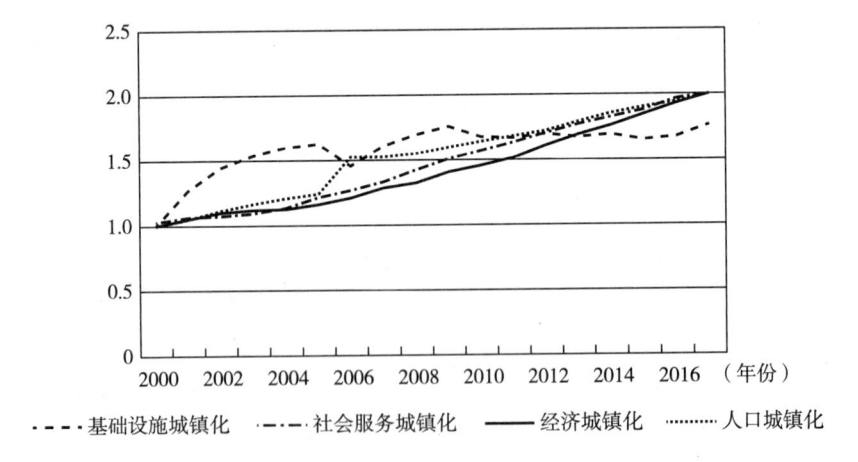

图3-5 2000—2017年中国新型城镇化四个维度水平的变化

第三章 | 新型城镇化对农村居民消费需求的拉动效应

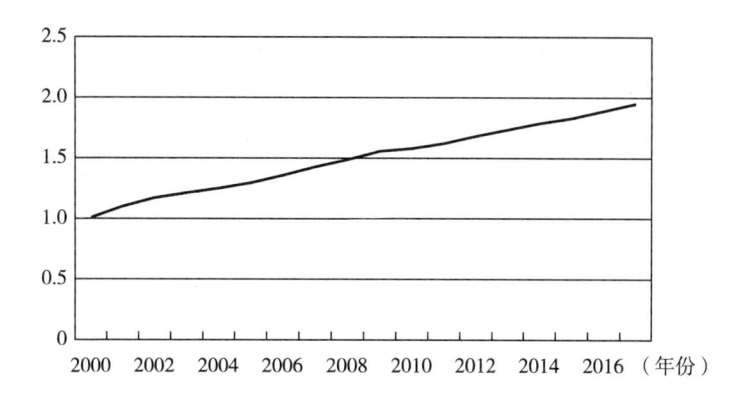

图 3-6　2000—2017 年中国新型城镇化综合水平的变化

从表 3-5 可以看出，2010 年以前基础设施城镇化得分最高，也就是说，自 2000 年起的十年间，我国在基础设施建设方面取得较快发展，城镇的供水、供气、供电、交通、绿化等功能不断提高。2011 年之后则是人口的城镇化水平最高，这也表明当城市的基础设施条件具备后，人口开始大量由农村向城市转移。

从图 3-5 可以看出，社会服务城镇化的斜率最高，也就是增长率最高。这说明伴随着劳动力向城镇集聚，第三产业从业人员比重增大，城镇第三产业发展后，紧跟上来的是城镇人口对社会服务需求的增大，包括医保、社保等社会福利，医疗、教育等社会事业，这些新增的需求进一步推动社会事业加快发展。在这种情况下，国家也加强了这方面的建设，社会保障更加健全，社会保障覆盖范围持续扩大，保障标准逐步提高。以医疗和教育为主的社会服务事业的持续不断地推进和发展，使城镇化的水平和质量均得到提升。

从图 3-5 也可以看出，人口城镇化水平在 2015 年以前都是高于经济城镇化水平的，也就是说，尽管人口向城镇转移了，是城市人口了，但是同期的居民总体经济收入水平并没有得到同等幅度的提高，而是有所滞后；自 2016 年开始，经济城镇化水平则开始基本接近人口城镇化，表明城镇化水平更真实健康。

图 3-7 是新型城镇化综合得分与单一指标的人口城镇化水平的比较，由于两者的得分不是从同一指标体系中计算出来的，其数值本身并

不具有比较价值。但是对比发现两个曲线的形状相似，均呈现为近似直线性基本上升的形态。但各自的斜率也就是增长率有明显的不同，新型城镇化的增长率要高于人口城镇化的水平。这说明我们国家还是非常重视城镇化过程中各要素的和谐发展，从这个意义上来说，我国的新型城镇化发展是比较成功的。

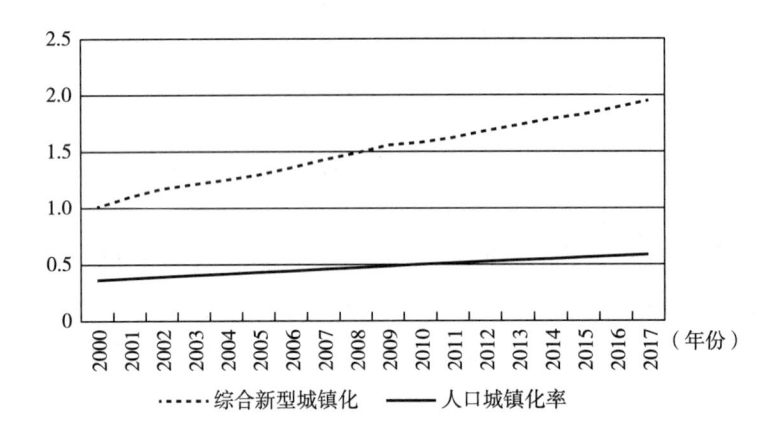

图3-7　2000—2017年中国新型城镇化综合发展水平与
人口城镇化率变化趋势比较

四　中国新型城镇化发展进程分析

（一）中国的城镇化发展历程与现状

美国地理学家诺瑟姆曾对世界各国的城镇化进行研究，他得出如下结论：以人口城镇化率的水平为划分标准，一般规律显示各国的城镇化进程可以分为三个阶段，当人口城镇化率小于30%时，是城镇化发展的初级阶段，这个阶段的社会生产力水平低下，农业从业人数占绝对优势，工业提供给社会的职位不是很多，农村剩余劳动力无法流转到城镇工作；当人口城镇化率的水平在30%—70%时，是城镇化发展的中期，这个阶段的社会经济水平明显提升，农业生产力水平提高，工业发展势头较好，为农村剩余劳动力提供了较多的就业机会，吸引其转移到城镇工作生活，城镇人口数量迅速增加达到50%，后期上升到70%；当人口城镇化率的水平在70%—90%时，是城镇化发展的最后一个阶段，社会的经济水平发展到较高的一个水平，城镇人口数量已经稳定下来，农村人口数量占总人口的 10% 左右，而且不会再有剩余劳动力流向城镇，人口的流动主要来自城镇产业间的转移，社会产业结构进一步调整，第三产业占比逐渐变大①。

按照这一划分标准，结合我国的历史数据和专家预测，我国城镇化的第一阶段是 1949—1996 年，此时我国的人口城镇化率由 1949 年的 10.6% 增长到 1995 年的 29%；第二阶段也就是中期阶段，是 1996—2032 年（专家预测），1996 年的人口城镇化率是 30.5%，目前的最新数据表明 2017 年的人口城镇化率达到了 58.52%，目前我国正处于第二阶段的中期；第三阶段，也就是最后一个阶段是 2033 年之后。

下面，结合我国的城镇化政策和人口城镇化率，对我国城镇化发展历程进行分析。从 1978 年改革开放开始，我国的城镇化发展可分为如下几个阶段：

第一阶段为 1978—1991 年。这一时期是我国开始改革开放到市场经济确立前的一段时间，这一时期的人口城镇化率由 19.0% 增长到 27.0%，在十四年间，人口城镇化率的增速是 0.57%。这个时期主要是开放城乡市场。

第二阶段是 1992—2001 年。这一时期是我国确立了市场经济体制改革，社会经济快速发展，生产力快速提高的时期。这一时期的人口城镇化率由 27.5% 增长到 37.7%，在十年间，人口城镇化率的增速是 1.02%，几乎是第一阶段的 2 倍。这一时期是由过去的计划经济转向社会主义市场经济的经济体制的转型建设时期，我国经济任务的重心在于发展好工业和大中城市的建设，农村和小城镇的发展比较缓慢。

第三阶段是 2002—2011 年。在 2002 年，党的十六大第一次明确提出了走"中国特色的城镇化"道路，在城镇化建设中要让大、中、小城市与小城镇一起协调发展，国家开始重视城镇化发展和小城镇的建设。2007 年的十七大进一步强化了"中国特色的城镇化"这一概念，提出了要在城镇化建设中合理布局、节约土地、完善城镇的功能，统筹考虑城乡的共同发展，和让大城市带动小城镇发展的思想。这个时期的

---

① Northam, R. M., *Urban Geography*, New York: John Wiley& Sons, 1975 (8): 65-67.

人口城镇化率由 2002 年的 39.1% 增长到 2011 年的 51.3%，十年间的平均增速为 1.22%，增长速度又比上一个阶段提高了 20%。

第四阶段是 2012 年至今。在 2012 年十八大通过的政府文件中，中央正式提出了新型城镇化的概念，并明确提出，新型城镇化是包括城乡一体化建设的城镇化，是以工业促进农业，以城市带领农村的城镇化。新型城镇化一改过去优先发展大城市的传统战略，转变为追求城乡互补、共同协调发展的城镇化。人口城镇化率由 2012 年的 52.6% 增长到 2017 年的 58.5%，六年间的平均增速为 0.98%，比上一个阶段的增速要小，说明我国已经进入到城镇化稳定发展的阶段。当前，国家强调的是新型城镇化，强调发展农业现代化，强调农村和小城镇的建设，强调社会公平和以人为本的城镇化。

通过前面介绍的西方发达国家现有的城镇化发展规律，对比目前我国的城镇化发展水平，可以看到我国已经进入了城镇化发展的中期，是城镇化快速发展的时期。城镇化的发展会带动整个国家的社会经济发展，产业结构的优化和人民生活方式的转变。中国的经济发展和发展环境与西方发达国家存在很大的不同，因此我国的城镇化发展也具有我国的特点。

（二）中国城镇化发展的特点

1. 中国城镇化发展水平与经济发展水平的比较分析

（1）中国基于库兹涅茨统计分析表的对比分析。

著名的经济学家库兹涅茨以西方发达国家的城镇化发展进程中的统计经济资料为基础，构建了一个关于国家经济发展水平、产业结构以及人口城镇化率的统计分析，如表 3-6 所示：

表 3-6　　　　　　　　库兹涅茨统计分析

工业化各阶段	人均收入	农业及产品加工业占 GDP 比重（%）	城市人口占总人口比重（%）
工业化前	100 美元以下	49.8	22.9
准备阶段	100—199 美元	33.7	32
工业化实现及经济发展阶段	200—349 美元	32.7	36

续表

工业化各阶段	人均收入	农业及产品加工业占GDP比重（%）	城市人口占总人口比重（%）
高速增长阶段	350—574美元	15.1	49.9
	575—999美元	14	65.8
工业化后稳定阶段	1000美元以上	9	68.2

注：表格取自库兹涅茨《现代经济增长》（中译本），北京经济学院出版社1999年版。

参照表3–6，我国的经济发展统计分析表3–7所示：

表3–7　　　　　　　　中国经济与城镇化发展分析

年份	人均GDP	农业及产品加工业占GDP比重(%)	城市人口占总人口比重(%)
1987	1123元（303美元）	26.3	25.3
1992	2334元（424美元）	21.3	27.5
2002	9605元（1157美元）	13.3	39.1
2012	40007元（6401美元）	9.4	52.6
2017	59660元（9025美元）	7.9	58.5

注：数据取自中国统计年鉴的历年资料，其中人均GDP的美元值由当年的汇率换算得出。

由表3–7可见，我国1987年的人均GDP为303美元，在200—349美元，属于经济发展阶段，在这个阶段，我国的农业占GDP比重低于世界平均水平，反映出产业结构合理超前发展；但是人口城镇化率只有25.3%，大大低于36%。1992年，我国人均GDP为424美元，在350—574美元，进入高速增长阶段，农业占GDP比重为21.3%，高于世界平均水平的15.1%，反映出产业结构不太合理，而且人口城镇化率是27.5%，大大低于世界平均水平的49.9%。在这个阶段，无论是产业结构还是城镇化水平都是明显滞后于经济发展的。2002年后，按照库兹涅茨分析表中的人均GDP标准，我国的经济发展水平已进入了工业化后稳定阶段，产业结构基本合理，和世界平均水平一致，但至今，我们的人口城镇化率也没有达到世界平均水平的68.2%。由此可见，现阶段我国的城镇化水平仍然落后于经济发展水平，着力进行城镇化建设的方针是非常正确的。

(2) 中国与世界城镇化发展特点比较。

我国的人口城镇化率从 2011 年开始首次超过 50%，到 2017 年增加到 58.52%，并且依前文所述，目前的人口城镇化率的增速稳定变慢。对比世界其他国家，按时间先后排序，首先是英国于 1850 年城镇化率达到 50% 的，接着是德国是 1892 年，美国是 1918 年，法国是 1931 年，墨西哥是 1959 年，巴西是 1965 年，日本是 1968 年以及韩国是 1977 年，这些国家的城镇化率都超过了 50%。在人口城镇化率上，可以说这些国家领先中国很多年。观察这些国家的城镇化发展历程，可以发现它们在城镇化的发展过程中，也都出现了一些如人口增速太快、空间居住拥挤、生活生态环境恶化、资源消耗过度等共通的问题，这些普遍出现的问题整理如表 3-8 所示。

表 3-8　　世界城镇化发展中普遍出现的问题和特点

城镇化发展阶段	出现的问题和特点
发展阶段	利用农村的廉价原材料和劳动力，以牺牲农村为代价来发展城镇，农村人口和生产要素转移到城镇，农村发展落后于城镇
城市病阶段	城镇人口增速过快，基础设施和公共服务等与城镇规模的扩张不匹配，产生人口交通拥挤、生态环境破坏、供水供电不足等"城市病"问题
城乡综合治理阶段	国家开始用立法、税收等法律财政手段综合治理"城市病"问题，同时增加对农业和农村的研发、投入，推进农业现代化
城乡一体化阶段	城乡综合治理后，城乡间的差距和矛盾逐渐缓解，城乡社会保障与各种公共服务均等化，城乡区分在减小

对照我国的城镇化发展状况，会发现中国的城镇化发展也出现了世界各国已经出现的问题，这些问题整理如表 3-9 所示。

表 3-9　　中国城镇化发展中出现的问题和特点

中国城镇化发展阶段	出现的问题和特点
1992—2001 年，发展初期	乡镇企业发展迅速，促进了城镇化的发展，大量农民工进城务工，出现了产业结构不合理、土地利用率低下和基础设施不足等问题

续表

中国城镇化发展阶段	出现的问题和特点
2002—2011 年，城市病阶段	大中城市中出现了非常严重的房价上涨、人口膨胀、交通拥堵和包括雾霾在内的生态环境恶化等城市病[①]
2012 年至今，城乡综合治理阶段	制定了新型城镇化政策，重视城乡一体化的发展，重视小城镇的发展，重视农业现代化建设，构建平等、均衡的城乡发展战略
城乡一体化阶段	城乡综合治理完成后，城乡社会保障与各种公共服务均等化，农民收入增加，城乡差距缩小

2. 中国城镇化发展中的问题

（1）人口城镇化率实际水平比统计数据要小。

在统计城镇人口数量的时候，居住在城镇中的农民工群体只要居住时间超过半年就会被统计为城镇人口。但实际情况却是，这部分群体并没有享受到城镇的社会保障和公共福利。虽然我国统计的人口城镇化率在 2017 年已经超过 50%，达到 58.52%，但和西方一些发达国家相比仍然存在相当大的差距，它们的人口城镇化率已经达到 80%，而和我国经济发展情况类似的发展中国家的人口城镇化率也达到了 60% 的平均水平[②]。

更为突出的是，如果按照城镇户籍人口来统计，真正具有城镇户籍的人口数量占全部人口的比例只有 42.35%，这和学术界常用的基于城镇居住人口（包括城镇户籍和非城镇户籍）计算出的城镇化率还是有一定差距的。所以，尽管我国现阶段已进入城镇化发展的高速阶段，人口城镇化率也在逐年提高，在我国的城镇化发展中却出现了一种中国特色现象——半城镇化。何为、黄贤金的研究论述了半城镇化现象，它是指我国城镇化发展过程中呈现出的人口与区域的半城镇化[③]，也就是城

[①] 魏人民：《新型城镇化建设应解决七个失衡问题》，《经济纵横》2013 年第 9 期。

[②] 中华人民共和国国家发展和改革委员会发展规划司：《国家新型城镇化规划（2014—2020 年）》。

[③] 何为、黄贤金：《半城市化：中国城市化进程中的两类异化现象研究》，《城市规划学刊》2012 年第 2 期。

镇化不充分的情况。李爱民在调查中发现我国有80%以上的城镇有半城镇化的情况出现，尽管具有高比例的城镇常住人口，但在常住人口中普遍存在低户籍化现象[①]。这些都说明在我国城镇化的发展过程中，农村剩余劳动力实际向城镇转移，但一方面由于我国二元经济时期留存的户籍制度的制约，他们的身份和享受的社会福利并没有和原有的城镇居民保持一致；另一方面，一些由农村到城镇的转移人口也可能是在城镇地域的扩张中，由于失去土地而转移生活在城镇的，他们的身份尽管转变成了新市民，但由于长期生产生活在农村，文化素质也不高，缺乏在城镇生活的职业技能，也出现了生活空间有城镇，但其主要生活方式和社会交往还是延续在农村的半城镇化人员。

（2）城镇化地区发展不平衡，且城乡发展差异大。

中国地理区域比较大，在城镇化建设中也容易出现地区发展不平衡的情况。现阶段，在我国经济发展较好的地区，其城镇化发展水平也越高；反之则城镇化水平相对偏低，地区间的差异较大。以北、上、广这样的超大城市来看，上海的城镇化率在2017年达到89.6%，北京是86.5%；沿海经济较发达的地区如江苏、浙江的城镇化率达到68.8%和68%；一些中部省份，湖北、湖南的城镇化率接近国家的平均水平，为59.3%和58.04%；但西部一些经济水平较落后的省份的城镇化率则远低于我国的平均水平，如云南的城镇化率是46.7%，甘肃是46.4%、贵州是46%、西藏是30.9%[②]。可见我国城镇化的发展在全国范围内是非常不均衡的。特大城市、大城市人口爆炸，资源环境无法承载容纳流入的人口，造成了房价高涨、交通拥堵、生态环境恶劣、竞争压力大、居民的幸福感降低的所谓"城市病"的情况；而二、三线城市和经济欠发达的地区，则出现人口和要素资源流入不足，发展迟缓的现象，造成我国不同地区间城镇的现代化水平和城镇化水平差距显著。

此外，我国和世界上大多数国家一样，在城镇化发展初期，都是以牺牲农村为代价发展城市，在相当长的一段时期内，我国的建设重心都在城镇，特别是大城市，而忽视了小城镇和农村的发展。大城市自身产

---

① 李爱民：《中国半城镇化研究》，《人口研究》2013年第4期。
② 2017年中国各省市人口城镇化率排行榜，中商产业研究院大数据库。

生的集聚效应本来就吸引了各生产要素和资本的流入，加上国家的政策倾斜，大城市发展迅速，而农村则处于明显落后的发展状态，差距越来越大。在农村，各种基础设施、社会保障等公共品投入不足，医疗、教育资源匮乏，居民生活水平与大城市相比差距明显。直到2012年开始，政府才开始把城乡一体化建设、以城带乡作为中国城镇化发展的重点，逐步缩小城乡差距，尽管如此，我国的城乡差距还普遍存在，仍然没有消除。

（3）土地城镇化速度快于人口城镇化，城镇化质量不高。

在我国城镇化的发展初期，部分地区进行粗放式的城镇化运动，盲目圈地，不仅不去保持和发展本地的自然环境、人文景观和地区特色，反而一味地追求所谓的"高、大、上"，使城镇化建设规模盲目扩张，造成土地浪费、环境破坏、发展规划不协调的问题。还有些地区，城镇化盲目扩张的结果是土地城镇化快于人口城镇化，不仅出现了空城、死城的情况，而且对失地农民只是简单地给予财政补偿，却并没有进行妥善安置，导致这部分人口成为新的社会问题的隐患。

第二节　中国农村的消费水平和消费结构

城镇化的发展，特别是新型城镇化的建设，对拉动我国内需，尤其是提高我国农村消费需求起着重要的影响作用。

随着城镇化水平的提高，居民的收入和生活水平会相应提高，对高质量生活的服务需求提高，导致如娱乐、旅游、文化、网络等相关服务产业的需求增大和升级。与此同时，新型城镇化的发展内涵之一是优美的生态环境和优质的城市功能，因此居民对教育、交通、医疗、卫生等城市公共服务的需求也会提高。特别是移居到城镇的农村居民可以享受到城镇中相对较好的教育资源，居民的平均教育水平提高，整个社会人口素质提高了，居民会开始追求文化、旅游、生态环保、优雅宜居等高品质生活，促进居民在餐饮、娱乐、旅游、文化等的生活服务的消费需求，从而促进整个社会消费需求的扩大。

新型城镇化通过多种途径影响消费，不能只从消费总量的角度或消费结构的角度去研究城镇化对消费的作用，必须把两者结合起来分析，将新型城镇化、消费总量、消费结构三者相结合综合研究。本节从宏观经济学的视角出发，从消费需求的角度对农村居民的消费行为进行定量分析，分别从消费总量和消费结构两个方面考察城镇化背景下农村消费需求的变动。

消费总量有实物形式和价值形式两种表现形式。本书考察的是消费总量的价值形式，是指一定时期内居民消费所产生的总的货币支出。消费总量的变动就是在一定区域内，居民每年平均消费总支出金额的变化。

消费结构也有实物形式和价值形式两种表现形式。消费结构的实物形式是指居民消费不同商品的实物类型及数量。消费结构的价值形式是指居民购买不同类型的商品所支出的货币价值及其比例关系，具体表现为在一定区域内，居民每年消费的各类商品的平均支出金额及比例关系。本书考察的是消费结构的价值形式，消费结构的变动在本书是指居民各项商品每年平均消费金额在平均消费总支出金额中占比的变化。

一 农村居民消费总量的变化

本书采用两个指标来反映消费总量的变化：消费增长率的变化和消费倾向的变化。

（一）农村居民平均消费增长率的变化

首先来考察农村居民的人均名义消费水平；名义消费是指不考虑物价因素的农村居民每年消费的货币支出额。

表3-10的统计数据显示，农村居民的人均名义消费从2000年的1917元，逐年增长到2017年的11704元，农村居民的人均消费水平在20年内发生了很大的变化，农民的消费水平有了显著提高。2006年的人均年消费第一次超过了3000元，五年后，2011年的人均年消费超过了6000元，增长了一倍，再五年后，2016年人均年消费超过了1万元，又比五年前增长了一倍。

表3-10　　2000—2017年中国农村名义消费及增长率

年份	农民名义消费（元）	消费增长率
2000	1917	—
2001	2032	0.06

第三章 新型城镇化对农村居民消费需求的拉动效应

续表

年份	农民名义消费（元）	消费增长率
2002	2157	0.06
2003	2292	0.06
2004	2521	0.10
2005	2784	0.10
2006	3066	0.10
2007	3538	0.15
2008	4065	0.15
2009	4402	0.08
2010	4941	0.12
2011	6187	0.25
2012	6964	0.13
2013	7773	0.12
2014	8711	0.12
2015	9679	0.11
2016	10783	0.11
2017	11704	0.09

资料来源：由《中国统计年鉴》（1978—2018）的相关数据整理计算得出。

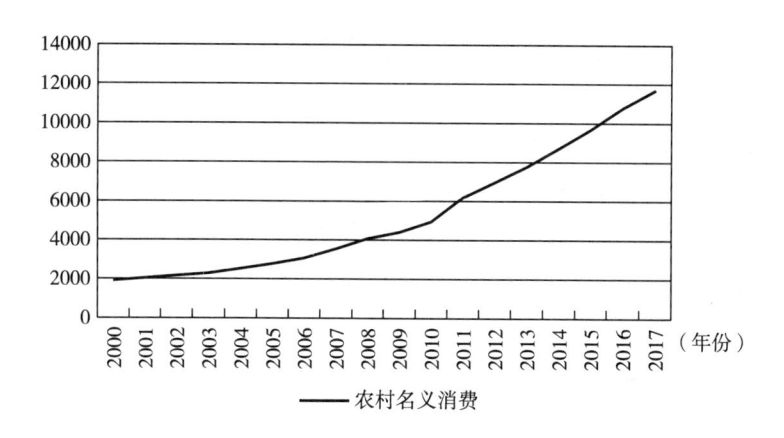

图3-8 2000—2017年中国农村名义消费增长曲线

资料来源：由《中国统计年鉴》（1978—2018）的相关数据整理计算得出。

79

再来考察农村居民平均消费增长率的变化。由表 3-10 和图 3-9 可以看到,农村居民消费增长率从 2000 年开始,基本上经历了由上升、下降、上升和下降的四个阶段。

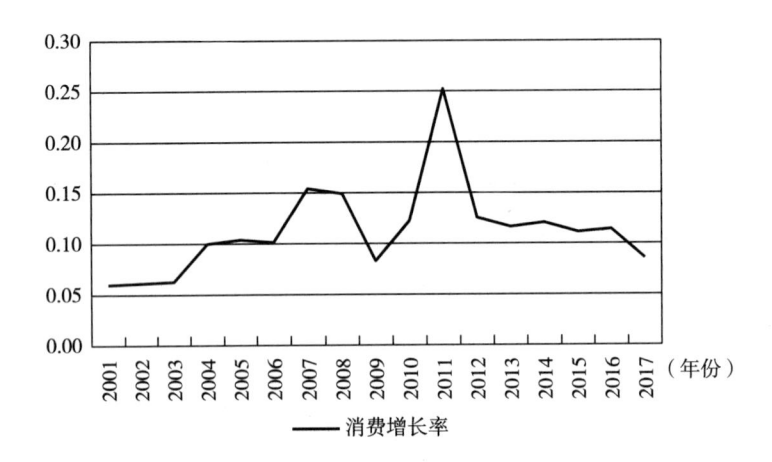

图 3-9　2000—2017 年中国农村居民消费增长率变化曲线

资料来源:由《中国农村统计年鉴》(1978—2018)的相关数据整理计算得出。

从 2000—2008 年,农村居民消费增长率一直在稳定增长中,在 2008 年达到了 15%。

2009 年下滑到了 8%,2012 年的消费增长率达到最高年,当年的消费比上年增长了 25%,增长率随后就一直下降,截至 2017 年的最新统计数据显示,2017 年的消费增长率是 9%。

(二)农村居民消费倾向的变化

居民消费倾向是指居民消费支出金额与可支配收入金额之间的比率,消费倾向分为两种形式:平均消费倾向和边际消费倾向。

表 3-11　中国农村居民历年收入、消费、平均消费倾向和边际消费倾向

年份	可支配收入(Y)	消费支出(C)	平均消费倾向(APC)	边际消费倾向(MPC)
1990	686.31 元	584.63 元	0.85	
1991	708.55 元	619.79 元	0.87	1.58

续表

年份	可支配收入（Y）	消费支出（C）	平均消费倾向（APC）	边际消费倾向（MPC）
1992	783.99 元	659.01 元	0.84	0.52
1993	921.62 元	769.65 元	0.84	0.80
1994	1220.98 元	1016.81 元	0.83	0.83
1995	1577.74 元	1310.36 元	0.83	0.82
1996	1926.07 元	1572.08 元	0.82	0.75
1997	2090.13 元	1617.15 元	0.77	0.27
1998	2161.98 元	1590.33 元	0.74	−0.37
1999	2210.34 元	1577.42 元	0.71	−0.27
2000	2253.42 元	1917 元	0.85	7.88
2001	2366.4 元	2032 元	0.86	1.02
2002	2475.63 元	2157 元	0.87	1.14
2003	2622.2 元	2292 元	0.87	0.92
2004	2936.4 元	2521 元	0.86	0.73
2005	3254.93 元	2784 元	0.86	0.82
2006	3587.4 元	3066 元	0.85	0.85
2007	4140.4 元	3538 元	0.85	0.85
2008	4760.62 元	4065 元	0.85	0.85
2009	5153.17 元	4402 元	0.85	0.86
2010	5919.01 元	4941 元	0.83	0.70
2011	6977.29 元	6187 元	0.89	1.18
2012	7916.60 元	6964 元	0.88	0.83
2013	8747.1 元	7773 元	0.89	0.97
2014	9698.2 元	8711 元	0.90	0.99
2015	10577.8 元	9679 元	0.92	1.10
2016	11600.6 元	10783 元	0.93	1.08
2017	12703.9 元	11704 元	0.92	0.83

资料来源：由《中国统计年鉴》（1978—2018）相关数据整理计算得出。

1. 平均消费倾向的变化

平均消费倾向（简称APC），是指居民总支出金额与总可支配收入金额之间的比率，也就是每一单位收入中用来消费的比例，本书用C

表示消费支出，用 Y 表示可支配收入，根据凯恩斯的绝对收入理论，APC＝C/Y（0＜APC＜1）①。一般情况下居民平均消费倾向应该是一个相当稳定的数值。但是，从图 3－10 可以看出，我国农村的平均消费倾向不太稳定且数值较低。孙凤曾将我国与美国和日本居民近年来的平均消费倾向进行横向比较②，她的研究发现，美国居民在 1978—1992 年的平均消费倾向大多时候都大于 0.9，平均消费倾向基本稳定在 0.90—0.92，而以 1987 年美元的不变价格计算，美国居民在这 14 年间的可支配收入增长了 1.36 倍，反映出美国居民的平均消费倾向基本不受收入增长的影响。同期日本的统计数据也反映了类似的现象，日本居民在 1965—1993 年的平均消费倾向保持在 0.74—0.82，同期的可支配收入增加了 6.95 倍，而平均消费倾向却仅仅下降了 0.0854，也反映了日本的平均消费倾向受其收入增长率的影响非常小。

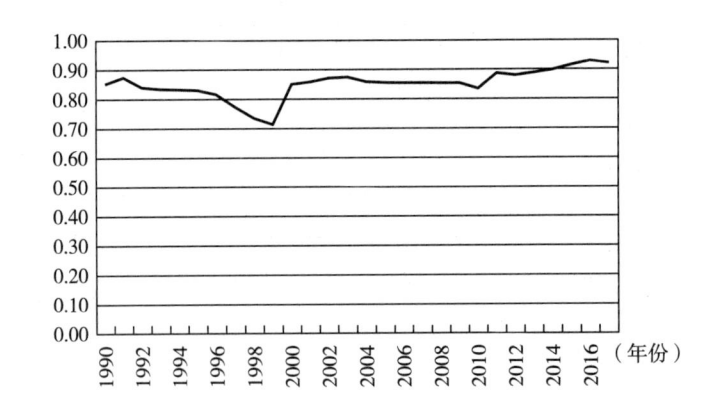

图 3－10　中国农村居民历年平均消费倾向

资料来源：由《中国统计年鉴》（1978—2018）相关数据整理计算得出。

再来对比考察我国农村居民的消费情况，由表 3－11 可见，我国农村居民的平均消费倾向在 1991 年到 1999 年呈现出下降的趋势，由 0.87 降到 0.71，平均值是 0.81；自 2000 年平均消费倾向回升到 0.85，一直到 2010 年，这十多年间，平均消费倾向虽然有升有降，但基本是稳定

---

① 凯恩斯：《就业、利息和货币理论》，商务印书馆 2002 年重译本。
② 孙凤：《消费者行为数量研究》，上海三联书店 2002 年版。

在 0.85 左右，比较稳定不变，这期间的平均值是 0.86；直到 2011 年，平均消费倾向增长到 0.89，之后的七年，平均消费倾向开始稳步上升，由 2011 年的 0.89 上升到最新的 2017 年的 0.92，这七年的平均值是 0.9。这个数字是相当高的，也就是说农村居民如果年收入是 100 元，有 90 元都要用于消费。

表 3-12　　　　中国农村居民历年平均消费倾向均值

年份	1990—1999	2000—2010	2011—2017
APC 均值	0.81	0.86	0.9

和美国农村居民的平均消费倾向进行对比，可以看到近五年我国农村平均消费倾向相当于美国三十年前的水平，可以说，我国农村居民的平均消费倾向也是在 2011 年后这七八年间才达到国际水平。

2. 边际消费倾向的变化

边际消费倾向（简称 MPC），是指居民当期支出金额的增量与其可支配收入增量之间的比率，即每增加一单位收入所引起的消费的增量，其表达公式为 $MPC = \Delta C / \Delta Y$（用 ΔC 表示当期比上期消费支出的增量，用 ΔY 表示当期比上期可支配收入的增量）。从经济学意义上来讲，MPC 的值应该在 0—1，MPC 越接近 1，越大，说明消费者在收入增加时，用于消费的金额占增收金额的比重越多；反之，则说明消费者把增加的收入用来储蓄的越多。

由图 3-11 可见，我国农村居民的边际消费倾向曲线并不是一条平滑的直线，从 1993 年的 0.8 降到 1996 年的 0.75，1997 年急降到 0.27，1998 年、1999 年两年连续出现负值，因为这两年消费不增反降，直到 2000 年出现极端反弹，边际消费倾向连续三年大于 1，说明消费的增长大于收入的增长，反映出从 1998 年到 2002 年这五年，消费出现了极端和不正常现象。其原因在于 1998 年，受亚洲金融危机影响，我国经济形势严峻，通货紧缩出现，经济大环境同样也影响了农村消费。1991—1997 年，农村居民人均纯收入年均增长 4.53%，然而在 1998 年，农村居民人均纯收入增长率仅为 3.4%，1999 年的增幅为 2.2%，不到前六年平均水平的一半。收入增长率的大幅减少给农民的心理带来压力，抑制了这两年的消费需求，造成大量储蓄，边际消费倾向小于0。1998年比1997年农村居民人均消费支出减少了26.9元，1999年比1998年农村居民人均消费支出减少了12.9元，致使2000年农村居民人均消费支出报复性增加了92.7元，高于当年农村居民人均纯收入43.1元的增加值，使中国农村居民边际消费倾向出现了历史上都罕见的2.15这个值，也就是说，农民在2000年到2002年这三年，年消费的增量大于收入的增量。农民把前两年没敢花的钱在这三年拿出来消费了，边际消费倾向大于1。2003年至2011年边际消费倾向比较正常，经历了先下降后上升的过程，但基本还是稳定在0.85左右，但是从2012年起又开始上升到0.9以上，到2017年才开始回落。综上所述，1990—2017年的中国农村居民边际消费倾向曲线反映出我国农村居民的边际消费倾向是非常不稳定的，总体上大起大落，但是自第十个五年计划执行的中期以来（2003年），近一二十年的大趋势还是在稳定上升中。

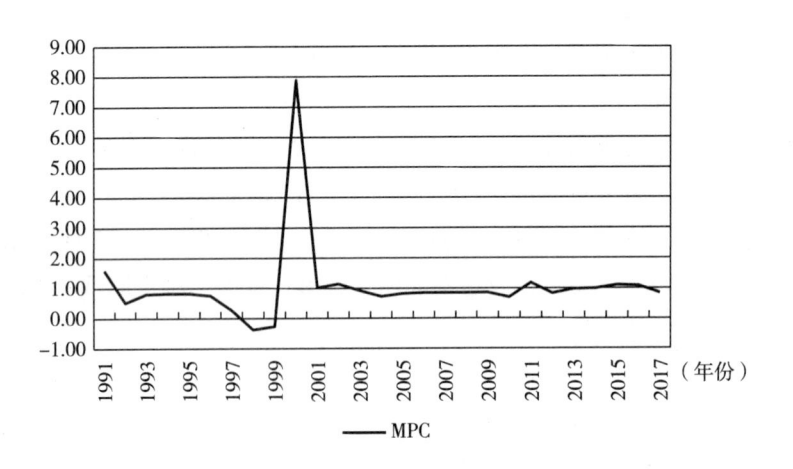

图 3-11　中国农村居民历年边际消费倾向曲线

资料来源：由《中国统计年鉴》（1978—2018）相关数据整理计算得出。

边际消费倾向在理论上是应该随着收入的增长而下降的，但我国农村居民收入在近五年几乎上升了一倍多，而边际消费倾向在近五年仍然处于上升阶段，这说明我国农村居民的消费需求长期以来受到压抑，还没有得到充分满足，因此消费总量还存在明显的上升空间，而过去的边际消费倾向的大起大落也还是和制度变迁中的具体政策变化有关。

二　农村居民消费结构的变动

消费结构也被称为消费构成,是指在一定时期、一定的区域内,所有经济主体在消费总量中对不同类型的产品和服务消费在数量上的比例和相互关系。消费结构可以用居民各项消费支出占消费总支出的比重来度量。例如,基本生活消费中的衣、食、住、行等各方面分别占总消费支出的百分比即是对消费结构的表示。我国居民的消费结构主要分为食品支出、衣着支出、居住支出、家庭设备用品及服务支出、医疗保健支出、交通通信支出和文教娱乐用品及服务支出和其他支出八个类目。

根据消费结构的研究视角的不同需求,可以按照下列五种方式对消费结构进行划分。一是按居民的具体消费项目来划分,可分为食品、衣着、居住、家庭设备用品及服务、医疗保健、交通通信、文教娱乐用品及服务、其他商品和服务;二是按居民消费商品的存在形式来划分,可分为实体产品和服务产品;三是按居民消费商品的经济属性来划分,可分为购买性产品和自给型产品;四是按世界银行的统计口径,可分为耐用品、消费品和服务产品;五是按居民消费商品的层次来划分,可分为生存型消费、发展型消费和享受型消费。生存型消费主要包括衣着、食品和居住这三类消费项目,发展型消费主要包括家庭设备用品及服务、交通通信消费,享受型消费包括文教娱乐用品及服务和医疗保健消费。但这种划分也不是绝对的,要视具体情况而定。比如衣着消费,如果是属于功能型的衣着消费,属于生存型消费,但如果是追求时尚的动因,衣着则属于享受型消费。再比如居住,如果只是基本居住条件,属于生存型消费,但如果是超出基本需求,侧重于改善和享受型的居住体验则是享受型消费了。

本书对消费结构的分析,主要采取第一种划分方式并结合第五种划分方式的研究方法。并且,本书研究的消费都是购买性商品消费,并不包括自给型消费。

居民食品支出占其总消费支出金额中的比重,即恩格尔系数,是衡量消费结构优劣的一个重要指标。我国农村居民的恩格尔系数一直都是高于城镇居民。食品消费属于基本生存型消费,所以恩格尔系数越高,表明生存型消费越高,享受型和发展型消费越低。在城镇化建设过程中,随着基础设施和消费环境的完善,商品丰富程度的上升,农村居民能够选择和消费更多的商品,如家电、汽车等耐用品,也会提高对房屋居住的需求(第四章会对此进行具体分析)。因此,城镇化水平的提高会使食品消费在总支出中的占比下降,即恩格尔系数下降,这就会促使一部分享受到新型城镇化建设成果的农民提高其对发展型和享受型消费的需求,进而促进整体农村居民消费结构的提升。

我国农村居民的消费结构在城镇化特别是新型城镇化进程中发生了变动吗?发生了什么样的变动?本节从我国农村居民八大消费类目在总消费支出中的占比和八大消费类目的具体支出情况这两个方面进行统计描述,并结合恩格尔系数来分析农村居民消费结构的变动和变化趋势,揭示其变动的规律和特点。

首先对中国农村居民在 1995—2017 年的消费结构的变化和特点进行分析。

表 3–13　　　　中国农村居民历年各项消费支出比重　　　　单位:%

年份	食品	衣着	居住	家庭设备用品及服务	医疗保健	交通通信	文教娱乐用品及服务	其他商品及服务
1995	58.62	6.85	13.91	5.23	3.24	2.58	7.81	1.76
2000	49.13	5.75	15.47	4.52	5.24	5.58	11.18	3.14
2001	47.71	5.67	16.03	4.42	5.55	6.32	11.06	3.24
2002	46.25	5.72	16.36	4.38	5.67	7.01	11.47	3.14
2003	45.59	5.67	15.87	4.20	5.96	8.36	12.13	2.21
2004	47.23	5.50	14.84	4.08	8.82	11.33	5.98	2.21
2005	45.48	5.81	14.49	4.36	9.59	11.56	6.58	2.13
2006	43.02	5.94	16.58	4.47	10.21	10.79	6.77	2.23
2007	43.08	6.00	17.80	4.63	10.19	9.48	6.52	2.30
2008	43.67	5.79	18.54	4.75	9.84	8.59	6.72	2.09
2009	40.97	5.82	20.16	5.13	10.09	8.53	7.20	2.11
2010	41.09	6.03	19.06	5.34	10.52	8.37	7.44	2.15

续表

年份	食品	衣着	居住	家庭设备用品及服务	医疗保健	交通通信	文教娱乐用品及服务	其他商品及服务
2011	40.40	6.50	18.40	5.90	10.50	7.60	8.40	2.30
2012	39.30	6.70	18.40	5.80	11.00	7.50	8.70	2.50
2013	37.70	6.60	18.60	5.80	12.00	7.30	9.30	2.60
2014	33.57	6.09	21.03	6.04	12.08	10.37	9.11	1.94
2015	33.05	5.97	20.89	5.92	12.61	10.51	9.17	1.89
2016	32.24	5.68	21.20	5.88	13.42	10.57	9.17	1.84
2017	31.18	5.58	21.48	5.79	13.78	10.69	9.66	1.83

资料来源：由《中国农户统计年鉴》（1981—2018）相关数据整理计算得出。

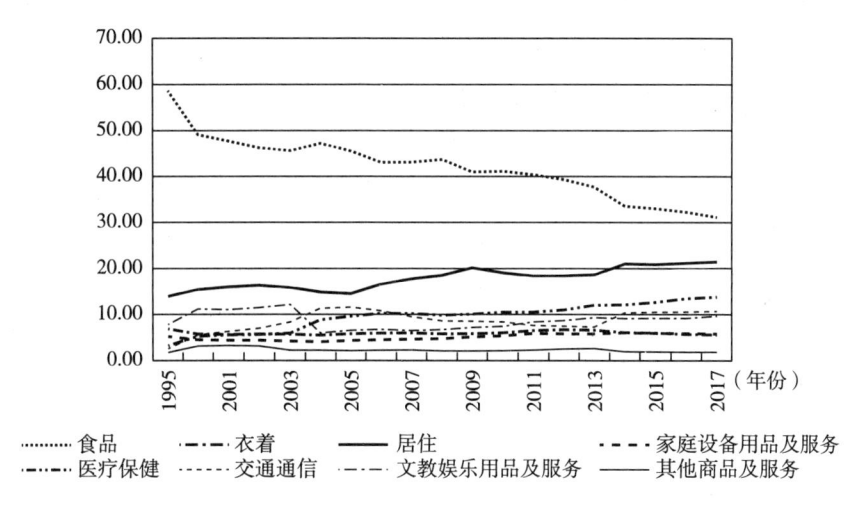

图 3-12 中国农村居民历年消费结构变化

资料来源：由《中国农户统计年鉴》（1978—2018）相关数据整理计算得出。

（一）农村居民各项消费支出所占比重的变化

1. 食品支出比重的变化

食品支出比重和恩格尔系数（食品支出金额/总支出金额）具有同质性。所以这里直接用恩格尔系数来代表食品支出这一基本生存型消费项目的比重。恩格尔系数是衡量一个地区生活质量、消费结构，甚至经济发展水平的一个重要指标。恩格尔系数越高，说明该地区居民用于食品这一基本生存型消费项目在总消费中的占比越高，其他的消费项目占比自然就越低，因此，居民的其他消费需求没有得到更好地满足，反映出居民生活质量不高，当地的经济发展水平也不高。当前，世界上许多发达国家的恩格尔系数早已不到20%。如美、英、法等这些世界主要发达国家，2003—2004年的恩格尔系数就已经低至9.15%、13.11%和17.52%，墨西哥和韩国也不到30%。

相比之下，我国农村居民的恩格尔系数一直都处于较高的数值。1999年以前，农村居民的恩格尔系数一直都高于50%，甚至一度高于60%，直到2000年，才第一次低于50%，为49.1%。根据联合国粮农组织提出的生活质量标准，恩格尔系数在59%以上为贫困，50%—59%为温饱，40%—50%为小康，30%—40%为富裕，低于30%为最富裕。可见我国农村居民的生活质量在2000年前，都只是一个温饱水平，2000年后至今才是小康水平。同发达国家相比，我国农村居民的恩格尔系数的差距仍然很大，按照目前的最新数据，直到2017年我国农村居民的恩格尔系数也没有降到30%以下。尽管如此，从图3-13可以看出，我国农村居民的恩格尔系数曲线呈现出明显的下降趋势，尤其是从2000年到2017年，恩格尔系数由接近50%下降到33.18%，很明显在往低于30%的方向靠近，这说明我国农村居民的生活条件越来越好，生活水平正在由贫困走向小康，2017年的统计结果离联合国粮农组织的富裕标准只相差3.18%。

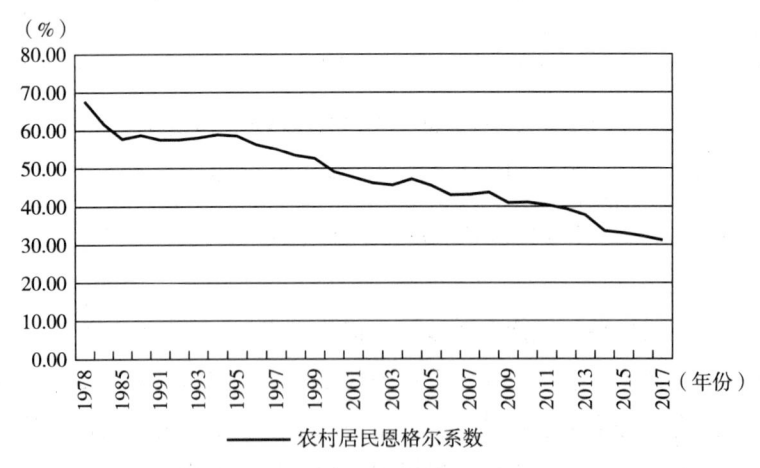

图3-13 中国农村居民历年恩格尔系数

资料来源：由《中国农户统计年鉴》（1981—2018）相关数据整理计算得出。

2. 衣着支出比重的变化

由图3-12可以看出，中国农村居民对衣着的消费支出占总支出比重和恩格尔系数曲线类似，是一个直线下降的趋势。衣着比重由1980年的12.3%，占各项消费支出比重的前三位降到2017年的5.58%，成为倒数第一位。其占总支出比重在1995年后稳定在6%左右，呈下降、上升再下降的趋势，最后成为所占比重中最少的一项。

3. 住房支出比重的变化

住房也属于农村居民生活的基本消费品，它的变化与消费占比也是居民生活水平提高的标志之一。在新型城镇化进程中，随着外部生存环境的变好，农民对改善居住条件的需求变得越来越强，农村居民对自建新房和翻新旧房产生了较大需求。由图3-12可以看出，除了食品支出，住房支出虽然波动起伏，但一直都是最高的支出比重。1995年、1996年和1997年的占比基本上位于13%的水平，随后还是表现为在波动中上升的状态。住房支出的比重在2008年达到18.5%。2012年后则持续上升，最新数据显示，2017年农村居民的住房支出占比高达21.48%，是农村居民所有开支中占比最高的一项。由此可见，在新型城镇化的建设过程中，农村居民也和城镇居民一样，住房消费金额开支占比持续上升，成为农村居民消费中最大的支出项目。

4. 家庭设备支出比重的变化

农村居民家庭设备的支出比重相对其他支出比重而言，可以说是最平稳的，受收入的影响较少，在2015年以前占比都是最低的，2015年后才首次高于服装开支比重，成为占比倒数第二位的开支比重。2010年以前，其比重一直是在5%左右徘徊，2011年后开始缓慢攀升，基本上处于6%左右的水平。这也和2010年前后的家电下乡等一系列政策的刺激，以及城镇化，基本生活公共设施完善后设备使用水平上升有关。

5. 医疗保健支出比重的变化

医疗保健支出主要指农村居民购买医疗和保健药品、器械及医疗服务的支出。我国农村居民用于医疗保健支出的比重非常低，虽然其比重是一种稳定上升的趋势，但由图3-12可以明显看出，其支出比重在2000年前，仅大于家庭设备支出的比重，支出比重仅占5.24%。一直到2003年以后，才开始高于衣着支出占比，之后一直保持平稳上升状态，而且上升速度非常快，2006年达到了10.2%，可以说在2000—2006年，医疗支出比重增长了一倍，之后就稳定在10%左右。这也主要是因为广大农村居民生活水平较低，对医疗保健意识相对淡薄，即使有病，也无力无心支付医药费。而农民医疗支出比重在2003年后才明显上升的主要原因在于，国务院自2003年起在全国开展新型农村合作医疗试点工作，中央及地方各级财政每年对参加合作医疗的农民通过转移性支付进行补助。到2017年，医疗保健支出比重达到了13.78%。该项占比的排名从2000年的倒数第二（仅高于其他商品和服务），上升到2017年的排名第三，可以说支出增速和增量是非常大的。这也说明了在新型城镇化的发展过程中，作为社会保障服务重要内容之一的医疗保障一步一步地发展完善，也促进了农村居民的消费结构由生存型向享受型消费进一步发展。

6. 交通通信支出比重的变化

如图3-12所示，交通通信占总支出的比重一直比较低，尤其是在2000年之前，其所占比重一直最低，但从2000年开始却迅速上升，其占比从2001年起就高于衣着支出比重和家庭设备支出比重，2005年更是上升到11.56%，之后稳定在10%左右，最新数据显示其占比在2017年保持在10.69%，支出比重仅次于食品、居住和医疗支出，排名第四。究其原因，主要是因为2000年后，在城镇化的发展进程中，由于农村居民生活方式的改变，以及农村的城镇化建设中信息化建设的投入，农民开始依靠各种市场信息对生产经营活动进行决策，交通通信对农村居民的生活和生产已开始起到更加重要的作用，通过交通通信消费，农民居民不仅能扩大销售范围和社交范围，而且也能获得很多市场信息和新的科技信息，以及各种社会见闻，既能帮助农民提高生产效益，也有助于农民提高自身素质。

7. 文教娱乐支出比重变化

教育文化娱乐服务项目的消费属于精神消费，对于提高居民个人素质和发展、满足居民精神需求和提高生活质量有着重要的作用。文教娱乐支出也是比重较大的一个消费支出项目，1996年它的占比开始紧跟在居住支出比重之后，按占比大小排名第三。由图3-12可以得出，文教娱乐支出比重是除了居住支出以外，所有支出比重中上升斜率最高的。从1995年起，一直到2003年，其比重一直是持续上升，2004年后其支出比重才有所回落。这是因为20世纪90年代实行的教育体制改革，特别是从1996年开始实行的双向选择，造成部分学科费用不再实行公费制，导致居民对子女教育费用的支出很快增长。2000年以后，自2001年起，又开始稳定起来，2001—2008年的实际平均增长率为4.4%，属于比较低的增长水平了。但2008年后的十年又开始快速增长，至2017年，其占比达到9.66%。这也说明随着生活水平的提高，农村居民开始重视自身和子女的文化教育水平、农业生产和经营活动中的科学技术水平以及娱乐等精神性消费。一些学者在研究中发现，进城务工的农民，都愿意并参加社会教育机构举办的各类职业技能培训，甚至考取相关职业证书，也开始有余力重视子女的教育，这些消费行为都增大了农民的教育开支。

（二）各项消费支出比重的排序比较与消费升级

1. 不同年份的各项消费支出比重排序与消费升级

1995年农村居民各项消费支出所占比重从高到低的排列顺序依次为食品、居住、文教娱乐、衣着、家庭设备、医疗保健、交通通信。

2000年农村居民各项消费支出所占比重从高到低的排列顺序依次为食品、居住、文教娱乐、衣着、交通通信、医疗保健、家庭设备。

2008年农村居民各项消费支出所占比重从高到低的排列顺序依次为食品、居住、医疗保健、交通通信、文教娱乐、衣着、家庭设备。

2017年农村居民各项消费支出所占比重从高到低的排列顺序依次为食品、居住、医疗保健、交通通信、文教娱乐、家庭设备、衣着。

从以上的排序可以发现，包括食品、居住在内的生存型消费在历年的消费结构中仍然占前两名。但是近年来，医疗保健、交通通信、文教娱乐的比重开始逐渐增加，衣着比重则大大降低。

按居民消费商品的层次来划分，可分为生存型消费、发展型消费和享受型消费。斯梅尔塞（N. J. Smelser）和帕森斯（T. Parsons）认为，居民消费在总体上可以分为三类：第一类是生存型消费，属于生活必需品，是维持居民基本生存所需的衣、食、住等支出；第二类是发展型消费，属于居民家庭经营方面的支出，如子女教育、娱乐休闲等消费；第三类是享受型消费，代表居民高水平消费和生活质量提高的支出。

食品、衣着、住房消费支出可以看作是满足基本生活需要的生存型消费资料，而文教娱乐、家庭设备、医疗、交通通信可以看作是发展资料和享受资料。如图3-14所示。

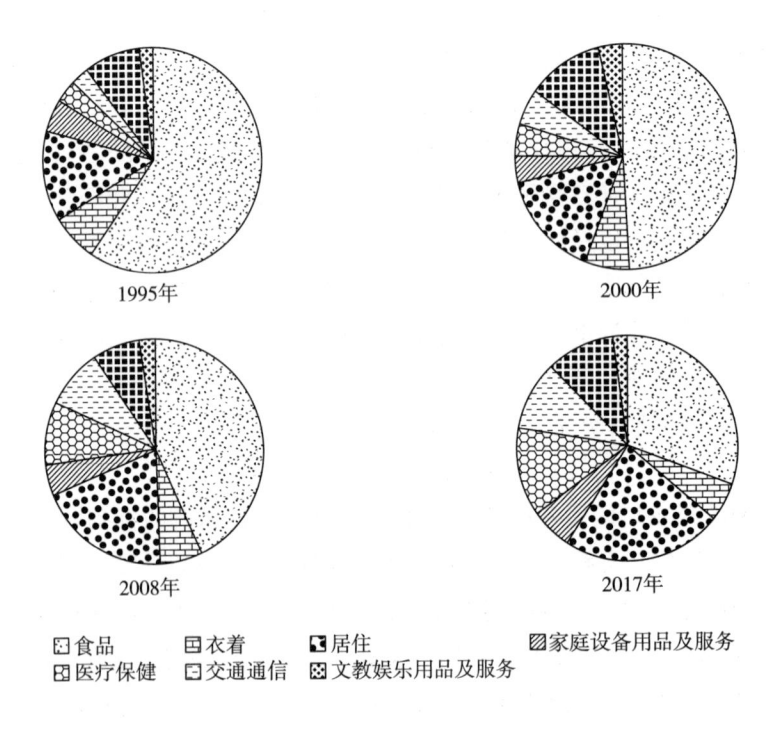

图3-14 不同年份的各项消费支出比重

资料来源：由《中国农户统计年鉴》（1981—2018）相关数据整理计算得出。

图3-15反映出这三种消费类型的占比在近二十年的农村消费中发生的变化，可以发现农村居民的消费升级还是非常明显的。

农村居民在城镇化进程中，随着生活水平的提高，消费需求在不断增加，消费结构也在变化和升级。食品支出在农村居民消费支出中的占比尽管仍然是最高的，但支出比重已经大幅下降，衣着这一基本支出的占比在2017年已经成为支出比例最低的一位，这些都明确反映出农村居民的生存型消费比重在逐年下降。而医疗保健、交通通信和文教娱乐这三种发展享受型消费的支出比重排名在近十年来基本没有改变，但是其支出比例却是逐年在上升。所以，在农村居民的消费结构中，综合来看生存型消费仍然占据主导地位；但是发展型和享受型消费在整体消费结构中一直在缓慢稳步地逐年上升。目前，同发达国家相比，我国农村居民的消费结构仍处于较低层次，发展型和享受型消费仍然处于低水平的上升状态，但是农村居民的消费水平和消费质量也在逐步提高。

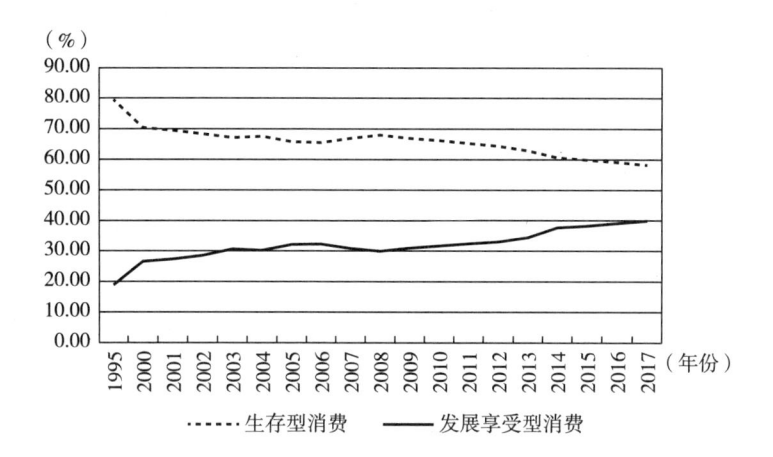

图3-15 中国农村居民历年生存型与发展和享受型消费占比对照

资料来源：由《中国农户统计年鉴》（1981—2018）相关数据整理计算得出。

在新型城镇化的发展进程中，农民收入水平和消费环境等都在提高；在城乡一体化建设中，农村居民的消费行为也会受城镇消费观念和消费方式的影响，这些因素都在促使农村居民的消费结构发生改变和升级。

2. 各项消费比重按时间顺序的聚类分析与消费升级

本书采用组间平均距离连接法，在SPSS中对2000—2017年中国农村居民18年间的消费支出结构数据进行了聚类分析。结合前述的消费结构分析，发现我国的农村消费按时期可分为三个阶段：2000—2003年，农村消费主要以生存型消费为主；2004—2013年，农村消费开始进入消费升级阶段，消费结构呈现出朝发展型消费和享受型消费转变的趋势；2014—2017年，农村消费进一步升级，农村居民的消费结构随着城镇化的发展而日益优化升级。

（三）农村居民消费结构变动度分析

下面将从消费结构的变动度这一特定的视角，再一次量化考察从 2000 年到 2017 年中国农村消费结构的变化。消费结构变动度是指一个时期内平均每年消费结构的变动程度，其计算方法是用每个时期在期末时各类消费项目在总消费支出中的占比，减去在期初时相应消费项目在总消费支出中的占比，两者之间差值的绝对值也就是这一时期的该项目消费结构的变动值，再除以考察期的年数就是平均每年消费结构变动度。

从 T 期到 K 期消费结构变动度 $= \dfrac{cs_t - cs_k}{t - k}$

cs_t 是指第 t 期末某类消费占总消费的百分比，cs_k 是指第 k 期末某类消费占总消费的百分比。

根据前面的聚类分析结果，按照聚类分析中的三个时间段，来进行如下的结构变动度分析。

根据公式计算得出下面的结果（按变动大小排序）：

表 3-14　　2000—2017 年中国农村居民消费结构变动度分析

年份	2000—2006	2006—2013	2013—2017
食品	-0.87	-0.66	-1.30
衣着	0.03	0.08	-0.20
居住	0.16	0.25	0.58
家庭设备用品及服务	-0.01	0.17	0.00
医疗保健	0.71	0.22	0.36
交通通信	0.74	-0.44	0.68
文教娱乐用品及服务	-0.63	0.32	0.07

从表 3-14 可以发现：

2000—2006 年消费结构的变动度从大到小依次为：食品、交通通信、医疗保健、文教娱乐用品及服务、居住、衣着、家庭设备用品及服务。

2006—2013 年消费结构的变动度从大到小依次为：食品、交通通信、文教娱乐用品及服务、居住、医疗保健、家庭设备用品及服务、衣着。

2013—2017 年消费结构的变动度从大到小依次为：食品、交通通信、居住、医疗保健、衣着、文教娱乐用品及服务、家庭设备用品及服务。

可以看出，2013—2017 年的食品消费负向变动最大，为 -1.3，这五年的变化是前八年变动度的 1 倍，说明农民的生活水平正在增速提高；居住的变动度在三个时间段都很大，并且其变动度由第一个时期的第五位变成了第三个时期的第三位，其变动度在各消费类别的排序中上升了 2 位，在 2013—2017 年，居住消费变动度的变化更是达到了前八年正向变动水平的 1 倍多，这说明居住支出增加变动比较大，其主要原因也是随着城镇化的发展，农村地区的生活环境逐渐优化，并且受到城镇房价不断上升的影响，农村居民对居住条件的要求变高，居住支出也伴随着建筑材料及城镇房价上涨的联动影响而增加，这一部分的消费需求虽然在理论上归类为生存型需求，但本书认为，在满足基本居住需求后对居住条件的优化在性质上属于发展享受型需求，所以此项需求的增长不能简单地、一味地归为生存型需求，至少其中的一部分是由于农民生活的发展和享受所导致的消费增加。交通通信和医疗保健的变动值也是很大的，特别是在 2006 年以前，这反映了城镇化进程中医保制度在农村的普及改变了农民过去"小病不管，大病不治"的情况，消费结构向发展型消费转变，而这个时期的农村基础设施的完善，包括交通和通信基础设施，也是农村居民交通通信消费增加的直接原因。

通过上述对消费结构在不同时期的变动度的分析，可以得出这样一个结论：伴随着城镇化在 2000—2017 年的持续的发展，我国农村居民的消费结构也在不断升级，农村居民用于诸如发展型和享受型消费的比重逐渐上升。

（四）中国农村居民的消费结构的扩展线性支出分析（ELES 模型分析）

经济学家 Luch 于 1973 年在计量经济学家 R. Stone 的线性支出模型

的基础上，提出了用扩展线性支出模型（Extend Linear Expenditure System，ELES）去分析居民消费需求函数①。尽管这种分析方法是四十多年前提出的，但扩展线性支出至今仍然是经济学界分析消费需求的重要手段之一。这种方法是在线性支出模型的基础上，按照消费需求的不同类别，加入居民的储蓄意识，对消费支出结构进行计量分析，分析不同消费需求类别的边际消费倾向。该理论认为，居民的消费需求可以分为基本消费需求和额外消费需求，当居民收入和社会物价水平基本稳定时，基本需求的支出金额受收入水平的影响不大，当基本需求满足后，消费者会将剩余收入按照一定的边际消费倾向，在消费该类商品和储蓄货币之间进行选择。

下面就采用 ELES 模型，来量化分析在我国农村居民的消费结构中，不同商品类别的边际消费倾向。

扩展线性支出模型公式的推导过程和表述如下：

如果把居民的消费需求划分为 i 类，则 LES 线性支出模型的数学方程为（3-7）。

式中，E_i 是第 i 种商品的价格，X_i 是第 i 种商品的消费数量，X_i^0 是第 i 种商品的基本消费数量，C 是消费总支出预算，$\sum_{j=1}^{n} E_j X_j^0$ 是居民消费中所有需求的基本消费额，B_i 为第 i 种需求商品的边际预算消费份额，表示居民在基本需求满足后再消费第 i 种商品的比例，如下：

$$E_i X_i = E_i X_i^0 + B_i (C - \sum_{j=1}^{n} E_j X_j^0) \tag{3-7}$$

其中 $\sum_{i=1}^{n} B_i = 1$ （3-8）

Luch 对 LES 线性支出模型进行改进，用居民收入 Y 代替消费总支出预算 C，把 B_i 的含义由第 i 种需求商品的边际预算消费份额，变成该类消费的边际消费倾向，从而得出了新的扩展线性支出系统模型（ELES）：

---

① C. Lunch, "The Extended Linear Expenditure System", *European Economic Review*, 1973 (4): 21-30.

$$E_i X_i = E_i X_i^0 + B_i^* (Y - \sum_{j=1}^{n} E_j X_j^0) \qquad (3-9)$$

再对式（3-9）整理变形为：

$$E_i X_i = (E_i X_i^0 - B_i^* \sum_{j=1}^{n} E_j X_j^0) + B_i^* Y + U_i \qquad (3-10)$$

$$E_i X_i = \alpha_i^* + B_i^* Y + U_i \qquad (3-11)$$

令

$$\alpha_i^* = (E_i X_i^0 - B_i^* \sum_{j=1}^{n} E_j X_j^0) \qquad (3-12)$$

对式（3-12）两边求和：

$$\sum_{i=1}^{n} \alpha_i^* = (1 - \sum_{i=1}^{n} B_i^*) \sum_{i=1}^{n} E_i X_i^0 \qquad (3-13)$$

消费总支出为：

$$\sum_{i=1}^{n} E_i X_i^0 = \frac{\sum_{i=1}^{n} \alpha_i^*}{1 - \sum_{i=1}^{n} B_i^*} \qquad (3-14)$$

第 i 种消费商品的基本消费支出为：

$$E_i X_i^0 = \alpha_i^* + B_i^* \frac{\sum_{i=1}^{n} \alpha_i^*}{1 - \sum_{i=1}^{n} B_i^*} \qquad (3-15)$$

用最小二乘法 OLS 估计消费支出函数是：

$$B_i X_i = \alpha_i^* + B_i^* Y \qquad (3-16)$$

表 3-15　　　　　　中国农村居民消费 ELES 模型估计结果

ELES 模型 $B_i X_i = \alpha_i^* + B_i^* Y$	α_i	B_i	t_α	t_β	R^2	F 检验的 P 值
食品	396.3002	0.270316	8.240603	37.58312	0.987408	0.000
衣着	-11.9006	0.055	-1.27933	39.71323	0.989	0.000
居住	-216.718	0.207384	-6.30367	40.3329	0.989	0.000
家庭设备用品及服务	-60.2756	0.058762	-7.80472	50.87415	0.993	0.000
医疗保健	-218.981	0.136217	-8.78903	36.55536	0.987	0.000

续表

ELES 模型 $B_i X_i = \alpha_i^* + B_i^* Y$	α_i	B_i	t_α	t_β	R^2	F 检验的 P 值
交通通信	-99.974	0.098797	-2.46873	16.31237	0.94	0.000
文教娱乐用品及服务	-61.5036	0.088025	-2.06807	19.79046	0.956	0.000
其他商品及服务	13.24919	0.016916	1.908259	16.29016	0.94	0.000

注：*、** 和 *** 分别表示估计值在 0.1、0.05 和 0.01 的置信水平下显著异于零。t_α 表示 α 的检验 t 值，t_β 表示 β 的检验 t 值。

对表 3-15 的结果进行简化，得出以下农村居民对八类商品的边际消费倾向统计表：

表 3-16　　　　　中国农村居民对八类商品的边际消费倾向

食品	居住	医疗保健	交通通信	文教娱乐用品及服务	家庭设备用品及服务	衣着	其他商品及服务
0.27	0.21	0.14	0.10	0.09	0.06	0.06	0.02

ELES 模型的计算结果显示，中国农村居民的八类消费的边际消费倾向都是正值，这代表中国农村居民的八类消费随着收入的增加都会增加。这八类消费的边际消费倾向按照以上计量结果从大到小排序、分析如下：

1. 食品消费

在农村居民各类商品的边际消费倾向中，食品消费仍然是数值最大的，为 0.27，尽管前文已分析了农村居民的恩格尔系数在逐渐下降，食品消费类别较大的边际消费值表示，我国农民仍然会选择支出新增收入中的相当一部分到食品消费，这说明我国农村居民的消费层次还是不高。

2. 居住消费

在所有的消费需求种类中，边际消费倾向排名第二的是居住支出，为 0.21。一方面居住也是基本消费需求之一，包括农村居民在内的中国居民的传统文化中，有买房建房和拥有自己房子的传统思想；另一方面也是因为城镇化过程中,城镇住房价格变动带来农村住房和原材料上涨引起的相应支出增加,当然这也体现了我国农民生活水平的提高。

3. 医疗保健、交通通信和文教娱乐消费

医疗保健、交通通信和文教娱乐消费这三个项目的边际消费倾向分别为0.14、0.1、0.09,说明随着城镇化水平的提高,也伴随着农民收入的增加和生活水平的提高,农村居民已经结束了仅仅满足吃、穿为主的生存型消费需求阶段,逐渐往发展型和享受型消费阶段过渡。这和前文中对农村消费结构的变化分析结论是一致的。

通过使用ELES模型对我国农村居民消费的边际消费倾向的分析可以发现,在城镇化进程中,农村居民的边际消费倾向在发生改变,享受型消费的边际消费倾向在逐渐提高,所以在边际消费倾向中的排名也在提升,表明我国农民的消费结构也随着城镇化的推进在发生着升级、改变。

第三节 城镇化水平对中国农村消费的影响研究

城镇化建设目前已成为提高农村居民收入,拉动农村居民消费需求的主要措施之一,具体表现为城镇产业的升级,提供了额外的就业岗位,吸引部分农村人口转移到城镇生产生活,也促进了城镇房地产业、建筑业和零售家电业的发展,使这部分农村人口的收入和生活质量都得到了提高,同时也为留守农村的居民消除了资源约束,使其可以进行规模化经营,提高农业的现代化水平,增加收入,进而提高其生活和消费水平。在新型城镇化的建设过程中,城乡的基础设施都在升级完善,公共服务和社会保障也日益健全,小城镇的建设越来越好,城镇的消费示范效应得以发挥,这些都会改善农村消费者的消费环境和消费心理,有助于进一步释放其消费欲望,拉动整体消费需求。

一 城镇化水平与农村居民消费总量的实证研究

本章第一节已从人口城镇化、经济城镇化、基础设施城镇化和社会服务城镇化四个维度构建了新型城镇化的综合评价指标体系,包括四个类别的12个评价指标:一是人口城镇化类指标,反映在城镇化发展过程中农村人口向城镇转移集聚的水平;二是经济城镇化类指标,反映城镇化发展过程中社会经济发展的总体水平和产业结构改善优化的程度；三是基础设施城镇化类指标，反映城镇化过程中城乡各基础设施的升级完善水平；四是社会服务城镇化类指标，主要反映城镇化发展过程中社会公共服务和社会保障体系的健全程度。本书通过收集整理历年城镇化统计数据中所包含的四个子指标体系内的各项指标的对应数值，再运用熵值法计算出各指标的权重，最后通过合并计算四个子指标体系得分求出城镇化水平的综合评价得分，来表示我国历年的城镇化水平。

下面将结合我国历年城镇化水平的综合评价得分和我国农村居民消费的实际情况，来实证分析城镇化水平与农民消费需求的关系。通过构建回归分析模型，采用2000—2017年的统计和计算数据，使用EVIEWS8.0来分析新型城镇化综合水平与农村居民消费需求的动态关系。

（一）新型城镇化综合水平与农村居民消费需求的相关性分析

用UN表示新型城镇化综合水平值，RC表示农村居民的平均消费金额。

利用Pearson（皮尔逊）相关系数检验，也称皮尔逊积矩相关系数，对城镇化水平与农村居民的实际消费水平（农民年平均消费金额按1985年不变价格指数进行平减，除去价格因素的影响）进行相关性检验。（图3-16中UN表示新型城镇化综合水平值，RC表示农村居民的平均消费金额。）

相关性	UN	RC
UN	1.000000	
RC	0.964017	1.000000
T值	UN	RC
UN	-----	
RC	14.50527	-----

图3-16 城镇化水平与农村消费总量水平的相关性分析结果

结果显示，城镇化水平与农村居民消费需求是高度相关的，相关系数是0.96。

(二) 格兰杰因果检验

在进行线性模型分析之前,先对城镇化水平与农村居民消费需求进行格兰杰因果检验,使用 EVIEWS8.0 进行分析,结果如图 3-17 所示。

假设检验	个数	F 值	P 值
RC 不是 UN 的原因	16	0.21005	0.8137
UN 不是 RC 的原因		6.02731	0.0171

图 3-17　城镇化水平与农村消费总量水平的格兰杰因果检验结果

结果显示,城镇化水平是影响农村消费总量的原因(P 值为 0.0171,小于 0.05),农村消费不是影响城镇化水平的原因(P 值为 0.8137,大于 0.05)。

(三) 中国新型城镇化水平与农村消费水平的实证研究

相关数据表明,中国城镇化率较高的东部经济发达地区,农村居民人均消费支出也较高;而城镇化率较低的西部欠发达地区,其农村居民人均消费支出也较低。并且在前面的实证中已发现城镇化率与农村居民人均消费支出具有较强的相关性。前文的描述性数据显示上海市 2017 年的人口城镇化率为 89.6%,在全国 31 个省、自治区、直辖市的城镇化排名中位居第 1,新型城镇化的综合指数排名第 2 位,同样,上海市农村居民在 2017 年人均消费支出为 18089.8 元,在全国 31 个省、自治区、直辖市的农村居民人均消费支出排名中也位居第 1;北京市 2017 年的人口城镇化率为 86.5%,在全国 31 个省、自治区、直辖市的城镇化排名中位居第 2,新型城镇化的综合指数排名第 1,同样,北京市 2017 年农村居民人均消费支出为 18810.5 元,在全国 31 个省、自治区、直辖市的农村居民人均消费支出排名中也位居第 2;天津市 2017 年的人口城镇化率为 82.9%,在全国 31 个省、自治区、直辖市的人口城镇化排名中位居第 3,新型城镇化的综合指数排名第 2 位,同样,天津市 2017 年农村居民人均消费支出为 16385.9 元,在全国 31 个省、自治区、直辖市的农村居民人均消费支出排名中也处于前面,位居第 4;西藏自治区 2017 年的人口城镇化率为 30.89%,在全国 31 个省、自治区、直辖市的人口城镇化率排名中位居最后一名,同样,西藏自治区2017年农村居民人均消费支出为6692元,在全国31个省、自治区、直辖市的农村居民人均消费支出排名中也处于最后一名;贵州省2017年的人口城镇化率为46.02%,在全国31个省、自治区、直辖市的城镇化排名中位居倒数第2,新型城镇化的综合指数排名也是倒数第2名,同样,贵州省2017年农村居民人均消费支出为8030元,在全国31个省、自治区、直辖市的农村居民人均消费支出排名中也处于倒数第4名;云南省和甘肃省2017年的人口城镇化率在全国31个省、自治区、直辖市的城镇化排名中分别位居倒数第4名和倒数第3名,同样,这两个省2017年农村居民人均消费支出在全国31个省、自治区、直辖市的农村居民人均消费支出排名中也分别处于倒数第4名和倒数第3名。通过简单的数据观察,本节提出了新型城镇化对农村居民消费有拉动作用的假设。

1. 模型设定与指标选取

(1) 模型设定。此处采用面板数据进行实证分析,另外为了避免遗漏变量导致内生性问题,考虑到居民的消费情况容易受到前期消费习惯的影响,具有"棘轮效应",而消费习惯可以用被解释变量的滞后一期代表,因此在面板模型的解释变量中加入了被解释变量的滞后值、人口老龄化作为控制变量。取对数让各指标平稳。

模型的基本形式为:

$$\ln c_{it} = \beta_1 \cdot \ln un1_{it} + \beta_2 \cdot \ln un2_{it} + 3 \cdot \ln un3_{it} + \beta_3 \cdot \ln un4_{it} + \beta_5 \cdot \ln c_{it-1} + \beta_6 \cdot \ln z_{it-1} + \beta_7 \cdot \ln t_{it-1} + \beta_8 \cdot \ln old_{it} + \varepsilon$$

(2) 指标选取。其中解释变量$\ln un1_{it}$是i省t年时新型城镇化发展综合指数中人口城镇化指数,$\ln un2_{it}$是i省t年时新型城镇化发展综合指数中经济城镇化指数,$\ln un3_{it}$是i省t年时新型城镇化发展综合指数中社会服务化城镇化指数,$\ln un4_{it}$是i省t年时新型城镇化发展综合指数中基础设施城镇化指数。

被解释变量$\ln c_{it}$是反映i省t年时农村居民的人均消费水平,借鉴刘湖、张家平(2016)的做法,生存类消费支出Cc由城镇居民人均食品、衣着、居住消费支出求和计算得出;享受类消费支出Cx由城镇居民人均生活用品及服务、交通通信消费支出求和计算得出;发展类消费支出 Cf 由城镇居民人均教育文化娱乐、医疗保健消费支出求和计算得出。

控制变量有四个，第一个控制变量 lnc_{it-1} 为被解释变量的滞后一项，由于居民当前的消费水平及结构很容易受到过去的消费水平及结构的影响，即"棘轮效应"。本书参考赵永平、徐盈之（2015）和王平、王琴梅（2016）的做法，用被解释变量的滞后一项来衡量这种消费惯性。第二个控制变量 $lnold_{it}$ 为人口老龄化程度，用老年人口数与劳动年龄人口数的比值表示，其中 65 岁以上人群归为老人，15—64 岁归为劳动人口。当前我国正处于人口老龄化的大背景下，人口老龄化对居民消费结构的影响是较复杂的，依据莫迪利安尼的生命周期假说，当人们进入老年退休阶段后，由于收入降低会使用过去储蓄积累的财富进行消费，消费倾向会提高，老年人特殊的消费需求如养生、保健、养老等需求会增加。而另一方面，人口老龄化会带来社会劳动力供给减少，抑制经济增长，影响人均收入水平，进一步地会抑制人均消费水平，本书参考周少甫、范兆媛（2017）的做法，将老年抚养比来衡量人口老龄化程度。第三个控制变量是城乡收入差距 lnt_{it-1}，用城乡收入比表示，计算方法是用各地区城镇居民人均可支配收入除以同期农村居民人均纯收入。第四个控制变量是政府对农村地区的转移性支出 lnz_{it-1}，用政府对三农的财政支出与当地 GDP 的比值来度量。

（3）资料来源。本书所使用的面板数据是基于城镇居民的面板数据，资料来源于《中国统计年鉴》、《中国城市统计年鉴》、《中经网统计数据库》、国家统计局官方网站，面板数据的时间跨度为 2001—2017 年，省份个数为 31 个，即中国除香港、澳门、台湾之外的 31 个省份。本书的相关名义数据均以 2001 年为基期剔除了通货膨胀因素的影响，并且为避免各变量的量纲差异及异方差影响，本书对实证中所选变量均做对数化处理。本书的数据处理均通过 Excel 进行，实证运算均通过 Stata14 进行。

（4）计量方法的选择。由于将消费习惯也就是滞后一期的消费加入到了模型解释变量中，为了避免解释变量与随机扰动项之间出现高度相关性，我们放弃了会使估计的结果出现偏差和不一致固定效应 OLS 或者随机效应 OLS 估计方法，采用了广义矩阵方法（GMM），同时克服异方差、内生性和工具变量过度识别问题。

本书的实证数据为动态面板数据,且面板数据中个体数为31,时间跨度为17年,本书选取的是广义矩阵估计方法(GMM),它包括差分GMM和系统GMM两种。差分GMM估计方法是将原始方程做差分处理,然后将内生解释变量的滞后阶作为工具变量;系统GMM方法是将原始方程差分处理以后与原水平回归方程结合起来,利用内生解释变量的水平值和差分值作为工具变量来克服解释变量的内生性问题。在综合考虑广义矩阵估计方法一步估计方法和两步估计方法的适用范围和优缺点以后,选择了两步估计方法,因为本书的样本容量较多,选择两步估计更加准确。实证中可以通过两项检验来测验系统GMM的适用性,一是扰动项的自相关性检验,原假设为"扰动项无自相关",但即使原假设成立,扰动项的一阶差分仍将存在一阶自相关,因此只需检验扰动项是否存在二阶自相关,即检验AR(2),若检验结果是接受原假设,则表明模型设定是合理的。二是过度识别检验,可以通过Sargan检验进行判断,原假设为"所有工具变量均有效",若检验结果为拒绝原假设,则说明所选取的工具变量有误,需要重新设定工具变量。若检验结果为接受原假设,则说明所用的工具变量是有效的,可以进行系统GMM估计。

2. 实证结果分析

从表3-17中可知实证中所用到的模型设定是合理的,都通过了AR(2)。AR(2)检验中的p值都大于0.05,表明扰动项的差分不存在二阶自相关,可以在1%、5%的置信水平下接受"扰动项无自相关"的原假设。Sargan检验中的p值也都大于0.05,表明在1%、5%的置信水平下,接受"所有工具变量均有效"的原假设,因此可以进行系统GMM估计。

表3-17 新型城镇化中的四个维度对农村居民消费的影响实证结果

解释变量	生存型消费	享受型消费	发展型消费
人口城镇化	-0.127 (-0.381)	0.213** (3.783)	0.633** (2.074)

续表

解释变量	生存型消费	享受型消费	发展型消费
经济城镇化	0.485*** (3.474)	0.843*** (6.135)	0.762*** (3.296)
社会服务城镇化	-1.022 (-0.374)	0.531 (1.742)	-0.732** (-2.031)
基础设施城镇化	0.059 (0.714)	0.212** (2.588)	0.071 (1.926)
滞后一期消费	0.512*** (5.375)	0.634*** (6.123)	0.426*** (4.622)
人口老龄化	-0.221 (0.644)	-0.009 (-0.171)	0.025 (0.326)
转移性支出	0.071 (1.031)	0.052* (2.193)	-0.061** (-2.724)
城乡收入比	-0.243*** (-7.273)	-0.063 (-1.885)	-0.131** (-2.323)
常数项	3.721*** (3.982)	6.001*** (4.845)	1.074*** (5.963)
F检验	0.000	0.000	0.000
AR（2）检验中的p值	0.072	0.132	0.125
Sargan统计量	23.443	25.322	24.575

注：*、**和***分别表示估计值在0.1、0.05和0.01的置信水平上显著异于零。

(1) 新型城镇化中四个维度对农村居民消费的影响分析。

①人口城镇化。从核心解释变量的回归系数来看，新型城镇化中的人口城镇化对农村人均享受型支出和发展型支出的影响在5%的水平下显著，影响系数为正，分别是0.213和0.633，说明在人口城镇化不断推进发展下，促进了农村居民在教育娱乐和医疗保健方面的支出。原因可能在于不少农村人口转变成了城镇人口，还有不少农村人口成为农民工，他们在城镇中的发展和享受型的消费增加了，也给了居住在农村中的亲友一定的"示范"，让农村居民意识到教育娱乐消费的重要性，人

口城镇化进程的发展带动了农村居民对教育娱乐的意识。人口城镇化对农村居民基本生存型的消费影响并不显著。

②经济城镇化。新型城镇化中的经济城镇化对农村人均生存、享受和发展型消费都有显著的促进作用，其中对享受类消费支出的回归系数最大，为0.843，表明经济城镇化综合指数每增加1%，农村居民人均享受类消费支出将增加0.843%；对农村居民平均发展类消费支出的回归系数为0.762，对农村居民平均生存型消费支出的回归系数为0.485，影响系数最低。这个结果在本书中第四章第一节中进行了论述，表明新型城镇化推进过程中刺激各种产业升级，不仅农村居民的收入结构发生变化，收入水平得以提高，农村居民有更多的收入可以用于出行和与亲朋好友的交流上，以及教育娱乐上。并且新型城镇化中的经济城镇化更是产生集聚效应，促进交通、通信、物流、商业等的发展，刺激了人们对于交通工具、高端家庭设备等的需求，进而促进农村居民消费水平的提高。经济城镇化水平对农村居民的基本生存支出增加影响系数最低，可能的原因在于经济城镇化显著增加了农村居民的非农收入，一些地区的农村居民生活从温饱型变为小康，支出中食物这一类基本生存资料的消费比例在下降。

③基础设施城镇化。基础设施城镇化对农村居民享受型的消费支出有显著的促进作用，但对生存型、发展型消费支出的影响不显著。享受型消费支出的回归系数为0.212，表明基础设施城镇化综合指数每增加1%，农村居民人均享受类消费支出将增加0.212%，这个结果也在本书第四章第二节中进行了论述，说明新型城镇化通过改善农村地区的基础设施和消费环境，完善城乡的道路交通和通信设施，以及优化更便捷的市场交易环境，促进农村居民对享受型消费支出的增加，但结果显示对农村发展型消费支出影响不显著的结果也表明农村消费环境效应还需加强。

④社会服务城镇化。社会服务城镇化的增加会显著抑制农村居民教育文化娱乐及服务支出的增加（-0.732）。说明社会服务城镇化能够减轻农村子女的教育和娱乐压力，无论是义务教育费用的减免，还是在学校、村支部等处进行基础设施建设，都极大地改善了农村子女受教育水平和娱乐活动丰富程度。

(2) 控制变量对农村居民消费的影响分析。

①前期消费的影响。从控制变量来看,被解释变量的滞后一期的消费的影响是最显著的,各类消费支出都显著地受到前期消费的影响,这也反映出当前居民消费容易受到消费习惯的影响,这与之前的理论分析是一致的。被解释变量的滞后一期对相应被解释变量的影响系数分别为0.512、0.634、0.426,均在1%的显著性水平下显著,这验证了消费的"棘轮效应",前期消费对当期消费确实有着显著影响,在收入没有明显下降的情况下,农村居民的消费支出通常都会呈增长态势。

②人口老龄化。人口老龄化对农村居民生存型和享受型的消费支出的回归系数为负且不显著,这表明老年人口增加对农村居民消费有一定的抑制作用。老年人口越多,社会劳动力供给越少,对经济增长有一定的阻碍作用,并抑制人均收入水平的提高,进而影响消费水平及消费质量,并且虽然老年人口在退休后由于负储蓄造成消费倾向提高,但更多的是增加医疗保健发展型消费。

③城乡收入差距。城乡收入差距对农村享受型消费支出并没有显著性的影响;城乡收入差距对农村居民生存型消费(-0.243)和发展型消费(-0.131)的负向影响是显著的,这意味着城乡收入差距的扩大对农村衣食住行生存型消费和教育医疗的发展型消费有抑制作用,说明当城镇居民收入在增长,而农民在收入水平增长不高的情况下,会降低农村居民的消费水平。

④政府转移性支出。政府转移性支出对农村居民的生存型消费有正向影响(0.071),但是不显著;对享受型消费在10%置信水平下有正向影响(0.052);而对发展型支出产生显著影响,且系数为-0.061,在5%的置信水平下显著,说明政府的转移支付会增加农村居民在交通和生活用品等享受型消费,同时抑制农村居民教育文化娱乐及服务支出和医疗保健消费的增加。这是因为政府的转移支付能够减轻农村子女的教育和娱乐压力,无论是义务教育费用的减免,还是在学校、村支部等处进行基础设施建设,都极大地改善了农村子女受教育水平和娱乐活动丰富程度。

二 城镇化水平与农村居民消费结构的动态关系研究

新型城镇化水平的提高对农村消费总量具有正向的拉动作用,下面本书将进一步从消费结构的角度去研究城镇化水平对农村消费的影响，考察新型城镇化水平对农村居民的消费结构所产生的具体影响。

例如，新型城镇化水平的提高会影响农村居民食物支出在总支出中的占比吗？住房消费的比重会因为新型城镇化水平的提高而变化吗？新型城镇化水平的提高会让农村居民家庭设备及服务支出、交通通信、医疗保健、文教娱乐支出占总支出的比重发生变化吗？这些具体的消费支出项目是如何被新型城镇化影响的，影响的程度又有多大呢？

此外，本书研究的核心问题，就是探讨在新型城镇化的进程中，农村居民的各项消费比重，也就是农村消费结构，是否受到新型城镇化这一外部环境的影响，以及如何影响，影响的程度有多大。

随着我国新型城镇化的发展与推进，农业产业结构在这个过程中被调整优化，农村生产率和农民收入得以提高；乡村的基础设施建设越来越好，消费环境也随之越来越好；农村的各种公共品供给和社会保障体系逐步和城镇接轨，城乡间的阻隔被打通，在城乡一体化的背景下，新型城镇化建设会改变农村居民传统的消费观念和方式，消费水平逐渐提高，促使农村居民的消费结构发生变化和升级。

下面利用灰色关联度分析法，量化我国新型城镇化水平与农村居民消费结构之间的关系，分析新型城镇化对农村居民消费结构的影响。

（一）灰色关联法

邓聚龙教授在1982年以数学理论为基础提出了灰色理论，用于分析一些特殊领域，比如包括未知因素的研究领域。灰色关联法（Grey Relationa Analysis）是灰色理论分析法中的重要方法之一，它是运用数学方法，来分析研究领域中各因素之间的数值关联性。灰色关联法度量系统中不同因素之间的关联性的大小，量化分析事物的发展动态，在事物的发展过程中，各指标或各因素会随着时间的变化和相关影响因素的变化而变化，这种相关性被称为关联性，而关联性的大小则被称为关联度。在系统的发展过程中，如果两个相关指标发生变化的趋势是一致的，则称为同步变化，一致性的趋势越明显，则关联度越高；相反，如果两个因指标之间的变化同步度较低，则关联度越低。灰色关联法也可以说是度量系统内各因素（或子系统）之间关联程度的一种数学方法，它通过判断各因素之间变化趋势的相同或相异程度去度量其关联性[①]。

运用灰色关联法时，当用数学方法计算出来的关联度系数不到 0.35 时，则判断相应指标的关联度较弱；当关联度系数大于 0.35 并小于 0.65 时，则判断相应指标的关联度中等；当系数在 0.65—0.8，则认为指标的关联度较强；如果大于 0.85 则认为指标间的关联度最强。

（二）实证分析过程

使用灰色关联度分析法这一数学方法，去度量新型城镇化水平综合评价指标与农村居民消费结构中各支出类别的关联度，包括在食品、衣着、居住、家用设备、医疗保健、交通通信、文教娱乐及其他商品这八个消费类别上的支出，量化新型城镇化水平对农村消费结构的影响力，计算并推导新型城镇化发展进程中农村消费结构变动的发展方向。

依照下列步骤，运用灰色关联度分析法计算新型城镇化水平综合得分与农村八类商品支出占比的关联系数。

1. 确定参考序列

本书选取新型城镇化水平的综合得分 X 为参考序列，记为：

$X_i (i = 1, 2, \cdots, n)$

选取农村居民分别在食品、衣着、居住、家用设备、医疗保健、交通通信、文教娱乐及其他商品这八类消费支出占总支出的比重为比较序列，可得比较序列为：

$X_0 = \{X_0(2000), X_0(2001), X_0(2002), \cdots, X_0(2017)\}$

$X_i = \{X_i(2000), X_i(2001), X_i(2002), \cdots, X_i(2017)$ 其中 $i = 1, 2, \cdots, 8\}$

$X_i (i = 1, 2, \cdots, 8)$

X_i 依次为食品、衣着、居住、家用设备、医疗保健、交通通信、文教娱乐及其他商品支出占总支出的比重为比较序列。新型城镇化综合指数与农村居民消费结构中各项消费占总消费比重数值归纳整理如表 3-18 所示。

[①] 严智渊：《灰色关联分析与应用》，江苏科学技术出版社 1989 年版。

表 3-18　2000—2017 年中国新型城镇化综合水平与农村居民各项消费占比统计

年份	新型城镇化综合得分	食品(%)	衣着(%)	居住(%)	家庭设备用品及服务(%)	医疗保健(%)	交通通信(%)	文教娱乐用品及服务(%)	其他商品及服务(%)
2000	1.008426	49.13	5.75	15.47	4.52	5.24	5.58	11.18	3.14
2001	1.101538	47.71	5.67	16.03	4.42	5.55	6.32	11.06	3.24
2002	1.170681	46.25	5.72	16.36	4.38	5.67	7.01	11.47	3.14
2003	1.21261	45.59	5.67	15.87	4.20	5.96	8.36	12.13	2.21
2004	1.250099	47.23	5.50	14.84	4.08	8.82	11.33	5.98	2.21
2005	1.295125	45.48	5.81	14.49	4.36	9.59	11.56	6.58	2.13
2006	1.357929	43.02	5.94	16.58	4.47	10.21	10.79	6.77	2.23
2007	1.427487	43.08	6.00	17.80	4.63	10.19	9.48	6.52	2.30
2008	1.487339	43.67	5.79	18.54	4.75	9.84	8.59	6.72	2.09
2009	1.557304	40.97	5.82	20.16	5.13	10.09	8.53	7.20	2.11
2010	1.580562	41.09	6.03	19.06	5.34	10.52	8.37	7.44	2.15
2011	1.622009	40.40	6.50	18.40	5.90	10.50	7.60	8.40	2.30
2012	1.682244	39.30	6.70	18.40	5.80	11.00	7.50	8.70	2.50
2013	1.734255	37.70	6.60	18.60	5.80	12.00	7.30	9.30	2.60
2014	1.788121	33.57	6.09	21.03	6.04	12.08	10.37	9.11	1.94
2015	1.828527	33.05	5.97	20.89	5.92	12.61	10.51	9.17	1.89
2016	1.888276	32.24	5.68	21.20	5.88	13.42	10.57	9.17	1.84
2017	1.950038	31.18	5.58	21.48	5.79	13.78	10.69	9.66	1.83

资料来源：由《中国农户统计年鉴》(1981—2018) 相关数据整理计算，并与第三章第一节计算结果数据合并整理得出。

2. 初值化数列

初值化原始数据，即用同一序列的第一个数据去除后面的所有数据，得到一个各个数据相对于第一个数据的倍数数列，即初值化数列。

$$X'_i(k) = \frac{X_i(k)}{X_i(1)} \tag{3-17}$$

表 3-19　2000—2017 年新型城镇化综合水平与农村居民各项
消费占比的初值化数列

年份	新型城镇化综合水平	食品	衣着	居住	家庭设备用品及服务	医疗保健	交通通信	文教娱乐用品及服务	其他商品及服务
2000	1	1	1	1	1	1	1	1	1
2001	1.092334	0.971115	0.986935	1.036316	0.978393	1.058493	1.133386	0.989269	1.031691
2002	1.160899	0.941377	0.996373	1.057886	0.969626	1.080699	1.256587	1.025942	1.000937
2003	1.202478	0.928046	0.987658	1.0259	0.930052	1.135994	1.499873	1.084782	0.704749
2004	1.239654	0.961345	0.957344	0.959384	0.903132	1.682145	2.031845	0.534885	0.703715
2005	1.284303	0.925699	1.011966	0.936468	0.965302	1.828415	2.073629	0.588353	0.679303
2006	1.346582	0.875612	1.033888	1.071664	0.99028	1.946685	1.934261	0.605487	0.709924
2007	1.41556	0.876974	1.044477	1.150654	1.023949	1.942767	1.70027	0.583304	0.732739
2008	1.474911	0.888882	1.007822	1.198584	1.05144	1.876679	1.540472	0.601075	0.665505
2009	1.544292	0.833925	1.013044	1.303314	1.135556	1.924359	1.529712	0.644009	0.671873
2010	1.567355	0.836451	1.048814	1.232218	1.182404	2.006928	1.500861	0.66554	0.683261
2011	1.608456	0.822323	1.131406	1.189533	1.306	2.002554	1.362932	0.751344	0.732374
2012	1.668188	0.799933	1.166219	1.189533	1.283464	2.097914	1.344999	0.778178	0.796058
2013	1.719764	0.767366	1.148813	1.202463	1.283864	2.288633	1.309132	0.831845	0.827901
2014	1.77318	0.683292	1.059832	1.359434	1.337494	2.30385	1.860165	0.815112	0.619175
2015	1.813248	0.672702	1.038985	1.350226	1.30952	2.405241	1.884801	0.820496	0.60076
2016	1.872499	0.656281	0.988722	1.370282	1.301721	2.56036	1.894809	0.82048	0.584678
2017	1.933744	0.634615	0.971807	1.38893	1.281114	2.627365	1.917177	0.86445	0.583972

3. 计算数列绝对差

计算各比较数列同参考数列在同一时期的绝对差。

分别计算 2000—2017 年的各绝对差，如表 3-18 所示，计算公式为：

$$\Delta_{0i}(k) = |X'_0(k) - X'_i| \ (i = 1, 2, \cdots, 8; k = 2000, 2001, \cdots, 2017) \tag{3-18}$$

表 3-20　2000—2017 年新型城镇化综合水平与农村居民各类消费占比的初值化数列绝对差

年份	食品	衣着	居住	家庭设备用品及服务	医疗保健	交通通信	文教娱乐用品及服务	其他商品及服务
2000	0	0	0	0	0	0	0	0
2001	0.121219	0.105399	0.056018	0.113941	0.033841	0.041052	0.103065	0.060643
2002	0.219522	0.164526	0.103013	0.191273	0.080199	0.095688	0.134957	0.159962
2003	0.274431	0.21482	0.176578	0.272425	0.066484	0.297395	0.117696	0.497729
2004	0.278309	0.28231	0.28027	0.336522	0.442491	0.792191	0.704769	0.535938
2005	0.358604	0.272337	0.347835	0.319001	0.544112	0.789325	0.69595	0.605
2006	0.47097	0.312694	0.274918	0.356302	0.600103	0.587586	0.741095	0.636658
2007	0.538586	0.371083	0.264906	0.391611	0.527207	0.28471	0.832255	0.682821
2008	0.586029	0.467089	0.276328	0.423471	0.401768	0.065561	0.873836	0.809407
2009	0.710367	0.531248	0.240978	0.408737	0.380067	0.01458	0.900283	0.872419
2010	0.730904	0.518541	0.335137	0.384951	0.439573	0.066494	0.901815	0.884094
2011	0.786133	0.47705	0.418924	0.302457	0.394098	0.245524	0.857113	0.876083
2012	0.868255	0.501969	0.478655	0.384324	0.429726	0.323189	0.890011	0.87213
2013	0.952398	0.570951	0.517301	0.4359	0.568869	0.410632	0.887919	0.891863
2014	1.089888	0.713347	0.413745	0.435686	0.53067	0.086985	0.958068	1.154004
2015	1.140546	0.774263	0.463022	0.503729	0.591993	0.071553	0.992752	1.212489
2016	1.216218	0.883776	0.502216	0.570778	0.687861	0.02231	1.052019	1.28782
2017	1.29913	0.961937	0.544815	0.65263	0.693621	0.016568	1.069294	1.349772

从表 3-19 可以计算出最小值和最大值：

最大值 $\Delta_{max} = \max |X'_0(k) - X'_i(k)|$ （3-19）

最小值 $\Delta_{min} = \min |X'_0(k) - X'_i(k)|$ （3-20）

4. 计算关联系数

取分辨系数 $\rho = 0.5$，关联系数 $\eta_{0i}(k)$ 的计算公式为：

$$\eta_{0i}(k) = \frac{\Delta_{min} + \rho \Delta_{max}}{\Delta_{0i}(k) + \rho \Delta_{max}} \quad (3-21)$$

表 3-21　2000—2017 年新型城镇化综合水平与农村居民各项消费占比的关联系数

年份	食品	衣着	居住	家庭设备用品及服务	医疗保健	交通通信	文教娱乐用品及服务	其他商品及服务
2000	1	1	1	1	1	1	1	1
2001	0.847735	0.864922	0.923358	0.855556	0.952251	0.94266	0.867518	0.917552
2002	0.754562	0.803998	0.867575	0.779171	0.893788	0.875823	0.833354	0.808394
2003	0.710917	0.758549	0.792618	0.712423	0.910323	0.694127	0.851503	0.575539
2004	0.708025	0.705066	0.706572	0.667274	0.603991	0.460021	0.48917	0.557377
2005	0.653016	0.712489	0.659893	0.679037	0.55364	0.460921	0.492317	0.527302
2006	0.58898	0.683373	0.710553	0.654474	0.529327	0.534536	0.476621	0.514574
2007	0.556161	0.645226	0.718123	0.632806	0.561426	0.703702	0.447792	0.497078
2008	0.535235	0.590981	0.7095	0.61445	0.626837	0.911458	0.43577	0.454685
2009	0.487193	0.559545	0.736885	0.622805	0.639731	0.978853	0.428453	0.436169
2010	0.480076	0.565503	0.668188	0.636783	0.605573	0.91031	0.428037	0.432902
2011	0.461928	0.585871	0.617005	0.690531	0.631334	0.733245	0.440527	0.435138
2012	0.437346	0.573466	0.585056	0.63716	0.610971	0.676188	0.431266	0.43625
2013	0.414732	0.541713	0.566091	0.607575	0.54262	0.621718	0.431843	0.430756
2014	0.382421	0.486147	0.61994	0.607692	0.559813	0.885827	0.413292	0.369014
2015	0.371749	0.465712	0.593094	0.57261	0.532716	0.904141	0.404696	0.357579
2016	0.356874	0.43299	0.573345	0.541788	0.495239	0.968	0.390807	0.343855
2017	0.341885	0.412315	0.553321	0.508382	0.493155	0.976039	0.386936	0.333333

5. 计算关联度

通过表 3-20，分别求出每个数列每个时期的关联系数的平均值计算出关联度：

$$\mu_i = \frac{1}{n} \sum_{k=1}^{n} \eta_{0i}(k) \qquad (3-22)$$

表 3-22　新型城镇化综合水平与农村居民各项消费占比的关联度

食品	衣着	居住	家庭设备用品及服务	医疗保健	交通通信	文教娱乐用品及服务	其他商品及服务
0.56	0.63	0.70	0.67	0.65	0.79	0.54	0.52

(三) 实证结果分析

从灰色关联度的分析结果中可见，新型城镇化水平对农村居民消费结构中的各类消费成分的影响程度是不一样的。

根据灰色关联理论，关联系数处于0.65—0.8时，表示关联度较强。在计算得出的新型城镇化对农村居民消费结构的影响的关联系数中，处于较强相关的有四个，排名第一的是交通通信，关联系数是0.79，第二位是居住支出，关联系数是0.7，第三、第四位分别是家庭设备用品及服务（0.67）和医疗保健（0.65）。

关联系数处于0.35—0.65时，为中等关联度。八大消费结构中的另外四种消费受新型城镇化的影响都是处于中等关联水平，按从大到小对中等关联水平的排序分别是，衣着（0.63）、食品（0.56）、文教娱乐用品及服务（0.54）和其他商品及服务（0.52）。

首先，由上述结果可见，在新型城镇化进程中，由于城镇化建设首先是消费条件上对农村基础设施的不断完善，包括公路和网络的建设，方便了农民的出行和交通工具的选择，也促进了农民对通信的重视和高科技产品的应用，使在城镇化后的农村，农民有硬件条件在交通通信上进行消费。新型城镇化进程也使农村基础设施建设与城市接轨，因此新型城镇化发展水平对农村交通通信支出的影响力度最大。

其次，居住，也是受到城市居住环境的示范和影响，以及城镇房价和城镇化过程中建房材料价格的不断上涨，联动影响到农村居民对居住的消费支出，影响力也是很大的，仅次于交通通信，这也和前文对农民消费结构变化的分析结果是一致的。

再次，基础设施的硬件上去了，居住环境也改善了，自然也就影响了对家庭设备用品及服务的需求。城镇化水平对医疗支出的关联度也属于较高强度，城镇化进程中农村社会保障和医疗保障逐渐普及，并逐步和城市接轨，自然也影响到农村居民的医疗保健支出。

最后，处在中等关系的四类消费中，尽管其关联度的排名靠后，但是从关联系数上看也都大于0.5，可见新型城镇化对它们的影响力也不小。换句话说，新型城镇化的发展，使越来越多的农民融入和接近城镇生活，在收入增长的同时，也看到了城市的生活方式和消费选择，比如在衣着消费上，尽管在前面的消费结构分析中，衣着消费比例在逐步下降，但这一消费受到新型城镇化的影响并不低。有研究表明，进城务工的农民工的衣着选择上受到城镇的影响，会选择相对时尚的服装。

本章小结

（1）本章使用四个维度（人口城镇化类、经济城镇化类、基础设施城镇化类、社会服务类）、十二个具体指标构建了城镇化综合评价指标体系，利用熵值法计算出各指标的权重，测量2000—2017年中国新型城镇化的发展水平。首先从计算得出的新型城镇化四个维度的权重来看，最高值是社会服务的城镇化，权重平均值为0.27；其次是经济城镇化，权重平均值为0.26；再次是人口城镇化，权重平均值为0.25；最后是基础设施城镇化，权重平均值为0.21。可见城镇的社会福利和公共服务能力，以及城镇的经济发展水平是新型城镇化综合水平的重要影响因素。统计结果发现，我国城镇化综合发展水平总体呈不断上升趋势，而且上升发展速度是比较平稳的，但是城镇化水平仍然是落后于经济发展水平。此外，我国的城镇化发展中也出现了和国外城镇化进程中类似的"城市病"，并存在城镇化地区发展不平衡，部分地区的城镇化质量不高的现象。

（2）我国农村居民的平均消费倾向在最近七年一直稳步上升，由2011年的0.89上升到最新统计的2017年的0.92；边际消费倾向在近五年也一直处于上升阶段，这说明我国农村居民的消费需求其实长期被压抑，还没有得到充分满足，消费还有上升的空间。

在消费结构中，食品的基本需求虽然在农村居民消费支出中所占比例仍然是第一，但支出比例已经大大下降，衣着这一基本支出比例也已在2017年下降为支出比重中最后一位，表明这两种生存型消费比重在逐年下降。而医疗保健、交通通信、文教娱乐这三种发展享受型支出比重的排名在近十年来基本没有变化，但其支出比重也是逐年在上升。总体而言，生存型消费仍然占农村居民消费支出中的主导地位，而享受型消费占比在低水平稳定增长。

通过扩展线性支出模型（ELES）对消费结构中八个消费类目的分析，发现在农村居民各类商品的边际消费倾向中，食品仍然是数值最大的，为0.27；排名第二的是居住支出，为0.21，再次是医疗保健、交通通信和文教娱乐这三个项目，其边际消费倾向分别为0.14、0.1和0.09。这些分析结果说明，随着城镇化水平的提高，伴随着农民收入的增加和生活水平的提高，农村居民已经结束了仅满足吃、穿为主的生存型消费需求阶段，逐渐往发展型和享受型消费阶段过渡。

（3）在城镇化水平与农村居民消费影响的实证研究中，分别分析了城镇化水平对农村居民消费总量和消费结构的影响。

在城镇化对农村居民消费总量的研究中，发现城镇化水平是影响农村消费总量的格兰杰原因，但农村消费总量不是影响城镇化水平的原因。城镇化水平的提高对农村消费总量有正向的拉动作用，新型城镇化的综合水平越高，对消费的刺激作用也越大。通过GMM模型对我国31个省、自治区、直辖市（2001—2017年）的新型城镇化中的四个度量维度与农村消费水平进行了实证研究，实证结果表明，新型城镇化对中国农村居民消费有推动作用。并且从新型城镇化的四个度量维度来看，人口城镇化对农村消费中的享受和发展型消费有显著的正向影响；经济城镇化对农村消费中的生存、享受和发展型消费均有显著的正向影响；社会服务城镇化对农村消费中的发展型消费有负向影响；基础设施城镇化对农村消费中的享受型消费有显著的正向影响。从影响系数来看，在正向推动作用中，经济城镇化对农村消费影响最大，其次是人口城镇化，再次是基础设施城镇化。

通过灰色关联法对城镇化水平与农村居民的消费结构进行了关联分析，发现影响农村居民消费结构关联度第一的是交通通信，关联系数是0.79，第二位是居住支出，关联系数是0.7，第三、第四位分别是家庭设备用品及服务（0.67）和医疗保健（0.65）。

第四章

新型城镇化对拉动农村居民消费需求的动力机制研究

城镇化的发展是社会发展到一定程度后，城镇聚集到一定程度后，规模经济、聚集效应等经济活动产生作用的过程，也是国民经济发展历程中的工业化和现代化发展的产物。在社会发展的进程中，城镇化把规模小而分散的农户的农业生产经营活动和聚居的城镇融合起来，使其加入到社会化大生产，这也是生产力发展和社会进步的必然过程。

新型城镇化的发展在各个方面都对农村消费起到了拉动作用。首先是促进产业结构优化，提高生产效率和农村居民的收入水平，进而促进消费；新型城镇化建设也会使农村社会的消费环境包括软件和硬件得到改善，进而拉动消费水平和促进消费升级；社会保障、社会福利的完善是新型城镇化建设中必不可少的一个环节，其对降低农村居民收入和消费的不确定性，促进农村消费的作用也是明显的；新型城镇化的内容之一更是城乡一体化的建设，城镇居民的消费方式、消费习惯和消费观念会影响带动农村居民，具有示范效应，促进农村消费层次的提升。

第一节　新型城镇化进程中产业结构调整与农村居民消费需求

经济学家斯蒂格利茨表示，中国的城镇化建设可与美国的高科技比肩，对人类社会的发展有着重要的促进作用。①"中国是世界上最大的发展中国家，其城镇化发展和美国的高科技进步这两个力量将会在21世纪充分影响人类社会的发展。"他论述到，中国的城镇化建设会直接导致产业结构的转变，让中国从以传统农业（第一产业）和工业（第二产业）为主的传统经济产业结构，向以服务业（第三产业）和信息产业与高新科技产业（第四产业）为主的新型经济产业结构转化，并且伴随城镇化的发展，农村居民大量地向城镇转移成为产业工人，保留的农村居民在破解了资源约束后的收入也大大提升，都体现了中国新型城镇化对农村居民消费的综合推动作用。

很多学者都认可城镇化对产业结构升级的正向拉动作用。夏春萍认为，新型城镇化可以促进农业现代化的发展，提高第一产业的发展水平；可以深化工业发展，加快产业升级②。魏后凯、张燕提出，城镇化发展可以推动高新技术及信息、生物产业的发展，促进产业升级③。周世军（2012）研究发现，城镇化水平的提高会带来经济的集聚效应，进而带来产业结构优化。万解秋、刘亮发现城镇化会推动产业结构由第一产业向第二、第三产业转变，促进产业结构升级④。龚志龙、余龙认为城镇化水平的提高能促进我国经济增长⑤。孙叶飞等也认为新型城镇化建设会带来选择效应，从而能够促进产业结构优化⑥。崔航（2018）利用状态空间模型说明新型城镇化对林业产业结构升级具有正向促进作用。

还有一些学者认为城镇化与产业结构的发展是相互作用的关系。陈思宇用实证分析法论证了新型城镇化与产业结构升级相互作用的内在机

---

① 斯蒂格利茨：《经济学》（上），中国人民大学出版社2004年版。
② 夏春萍：《工业化、城镇化与农业现代化的互动关系研究》，《统计与决策》2010年第10期。
③ 魏后凯、张燕：《全面推进中国城镇化绿色转型的思路与举措》，《经济纵横》2011年第9期。
④ 万解秋、刘亮：《源于增长和产业转型的城镇化进程探讨——江苏城镇化新动因解析》，《江苏社会科学》2013年第5期。
⑤ 龚志民、余龙：《城镇化视角下的产业结构升级与经济增长》，《西安财经学院学报》2016年第9期。
⑥ 孙叶飞等：《新型城镇化发展与产业结构变迁的经济增长效应》，《数量经济技术经济研究》2016年第11期。

第四章 新型城镇化对拉动农村居民消费需求的动力机制研究

理,认为新型城镇化带来要素的自由流动,消费需求的改变和生活空间环境的聚集,这三个因素的综合效应促进了产业结构升级;而产业结构升级后则反作用于新城镇,给新城镇的发展提供了就业需求,增加了城镇功能以及经济支撑[1]。徐传谌等研究发现产业结构对城镇化发展有着正向的影响作用[2]。宋丽敏(2017)通过研究发现,首先人口城镇化能够促进产业结构的优化,并且在人口城镇化的过程中带动了周边产业的发展,具有空间溢出性,从而进一步推动产业的发展。尚娟等基于2004—2015年的面板数据,从时间和空间角度进行了研究,结果表明在时间上,2005—2011年呈负相关关系,2011—2015年呈正相关关系。在空间上,东部有正向影响,中西部无正向影响[3]。葛金田、张小涵分地区对新型城镇化与产业结构优化两者间关系展开研究,发现不同地区城镇化对产业结构的影响是不同的,存在一定的差异[4]。

区位理论和发展经济学理论都表明,人口和产业的集中会导致规模经济和集聚效应。城镇通常都是信息、资本、科学、技术、人力等生产要素高度集聚的区域,由于要素集聚以及空间上的靠近,使经济活动可以共享信息,优化资源配置,并且降低生产成本和交易成本。新型城镇化的建设过程本身也是生产要素的聚集过程,农村剩余劳动力向城镇转移,伴随劳动力转移,农村第二、第三产业也向城镇聚集,使城镇化的水平越来越高、城镇的数量越来越多;而进城农民在收入上的增加,又进一步吸引更多的农村剩余劳动力往城镇转移,留在农村的农民也因为资源约束的解除,可以更加有条件进行农业的集约化规模经营,增加收入,也自然会提高农民的生活消费水平。

---

[1] 陈思宇:《江苏城镇化与产业结构升级互动发展研究》,硕士学位论文,中共江苏省委党校》2015年。
[2] 徐传谌等:《城镇化水平、产业结构与经济增长——基于中国2000—2015年数据的实证研究》,《经济问题》2017年第6期。
[3] 尚娟等:《新型城镇化对产业升级的影响效应分析》,《工业技术经济》2017年第12期。
[4] 葛金田、张小涵:《新型城镇化对我国产业结构升级的影响》,《济南大学学报》(社会科学版)2018年第2期。

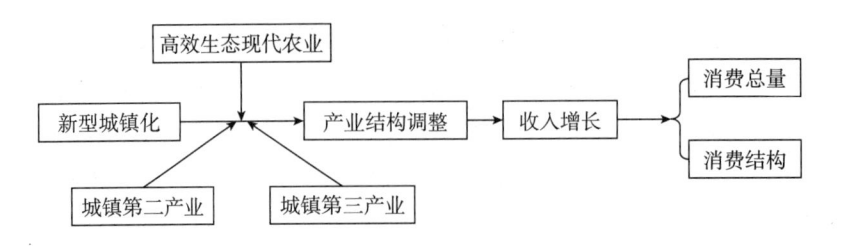

图4-1 新型城镇化过程中的产业结构升级对农村消费影响路线

一 新型城镇化与产业结构升级

产业结构升级是指产业结构由低级向高级转变的过程或趋势。配第-克拉克对产业结构的变化规律是这样描述的，当社会经济持续发展进步时，农民的收入水平也得以较大提升，这时农民开始重视教育的提高和投入，随着生产活动中的科学技术水平不断提高，专业化的生产效率也进一步提高，劳动力会逐渐由粗放型、附加值低的第一产业，高污染和高耗能的第二产业，向高新技术、新信息、附加值较高和收益较高的第三产业、第四产业转移[1]。

（一）新型城镇化对产业结构升级的作用机理

从20世纪五六十年代起，一些发展中国家的政策制定者就运用刘易斯—费—拉尼斯模式去解决经济发展中的二元经济问题。刘易斯—费—拉尼斯模型，是指现代工业（第二产业）的扩张能推动农村剩余劳动力向城镇的转移，实现二元经济结构的转变[2]。这一理论也称为二元经济结构理论，它从农村劳动力转移的角度解释了产业结构升级和城镇化的相互关系，其中第二产业工业的发展可以通过产业升级来吸纳农村剩余人口，大量的农村剩余劳动力转移到城市，这种人口集聚会促进城镇化的发展，并且城镇中集聚的劳动力又为产业的进一步升级奠定基础。

在三大产业的分类方法第一次被费希尔（Fisher）[3] 系统提出之后，

---

[1] 威廉·配第：《政治算术》，中国社会科学出版社2010年版。
[2] Lewis, W. A., "Economic Development with Unlimited Supply of Labor", *The Manchester School of Economic and Social Studies*, 1954 (22): 139-191.
[3] Fei, J. C. H. and Ranis, G., "A Theory of Economic Development", *American Economic Review*, 1961, 51: 533-565.

克拉克和库兹涅茨建立了完整的产业结构演进理论框架，该理论指出，由于社会经济不断发展，居民的收入水平不断提高，劳动力会随之由第一产业向第二产业转移，接着由第二产业向第三产业转移；产业结构也会由以农业为主导的第一产业，逐渐过渡为以工业为主导的第二产业，进而向以服务业为主导的第三产业转移，并指出产业结构会随着人均国民生产总值的变化而变化。

产业经济学的理论也指出，资源要素、市场需求等要素的变化会推进产业结构升级；区域经济学的理论则进一步补充了空间环境是产业结构升级的依托载体。

因此，根据上述各经济理论，城镇化对产业结构的影响可以概括为：新型城镇化建设进程给我国农村剩余劳动力提供了大量在城镇就业的机会，在农村劳动力逐渐向城镇转移的同时，促进了农村生产经营的规模化与发展。在此过程中，农村的产业结构得到了调整和优化，农村社会的生产效率和居民收入得以提升，消费需求自然也随之提高，整个农村地区的社会经济发展也因此被带动起来。而在整个社会的经济发展中，城镇化会推动产业结构由以第一产业为主导的构型，逐步转变为以第二产业和第三产业，甚至第四产业为主导的优化产业结构。从经济发展水平的角度去衡量城镇化，可以看出非农产业产值在整个国民经济GDP中所占比重越高，城镇化水平也就越高。

1. 新型城镇化与农业现代化和产业化

托达罗模式理论指出，解决发展中国家的二元经济结构问题，不一定要通过农村剩余劳动转移的方式，也可以通过农村经济的发展，农业生产力水平的提高，从缩小城乡差别和工农业效率差别的方法去解决[①]。

新型城镇化战略在2012年被中央明确提出以后，我国城乡在地域结构、产业结构和就业结构这几方面都出现了很大的变化[②]。同时，我国农村地区的生产力水平和经济发展也迅速提高，农村地区逐步被建设成为具有城乡一体化特征的、现代化的新农村。

---

① 谭崇台：《发展经济学》，上海人民出版社1989年版。
② 刘彦随：《中国新时代城乡融合与乡村振兴》，《地理学报》2018年第4期。

首先,新型城镇化可以促进农业现代化。从人口分布来说,城镇化最明显的表现就是农村人口逐渐向城市转移,农村劳动力的这种转移能够有助于农业的规模化经营,促进农业现代化。在农村人口转移之前,农村劳动力相对过剩,我国农村土地还是延续传统分散经营的模式,农业劳动生产率较低,农民收入水平也相对较低。很多发展中国家的农业经营方式都是分散的小农经济模式,我国也不例外,这种模式使农业无法加入到社会化大生产中,也无法获得社会分工所产生的专业化的效率,并且制约了科学技术在农业的推广应用,农业生产也缺乏运用现代科技抵御自然灾害的能力,阻碍了农业现代化的发展和农村生产力的提高,农民收入水平的增长率也因此低于社会平均水平。

在新型城镇化建设中,一方面城乡之间的交流越来越多,要素在城乡间不断流动优化,现代化生产技术传播到农村,尤其是生物工程技术和信息技术,对把农村的传统产业改造成现代农业,提高农业的生产效率有很大帮助。另一方面,农村人口流动到城镇,大大缓解了农村人均资源不足的矛盾,增加了农村剩余人口的人均耕地面积,再加上政策指导,政府也在引导推动农村土地经营承包权的自由流转,这些都为分散的、小农经营的农业生产模式转变为适度规模经营的农业生产模式创造了条件,促进了农村土地的集约化经营,有利于我国农业的机械化、现代化发展,和生产效率的提高。

其次,新型城镇化可以促进农业产业化。农民转移到城镇生活改变了他们原本的生活模式,他们必须向市场购买原先自给自足的那部分农产品,由此促进市场对农产品需求量的增加。农村为了满足城镇的需求,要对农产品进行加工、储运来提高农产品的商品化率,甚至要使用销售代理等农业配套经营模式,这就引导了农业产业的结构升级,提高了农业的现代化水平。

最后,在我国新型城镇化建设的背景下,现代信息技术在农村的推广和发展有助于改变农业传统的发展模式与格局,促进农业发展走向现代化、规模化、产业化。信息、科学知识、技术、人力、资本等要素在城乡间的流动有利于发展农业现代化,特别是当前农村电子商务的逐步兴起,农产品可以直接在网络信息平台发布、出售,降低了交易成本和中间流转的各项费用,提高了农产品的竞争力。

2. 新型城镇化与第二产业

随着新型城镇化水平的提高和不断发展，公共服务和基础设施的不断健全完善，城镇化所产生的要素集聚作用会越来越大，资本、劳动力等生产要素逐步向着城镇集聚，城镇便成为这些生产要素的空间载体，为产业结构升级提供一个良好的空间架构，促进科技信息、高新技术等高端产业在城镇的发展。同时，城镇中的级差地租也会促使各产业在城镇内合理布局和重组，推动城镇中产业结构的调整和优化，其主要表现为一些传统产业会由城镇中心区转移到城镇外围区域，城镇外围区域面积范围普遍较广，传统产业的规模也会随着这种转移逐步扩大。

此外，在城镇化建设中，工业化的发展会带动产业链的进步与产业分工，产业分工会越来越细化，并导致特色产业城镇的产生；产业链的延伸则会推动产业联动，在产业联动和城镇化建设的共同作用下，区域产业会呈现出城乡协调发展的形态。并且，伴随着农业的产业化，乡镇农产品加工工业的升级又反过来会吸纳更多的农村剩余劳动力从事非农产业的工作。

3. 新型城镇化与第三产业

根据克拉克定理的阐述，产业结构的变化规律可以这样解释：当社会经济持续发展进步时，农民的收入水平也得以较大提升，这时农民开始提高对教育的重视和投入，也促进了科学技术在农业生产中应用的水平不断提高，进而提高了专业化的生产效率，因此，农村劳动力也会逐渐从附加值低的粗放型农业（第一产业）和高污染、高耗能的工业（第二产业）向收益高和附加科技水平高的第三产业转移。

首先，新型城镇化建设中的一项内容就是积极稳妥地把农民工市民化，当农民成为新市民后，涌入城市的新市民一定会产生巨大的基本生活需求，直接拉动生活性消费，进而推动传统服务业的快速发展。也就是说，在城镇化建设的过程中，餐饮、娱乐、旅游、文化等的生活服务消费需求会大大增长，促进劳动力向服务业流动和服务产业升级。当城镇化水平进一步提高时，伴随着居民的收入和生活水平的提升，居民对高质量的服务需求更为提高，导致包括娱乐、旅游、文化、网络在内的相关服务产业的需求进一步增大和升级。与此同时，新型城镇化的发展内涵之一是优美的生态环境和良好的城市功能，意味着居民对教育、交通、医疗、卫生等城市公共服务的需求也会提高。特别是教育水平，移居到城镇的农村居民可以享受城镇中相对较好的教育资源，社会人口素质得到提高，居民会开始对文化、旅游、生态环保、优雅宜居等高品质生活方式产生更大的追求，这在一定程度上也会推动城市服务业的升级与发展。

其次，当人口不断地聚集在城镇，就会形成城镇集聚经济并产生集聚的外部效应，进而推动城镇化水平的提高。当城镇人口数量不断增长，城镇原有的公共基础设施已经不能满足城镇居民的需求，政府自然会在新城镇的建设中扩大居民生产、生活所必需的供水、供电、交通、通信等城市基础设施和公共服务的投入，这也为城镇第三产业服务业的发展准备了优质的环境基础。另外，服务业在城镇中的集聚效应也会提升对传统服务业的需求，并对金融业、房地产业、旅游、科学技术等新兴服务业的发展起到很好的推动作用。由此可见，城镇化建设对第三产业的升级与发展提供了很好的机遇，由于第三产业的发展依赖于城镇的集聚效应，随着城镇化水平的提高，城镇对第三产业的功能需求也在日益增多。

（二）新型城镇化下产业结构的现状

产业结构指的是一个国家或地区经济中的各个产业间的比例关系，产业内部和产业间的联系。产业结构升级是产业结构由低向高转化的趋势或过程。

由图4-2可以明显看出第一产业占GDP比重逐年下降的趋势，以及第三产业占GDP比重逐年上升的趋势。第一产业占GDP比重除少数年份轻微回弹外，40多年的数据都是在下降的，并且从图4-2的曲线可以发现，2006年以前下降的速率要比2007年后的这十年快一些，近十年的下降速度要相对平稳一些。1997年以前，第二产业所占GDP比重一直处于上升状态，1997年后第二产业所占GDP比重开始回落，直到2003年才再一次上升，2012年后则再次下降，到2017年才有轻微回弹。而考察自2000年起的第三产业，除了2003年有轻微回调，其他年份都是上升的；总体来看，第三产业在1997—2002年和2012—2016年这两个期间的上升速度较快，并且在2013年开始超过第二产业，成为 GDP 占比最高的产业。2013 年可以说是产业结构优化的一个重要时间节点，我国产业结构此后的主要特征是"三、二、一"，开始与西方发达国家的产业结构类似，而且 2013 年之后第三产业的占比上升速度也较快。

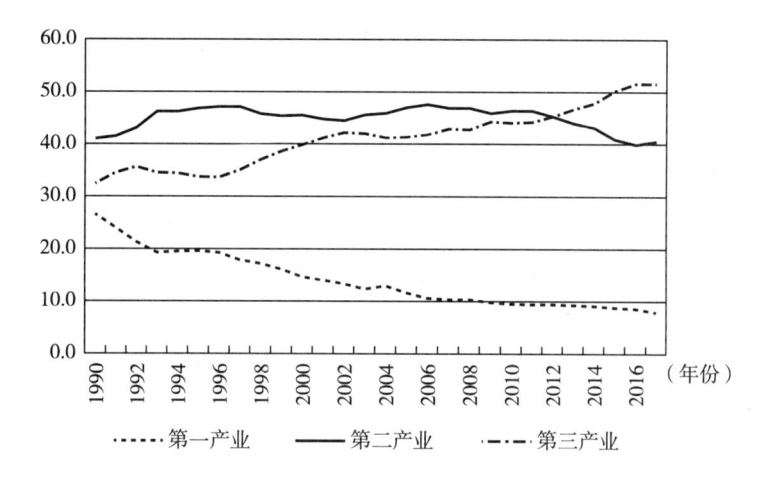

图 4-2 中国历年产业结构发展现状

资料来源：《中国统计年鉴》（1978—2018）历年中数据整理计算得出。

（三）新型城镇化水平与产业结构的相关性分析

学术界的一般定义是：产业城镇化，或者称经济城镇化，是指在新型城镇化发展进程中，生产要素由农村向城镇流动和集聚，所产生的产业结构优化，用来衡量非农产业要素在城镇空间的结构是否合理，其集聚和可持续发展程度。具体表现为第二、第三产业在整个 GDP 中的比重的上升。本书用第二、第三产业在整个 GDP 中的比重来作为度量产业结构的指标。

新型城镇化的表现有很多方面，本书第三章已经按照四个维度，经济城镇化、人口城镇化、社会服务城镇化和基础设施城镇化对新型城镇化水平进行综合度量（采用熵值法计算权重，然后合并计算出综合评分的数值），而产业升级本身就是其中的一个维度（即经济城镇化），并且产业结构的变化属于经济城镇化（也有学者称为产业城镇化）的范畴。下面考察新型城镇化的其他三个维度（人口城镇化、社会服务城镇化、基础设施城镇化）与产业升级之间的相关性，并以此来度量新型城镇化各方面建设与产业结构的相关性。

利用 Pearson（皮尔逊）相关系数检验，也称皮尔逊积矩相关系数，对产业结构与新型城镇化的另外三个维度（人口城镇化、社会服务城镇化与基础设施城镇化）的相关性进行分析，Pearson（皮尔逊）相关系数检验是一种有效检验线性相关系数的计量方法，其结果可以较为精确地度量区间变量之间的线性相关性。在 SPSS 统计软件中得出以下分析结果：

表4-1　　　　产业城镇化与新型城镇化的相关性分析结果

	第二、第三产业占比
人口城镇化（Pearson 相关性）	0.977**
社会服务城镇化（Pearson 相关性）	0.929**
基础设施城镇化（Pearson 相关性）	0.834**

注：**表示估计值在0.05的置信水平下显著异于零。

由相关性检验结果可得，产业结构（第二、第三产业在国民经济 GDP 中的占比）和新型城镇化的另外三个维度人口城镇化、社会服务城镇化与基础设施城镇化是高度正相关的，其中和人口城镇化的相关系数最高，为0.977；其次是社会服务城镇化，相关系数是0.929；最后和基础设施城镇化的相关系数是0.834，也属于正相关系数较高的类型。由此可知，新型城镇化对优化产业结构是有着非常直接的作用力。

二　新型城镇化进程中产业结构对消费水平和消费结构的影响及实证研究

新型城镇化带来了产业结构优化，进而带来农村居民收入来源结构的改变，增加了农民的收入、减少了农民收入的不确定性，直接影响到农村居民的消费水平及消费结构。

（一）产业结构升级对农村消费水平的拉动

1. 农业现代化与农村居民收入和消费的提高

如前文所述，农村居民在城镇化进程中大量转移到城镇，使农村人口大大减少，农村剩余居民生产经营的资源约束会在很大程度上消除，会因此促进农业规模化和现代化的发展,也会增强政府支农效果,促进农村剩余居民的收入水平的增长;另外,随着城镇人口越来越多,对农产品的需求也越来越大,也对促进农业产业化的发展和农民收入水平的提高起到推动作用。因此,城镇化可以提高农民收入,带动农村居民消费需求的增长。

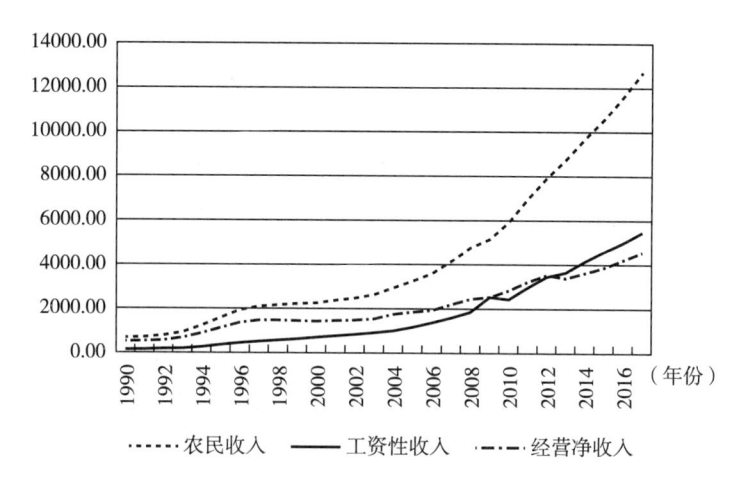

图4-3 中国农村居民历年收入来源结构

本书采用农民收入中的经营性收入水平的提高来代表农业现代化和产业化水平的提高,以此为基础来分析农业现代化的提高与农村消费之间的关系。

剔除掉价格因素,按1985年的价格水平对农村居民实际收入进行平减,得到农民的实际收入,并以此为基础计算出农民经营净收入的实际收入的增长率,见表4-2。

表4-2　　　　　中国农民历年经营实际净收入增长率

年份	1996	1997	1998	1999	2000	2001	2002	2003
经营实际净收入增长率	0.00	-0.03	0.00	0.00	0.02	0.01	0.04	0.12
年份	2004	2005	2006	2007	2008	2009	2010	2011
经营实际净收入增长率	0.01	0.02	0.12	0.05	-0.03	0.12	0.10	0.04
年份	2012	2013	2014	2015	2016	2017		
经营实际净收入增长率	-0.07	0.04	0.05	0.07	0.06	-0.01		

资料来源:《中国农户统计年鉴》(1978—2018)历年中数据整理计算得出。

可以看到，尽管实际经营性收入的增长率上上下下地波动，但只有三个年份，1997年、2008年和2012年是负增长，其余都是在增长，而且在2003年、2006年、2009年的增长率达到了12%。特别是从2013年至今，增长速度较快，平均增长速度为6%，而在2013年前的15年，平均增长速度只有4%。结合我国新型城镇化的发展历程，可以发现中央在2013年召开了全国城镇化工作会议，制定了国家新型城镇化规划（2014—2020年），中国也正是从2013年起，开始投入大量资金和力量进行新型城镇化建设的。

2. 第二、第三产业的发展与农村居民收入和消费的提高

根据刘易斯的"二元经济理论"，随着城镇化水平的提高，农村人口会逐渐从边际生产效率较低的农业部门转移到边际生产效率较高的非农业生产部门，转移了的农村居民可以在非农业部门赚取更多的工资性收入，其总收入可能会显著提高。未转移的农村人口则可能因为农村人口数量的降低，促使原农业生产率提高，进而增加这一部分人的农业经营性收入。总体来看，城镇化过程中的劳动力转移不仅有利于增加农村转移人口的收入，也会对拉升整体农村居民的收入水平产生影响。劳动力迁移理论和二元结构理论都提出了相似观点，即由于城镇中的现代产业（工业和服务业）的劳动生产率高于农村传统产业（农业），其从业者（产业工人）的收入水平一般也高于从事农业生产的农民，进而其消费水平也会比这一部分农民高。

在我国新型城镇化进程中，城镇化促使了乡镇农产品加工工业的发展，给农村居民带来了更多的非农就业机会；城镇化建设中对包括供水、供电、供气、交通、网络通信等大量基础设施建设的增加也提供了大量的就业岗位，并且伴随着城镇化发展，第三产业服务业的扩大为农村转移人口带来了丰富的就业选择机会。非农就业改变了农村转移劳动力（即从农村移居到城镇的居民）的收入性质，与转移之前的农业经营性收入相比，工资性收入的稳定性更高，收入水平有了显著提高。

根据绝对收入理论，居民的收入水平是绝对影响其消费水平的。在新型城镇化水平不断提高的过程中，居民收入水平会提高，从而居民消费水平也会提高。第二、第三产业在国内生产总值中所占比重的上升表明了我国城镇化建设中的产业结构升级，给农民提供了更多的非农就业

机会，改变了他们的收入来源结构，提高了工资性收入比重，这样一来，不仅是收入水平增长了，并且相对于过去单一的传统农业经营，收入可能会稳定很多。传统农业经营收入具有一定的不确定性，会受自然灾害和市场需求变动的影响；而工资性收入更加稳定，一旦用工合同签订，居民对未来的收入预期会相对乐观。生命周期理论指出，居民如果对未来收入预期比较乐观，就会减弱其储蓄动机而提高其消费欲望。预防性储蓄理论则进一步指出，当居民面临收入的不确定性较小时，收入预期一般会比较乐观，居民愿意减少储蓄，释放增加当期消费需求。

本书用工资性收入的提高和占比来代表产业结构中第二、第三产业的发展对农民收入的影响，并进一步分析第二、第三产业的发展与农村消费之间的关系。由图4-4可见，我国农民的工资性收入占比在波动中上升，而经营净收入占比则是在稳定下降。

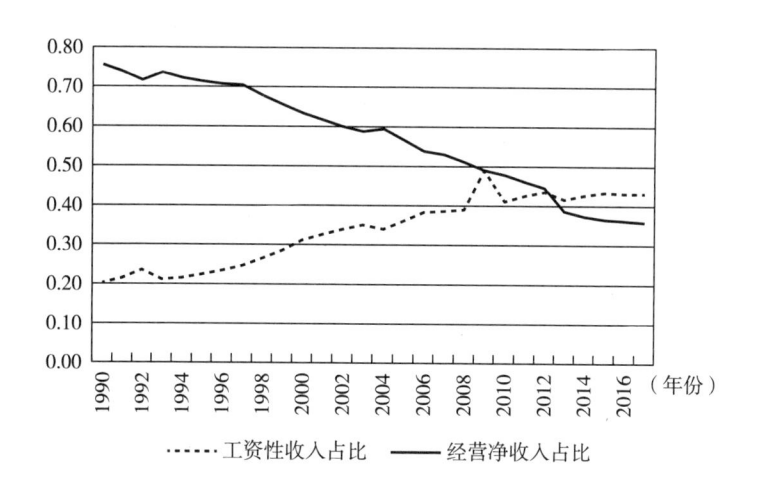

图4-4 中国农村居民历年工资性收入和经营性收入占比

资料来源：《中国农户统计年鉴》（1978—2018）历年中数据整理计算得出。

（1）农民收入结构分析——工资性收入与经营性收入的各自占比及比率分析。

下面再从农民工资性收入对经营净收入的比率来分析收入结构的变化。由于工资性收入是农民从事第二、第三产业带来的收入，经营净收入则主要是从事第一产业带来的收入，因此这一收入比率——收入结构同样可以反映农村第二、第三产业的发展状况，也就是农村的产业结构状态。

由图 4-4 和图 4-5 可以看到，1995 年的工资性收入仅占 22%，经营净收入占 77%，相差悬殊；到 2000 年，工资性收入占 31%，经营净收入占 63%，是工资性收入的两倍；2005 年的工资性收入占 36%，经营净收入占 57%，两种收入开始接近；到 2009 年，农民的工资性收入和经营净收入持平；而从 2013 年开始，农民的工资性收入大于经营净收入，并且其比率也保持上升的状态，成为主要收入来源。由图 4-5 也可以看到，在农民收入结构中，工资性收入对经营净收入的比率除了 2010 年的微幅波动回调，在其他年份都是稳步上升的，而且 2012 年后的上升斜率是最大的（2008 年和 2009 年的波动除外），这表明我国农村社会的第二、第三产业从 2012 年开始发展速度很快。

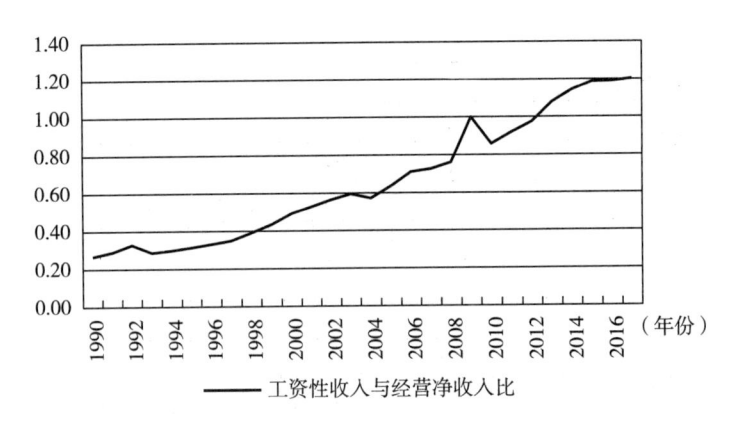

图 4-5　中国农民历年工资性收入与经营净收入比

资料来源：《中国农户统计年鉴》（1978—2018）历年中数据整理计算得出。

（2）工资性实际收入的增长率分析。

剔除价格因素，按 1985 年的价格水平对农村居民的实际收入进行平减，得到农民的实际收入，以此计算出农民工资性收入的实际收入的增长率，见图 4-6。

可见，农民实际工资性收入（以 1985 年的价格对名义收入进行平减）的增长率是比较高的，1996 年高达 18%，2009 年更是到达最高值 37%，除了少数年份，其增长速度基本上都是在 10% 左右徘徊。近二十年的平均增值是8%，对比同期的农民经营性收入的平均增值是3%。实际工资性收入增长速度是实际经营性收入的2.7倍。这些数据和结果都可以看到农村产业升级的成果。

图4-6 中国农民历年工资性实际收入增长率

资料来源：《中国农户统计年鉴》（1978—2018）历年中数据整理计算得出。

3. 新型城镇化中产业结构升级对农村消费总量的实证分析

农民工资性收入主要是从事第二、第三产业获得的收入，具体来说就是从乡镇企业和外出打工获得的收入；经营净收入则是从事第一产业——传统农业获得的收入。首先，从这两种不同来源的农民收入入手来分析产业结构升级对农村消费的影响。

（1）农民收入结构对消费总量的影响。①农民工资性收入和经营性收入分别对消费总量的影响分析和比较。

首先，先对两者与农村消费总量的相关性进行分析和对比。

表4-3 农民工资性收入和经营性收入分别与消费总量的相关性分析结果

	农村名义消费
经营性净收入（Pearson 相关性）	0.996**
工资性收入（Pearson 相关性）	0.987**

注：** 表示估计值在0.05的置信水平下显著异于零。

由 SPSS 分析结果可知，工资性收入和经营性收入与农村消费总量是正相关，相关系数都非常的高，但还是可以看到工资性收入与消费的相关系数（0.996）大于经营性收入与消费的相关系数（0.987）。工资性收入对消费正向影响比经营性收入对消费正向影响要大。

其次，对两者对消费支出的边际消费倾向分析与比较。

"绝对收入假说"的消费模型是：

$c_t = \beta_0 + \beta_1 \cdot y_t$

式中，c_t 是指农民第 t 期的消费金额；y_t 是指农民第 t 期的现金收入；β_1 就是边际消费倾向。

根据凯恩斯的绝对收入消费模型，现期消费与现期收入高度相关，此处根据这一传统消费理论分别去分析农村居民工资性收入和经营性收入的边际消费倾向。

表4-4　农村居民不同收入来源的边际消费倾向模型回归结果

回归方程：$c_t = \alpha_1 + \beta_1 \cdot y_t$				
收入类别	α_1	β_1	R^2	DW
经营性收入	1009.6 (16.67)	0.313 (28.12)***	0.973	1.71
工资性收入	-81.18 (1.740)	0.485 (49.9)***	0.998	1.86

注：括号内的数字在 OLS 估算中是 t 统计量。***表示估计值在 0.01 的置信水平下显著异于零。

从模型结果可以看到，农民经营性收入每增加一元，会增加 0.3 元的消费；工资性收入每增加一元，会增加 0.485 元的消费。工资性收入的边际消费倾向是大于经营性收入的。这也间接说明，第二、第三产业的发展对农村消费具有拉动作用，那么随着产业结构优化，第二、第三产业，特别是第三产业的增加，农民的工资性收入的增加，工资性收入又比传统的经营性收入的边际消费倾向消费更大，工资性收入对农民的消费拉动速度就会更快。

②工资性收入对经营净收入比对农民消费总量的影响分析。农民收入的主要来源是工资性收入和经营净收入，这两项收入的总和占总收入

的 90% 以上。工资性收入对经营净收入的比率可以代表农民的收入结构，也是第二、第三产业带来的收入与从事传统农业的收入比，我们用这一指标值来度量产业结构优化所带来的收入结构的变化。首先对工资性收入对经营净收入的比是第二、第三产业带来的收入与从事传统农业的收入比，我们用这一指标值来度量产业结构优化所带来的收入结构的变化。其次对工资性收入对经营净收入的比率与农村实际消费进行相关性的分析。

表 4-5　　农民工资性收入和经营性收入分别与消费总量的相关性分析结果

	农村实际消费
工资性收入与经营性净收入（Pearson 相关性）	0.950**

注：** 表示估计值在 0.05 的置信水平下显著异于零。

结果可见是正相关，这一比值越高，对农村消费的拉动也越高，而且相关系数是 0.95，表示高度相关，说明这一比值对农村消费总量的影响是很大的。也可以说，由产业升级所带来的农民收入结构的改变对农村消费有很大的正向影响力。下面就其具体的影响再进行线性回归分析。

设回归方程 $\ln c_t = \alpha_2 + \beta_2 \cdot yb_t$

表 4-6　　农村居民消费对收入比率的弹性模型回归结果

回归方程：$\ln c_t = \alpha_2 + \beta_2 \cdot yb_t$				
	α_2	β_2	R^2	DW
工资性收入对经营净收入的比率	6.35 (76.77)***	2.4 (26.98)***	0.96	1.45

注：括号内的数字在 OLS 估算中是 t 统计量。*** 表示估计值在 0.01 的置信水平下显著异于零。

结果可见，方程的拟合度较好，工资性收入对经营性收入的比率每上升 1 个百分点，消费总量会增加 2.4 个百分点（2.4%）。可见产业优化带来的收入结构的变化对农村消费是有拉动作用的。换句话说，产业结构的优化促进农村消费。

一般情况下，农民的生产经营性收入的不确定性要大于工资性收入。农业的性质决定了农业生产活动会受到当年自然环境的影响，在一定程度上，自然环境是不可控的；此外，农产品的销售情况还会受到市场的变化而变化，个体农民还缺乏对市场的准确预测。这样，自然风险和市场风险使农民的经营性收入具有一定的不确定性。而外出务工的农民，当和企业签订了劳动合约后，其工资性收入相对稳定。根据预防性储蓄假说，当居民面临的不确定性较小时，对未来会产生乐观预期，会做出增加当期消费，减少储蓄的行为。

并且，我国农民外出务工成员的收入一般被当作对家庭生产性经营收入的补充，这就打破了原来农村居民家庭收入单纯依靠和倚重家庭经营性收入、特别是农业生产收入的格局，农户收入中工资性收入占比的增加，会让农民对未来收入预期更加乐观，对农村消费的拉动程度可能会更为明显。

（2）新型城镇化中产业结构优化对农村消费影响的实证分析。

本书用产业结构指标（IS）衡量产业结构的升级程度。目前，多数学者在度量产业结构升级时，选择第二、第三产业生产总值占GDP比重，或是第三产业劳动人口占总的劳动人口的比重来作为产业结构的度量值。还有些学者，如杨琳、李建伟选取第二产业增加值和第三产业增加值与GDP的比来度量产业结构水平[①]。此处，本书采用传统指标，用第二、第三产业生产总值占GDP比重这一指标代表产业结构。

先检验产业结构与农村消费总量水平的相关性。得到结果如下：

表4-7　　　产业结构与农村消费总量水平的相关性分析结果

	农村消费对数
第二、第三产业占比对数（Pearson相关性）	0.932**

注：**表示估计值在0.05的置信水平上显著异于零。

---

① 杨琳、李建伟：《金融结构转变与实体经济结构升级》，《财贸经济》2002年第2期。

结果表明是显著正高度相关,在 0.01 的置信水平下相关系数是 0.932。

再设立如下回归模型:

$\ln c_t = \alpha + \beta \cdot \ln IS_t + \varepsilon$

式中,IS_t 是指第二、第三产业的比重,代表产业结构,c_t 是指农民消费水平。取对数让各指标平稳。

表 4-8　　　　产业结构与农村消费总量的回归结果

回归方程: $\ln c_t = \alpha + \beta \cdot \ln IS_t + \varepsilon$				
	α	β	R^2	D.W.
产业结构对农村消费的影响	-89.4 (9.4)***	21.46 (2.0)***	0.93	1.6

注:括号内的数字在OLS估算中是t统计量。***表示估计值在0.01的置信水平下显著异于零。

从表 4-3 可以看到,R^2 是 0.93,方程拟合度高,在 0.01 的置信水平上显著,产业升级对农村居民的消费总量的影响系数是 21.46,这个系数是比较高的,也就是说,第二、第三产业占 GDP 的比重每提高 1%,农村居民的消费总量就可以提高 21.46%,这表明产业升级对农村居民消费总量的促进作用是比较大和有效的。

城镇化,特别是新型城镇化建设中的内容之一就是城乡一体化发展,可以让城乡市场较好和较快地对接,推动乡镇的第二、第三产业和农业企业的发展。新型城镇化的建设会推动产业结构升级,进而提高农村居民的收入水平,扩大其消费需求。

(二)新型城镇化中产业结构升级对农村消费结构的影响

产业结构主要通过商品供给、就业结构来改变人们的消费结构,可以说是消费结构的外部环境,其通过生产、供给来影响和创造消费需求。

1. 新型城镇化中产业结构的变化对消费结构影响的理论分析

第一,产业结构通过商品供给的变化来影响消费结构

产业结构其实就是为市场上能够让居民自由购买的商品供给所提供

的生产和供给结构。在市场经济中,某些生产量小于消费需求时,供不应求的情况产生,产业结构对该商品的消费产生制约作用,会改变居民的消费结构;当新技术和新产品出现时,一旦消费都接受了新产品新技术,那么产业结构就实现了引导和创造需求,居民消费结构随之被改变。

第二,产业结构通过就业结构的变化来影响消费结构

只要社会经济中有消费需求约束的存在,产业结构就可以影响就业结构。一方面,在经济社会中,居民的经济收入及其对产品的偏好选择会决定生产企业对出售商品的生产决策。同时,产业部门的技术水平和其选择的产品决策又决定了该产业为社会提供的就业需求。在短期内,产业部门提供的商品种类、数量和技术水平不变,可能发生变化的只能是对商品的选择偏好和居民的消费能力。当产品的生产属于劳动密集型时,该类商品需求的增加,会造成该行业规模的扩大,就业机会增加,劳动力向该产业转移,居民的收入会增长,这会引起居民在选择商品档次和类型时发生变化,就会在长期内引起产业结构的变化,进而再次引起就业结构的变动。也就是说产业结构的变动,引起就业结构变动,进而通过居民收入水平的增加来提高其消费能力,进而改变消费结构,进而再去影响产业结构,形成良性循环。

在中国传统的二元城乡经济模式中,城镇居民和农村居民有着区别明显的消费模式。城镇居民工作时间固定,收入水平稳定,一般通过市场交换消费生活必需品,是典型的消费型生活方式;农村居民则在生活消费上倾向于自给自足型,只要是自己生产能自足的,比如粮食、蔬菜等都不会去市场购买。所以在城乡消费模式不同的情况下,新型城镇化把部分农村剩余劳动力转移到城镇,变成城镇人口,不仅是生活空间上的转变,也意味着改变这一部分人的消费模式,增加他们对生活必需品的消费。在城镇化建设过程中,转移人口的土地一部分被征用,一部分可能被自由流动承包给其他农户或农企,他们可能不会再参与传统农业种植与生产,而和城镇居民一样要通过市场交换来满足自己的生活需要,从而也会改变其消费结构。

2. 新型城镇化中产业结构的变化对消费结构影响的实证分析

首先分别对产业结构指标 IS(第二、第三产业在 GDP 中的占比)

与农村消费结构中八大消费项目的占比进行相关性检验。在 SPSS 统计软件中对产业结构与消费比重的相关性进行分析,结果整理如表 4–9 所示。

表 4–9　产业结构与农村居民消费占比的相关检验结果

相关性检验		食品	衣着	居住	家庭设备用品及服务	医疗保健	交通通信	文教娱乐用品及服务
产业升级（IS）	Pearson 相关性	-0.896**	0.432	0.856**	0.831**	0.947**	0.438	-0.337
	显著性（双侧）	0.000	0.073	0.000	0.000	0.000	0.690	0.172
	结论	强相关	相关性不显著	强相关	较强相关	强相关	相关性不显著	相关性不显著

注：** 表示在 0.05 的水平（双侧）下显著相关。

结果可以看到,产业结构的升级对农村消费结构中的食品消费占比、居住消费占比、家庭设备用品及服务占比、医疗保健占比是有影响的;而对消费结构中的衣着占比、交通通信占比、文教娱乐占比没有显著的相关性,也就是说影响不大。并且产业升级与食品支出比重是强负相关,也就是说,产业升级指数越高,食品占比越低;产业升级和其他三项是正相关,也就是说其影响是产业升级指数越高,居住消费占比、家庭设备用品及服务占比、医疗保健占比越高。

在产业升级有影响力的消费项目中,可以看到,产业升级对医疗支出占比的影响最大,相关系数为 0.947;其次是食品,相关系数为 -0.896;再次是居住支出比重,相关系数为 0.856;最后是家庭设备用品及服务占比,相关系数为 0.831。这和前文的分析基本一致,新型城镇化建设改变了农民的生产经营方式,由完全从事农业经营,到多数收入来源于第二、第三产业的工资性收入,不仅收入增加,让食品支出比重,也就是恩格尔系数下降,也带来居住需求及相应家庭设备用品支出的上升,并且农民也更加重视和愿意加大医疗上的支出比重。

对四个有显著相关的消费项目建立回归模型分析。

回归方程：$\ln c_{it} = \alpha + \beta \cdot \ln IS_t + \varepsilon$

式中，IS_t 是指第二、第三产业的比重，代表产业结构，c_{it} 是指农民对 i 类商品消费的消费水平。取对数让指标各平稳。

回归结果如下：

表4-10 产业结构与农村居民各消费项目的回归分析结果

$\ln c_{it} = \alpha + \beta \cdot \ln IS_t + \varepsilon$	α	β	t_α	t_β	R^2	F检验的P值
食品	256.12***	-2.51***	9.52	-8.05	0.89	0.000
居住	-68.65***	0.97***	-5.25	6.63	0.86	0.000
家庭设备用品及服务	-21.39***	0.30***	-4.82	5.97	0.83	0.000
医疗保健	-102.57***	1.26***	-10.81	10.85	0.95	0.000

注：*** 表示估计值在0.01的置信水平下显著异于零。t_α 表示 α 的检验 t 值，t_β 表示 β 的检验 t 值。

由结果可见，产业升级对食品消费的负向影响系数最大，产业升级后，农民收入水平提高，恩格尔系数随着收入水平的上升而下降；产业升级对医疗消费的正向回归系数（1.26）最大，产业升级对居住消费的正向回归系数（0.97）第二，家庭设备用品及服务消费正向回归系数（0.3）第三。第二、第三产业的比重值每多增长1%，医疗占消费支出的比重就增长1.26%，居住比重增长0.97%，家庭设备用品及服务占比增加0.3%。

产业升级对消费结构的影响结果可解释如下：产业升级意味着农民从事第二、第三产业的比重增加，农民离开农村土地，开始进入城镇从事第二、第三的产业，很大程度上需要在城镇中租房或购房；并且随着农民工资性收入的提高，以及从事农业生产的经营性收入的提高，农村居民对居住条件的消费需求也开始变大，产业升级对农村居民的居住消费影响较大就可以解释了。在新型城镇化过程中，进城农民开始在城镇定居，租房购房，除了居住需求满足之后，还必须相应地添置家庭设备，这也解释了产业升级对农村居民在家庭设备及服务上的消费支出因为产业升级而提高。食品和医疗保健消费支出占比也受产业升级的影响比较大，一方面由于产业升级带来农村居民收入的提高，食品的支出占比自然就减少，有钱去看病就医；另一方面也和城镇中的医疗水平和费用较高有关。

第二节　新型城镇化进程中消费环境优化与农村居民消费需求

对居民消费产生影响的重要因素之一是消费环境。消费环境是指消费者在生活和发展中所面对的，能对消费者产生一定影响的内在、外在的客观因素[①]。从社会宏观角度来说，它主要包括社会环境、自然环境、技术环境、文化环境和制度环境等[②]。农村居民居住的地理区域相对比较分散，村庄中的基础设施不够先进完善，对比城镇，农村地区的经济和社会发展程度都与城镇的环境水平有一定差距。在我国的新型城镇化建设过程中，随着城镇化水平的提高，城乡一体化的发展，城市和农村之间的差别在减小，沟通和联系在增强，推动农村消费环境的逐步改善，也增加了城乡居民的总体消费需求。因此，当前我国新型城镇化建设的稳步推进，正在逐步改善农村地区的基础设施和生活环境，也正在为农村居民的消费创造一个更好的消费环境。

一　新型城镇化与农村消费环境

城市区位理论指出，当城镇圈扩大，城镇的聚集效应就会作用明显，社会的经济活动会表现为高度的聚集性。而这种聚集性不仅能提高城镇居民生活和消费的方便性，更能辐射到城镇周边的农村地带，推动农村基础设施和公共服务设施的健全和完善，从而使"农村居民的消费成本在一定程度上下降"。王殿茹、赵欣勃也建立了一个包括城镇化水平、社会的物质基础设施、消费者信用水平在内的消费条件模型，得出的结论是社会基础设施的完善会促进消费的增长和消费结构的变化[③]。

弗里德曼对增长极理论进行了更深入的探讨，再对该理论延伸和拓

[①] 刘江：《中国消费环境对居民消费水平的影响》，《华东经济管理》2011 年第 25 期。
[②] 文启湘：《消费经济学》，西安交通大学出版社 2005 年版。
[③] 王殿茹、赵欣勃：《城镇化对河北省农村居民消费结构影响的实证分析》，《经济论坛》2014 年第 9 期。

展后提出了"中心外围理论"。该理论指出，城市中心的实力会因为极化效应而不断增强，进而可以对周边地区的经济发展起到支配作用；当城市化水平越来越高，城市中心的能量发展到一定程度时，就会逐步往外围区域扩张，产生扩散和辐射作用。城市作为一个地区范围的核心，在社会经济发展中处于主导地位，其影响力会辐射和扩散到周边郊区及农村，产生互相作用，进而可带动整个地区的协调发展。

新型城镇化的内涵中包括改善人民生活水平，健全和增加社会公共服务，完善各种基础设施，目的是让城镇的功能更健全，城镇化水平更高。在这个过程中，城乡消费环境的优化，会使居民的消费需求总量和消费结构发生变化。消费环境包括消费市场这一硬件环境和消费制度这个软环境。

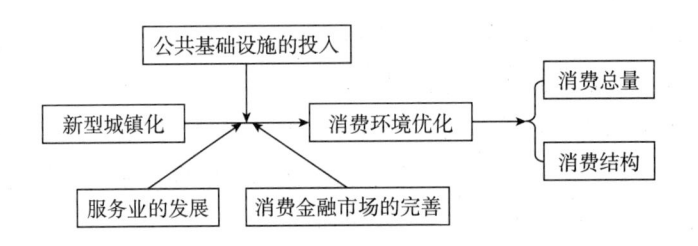

图4-7 新型城镇化中消费环境优化对农村消费影响路线

1. 新型城镇化中农村消费的硬件环境

对于农村消费的硬件环境，新型城镇化的建设过程会完善城乡的道路交通等基础设施，这不仅为新的商贸超市等购物中心在农村郊区的投资打好了基础，也营造了更好的市场环境，有助于商品在农村的流通变得更便利，降低商品流通成本和价格，促进农村消费增长。其中对农村居民消费环境和水平有最直接影响的就是农村基础设施建设。在新型城镇化进程中，建设完善农村生活性基础设施，是提高农民对相关商品消费需求的最直接因素。比如，电力设施的建设完善能够刺激农民对彩电、冰箱、电饭煲等家用电器的购买；通信设施的建设使农民的手机、电脑、平板等网络通信设备的需求大大提升；而随着小城镇的迅猛发展，乡镇中如果建立一些诸如商贸购物超市等的配套消费设施，为农村消费者提供这种舒适、安心、充满乐趣的消费场所，方便其消费购物，就会大大刺激农村居民的消费需求。

2. 新型城镇化中农村消费的软环境

在消费的软环境方面，包括农村居民在内的居民的文化素质、个性需求和品位也在城镇化发展过程中逐步提高和改变。市场行为的规范、市场秩序的维护也在城镇化建设中变得越来越好，乡镇服务业和金融业也在城镇化建设的推动下发展完善扩大，进一步促进了服务消费产品升级和信贷消费环境的提升，这些方面的改善和提高都使农村消费的软环境得到明显提升，对促进农村消费的效果也非常明显。

本书从消费环境中的基础设施、服务业的发展和金融消费环境三方面来分析消费环境对农村消费的影响。

二 新型城镇化进程中公共基础设施建设的投入与农村居民消费需求

城镇化建设会对农村的基础设施进行改造建设，基础设施的完善会带来居民消费的引致效应，一个具备完善而智慧的基础设施、发达的网络信息体系的城镇建设，对居民的消费环境优化有着重要的促进作用。樊纲、王小鲁对每个地区的供电设施和居民家用电器的消费情况进行了实证分析，发现两者具有相关性，供电条件的改善对居民消费家用电器具有促进作用，进而研究得出，公路高铁等交通和网络通信基础设施不健全是经济发展的制约因素，这些基础设施的完善发展，会带动居民消费行为的变化[①]。

目前，我国还存在许多农村落后地区道路公路不畅通，手机网络信号没有覆盖到，甚至在部分落后农村地区，自来水供应等基本基础设施都还不具备，这些地区的农民生活环境都非常原始，更谈不上消费环境的优化，他们的消费行为受到硬件环境的极大制约。随着新型城镇化建设的加强，国家对偏远地区、山区的公路、铁路等公共交通基础设施的重视，中小城镇和乡村中的通信网络、水、电、气等公共设施的逐步普及和完善，农村的消费环境也都会得到改善。基础设施建设既给农民消费商品提供了物质环境，又使农民的消费更加便利，降低了消费成本，进而提高了他们的消费需求。

---

① 樊纲、王小鲁：《消费条件模型和各地区消费条件指数》，《经济研究》2004年第5期。

城镇化建设一方面是通过改善农村的消费环境去扩大消费需求；另一方面则是通过农民移居到城镇，在城镇环境明显比农村更有利于居民消费的前提下，扩大农村居民的总体消费水平。当农村转移人口进入城镇生活，他们的生活空间和生活环境发生明显改变，城镇的消费环境相对更加舒适和完善，会刺激他们的消费需求。新型城镇化更加强调城镇的内涵发展，更加重视城镇管理水平的提升，生态环境的改善。特别是针对智慧城市的建设，其公共基础设施更加完善、信息化水平大大提升，这些都会提升居民消费的便利高效性，居民可以更方便、更轻松、更舒适地享受更多的优质商品。而且城镇中的商业购物类型丰富，自由竞争带来更好的消费服务水平，消费方式也越来越安全便捷，在这种新的消费环境刺激下，进入城镇的新市民的消费欲望可能比原市民更加强烈。

（一）新型城镇化中基础设施水平的提高对农村消费水平影响的理论分析

在基础设施建设方面，城镇化的发展扩大了公路、铁路公共交通范围、通信网络的覆盖及水电气等人民生活设施的普及，给扩大农村消费创造了条件。此外，还由于商业服务设施更加丰富、公共基础设施更加完善，其产生的规模效应降低了其边际成本，从而降低了农村居民的消费成本，刺激了消费热情。

1. 网络通信设施的完善与农村消费水平

随着国家对网络通信设施的完善升级和全面覆盖，农村居民也能便捷地获取消费信息，更理性地进行消费选择。网络购物和信用卡信贷消费在大城市早已成为主流的消费渠道和方式，随着网络通信设施向农村的普及和覆盖，公路铁路在边远农村地区的延伸，淘宝、京东等网上购物平台有了在农村推广的设施基础，同时也给物流业向农村发展创造了条件，这些都使农村居民的购物渠道得以拓宽，并有条件去模仿城镇居民的消费方式，促进农村消费在消费渠道和消费形式上的多样化，进而扩大农村消费。

通信网络和信息技术在农村的发展不仅拓宽了农民的消费渠道和方式，也使农村居民能够更方便快捷地接触到现代科学技术。这一方面有助于农民更快更好地发展农村的现代化经营，提高农业生产效率和农民收入，增加消费能力和消费需求；另一方面也使农村居民能享受到和城镇居民一样的信息资源，降低农民的信息搜索成本，高效率去搜寻到对他们的生产经营、农产品销售有用的信息资源，降低农业生产和销售的不确定性，进而减少收入的不确定性，扩大消费。此外，信息能在大城市、小城镇和农村自由传播和流动，消除了过去的信息不对称情况，降低了由于信息不对称所产生的城乡交换不等价，使农村和城市市场能够公平竞争，让农村居民能够和城镇居民享有平等的消费条件和价格，消除城乡的消费差异性，进而扩大农村消费。进城务工的农民，以及由城镇化中的农村转移人口新增的市民，通过城镇先进发达的信息环境和工具，也学会获取多元化的信息包括消费信息和生产信息，他们会把这种理念带回农村，促使农村的消费行为逐渐向城镇靠拢。

2. 农村道路交通设施的完善与农村消费水平

农村道路交通设施的建设是通过提升农村消费渠道和收入水平来影响、扩大农村居民消费需求的。

首先，农村道路交通设施的发展可以提高农民收入。第一，农村道路交通设施的建设可以使农民出行成本更低、更方便，农民能够更方便地进出乡镇和城市去寻找和获取从事第二、第三产业的工作机会，对农村居民工资性收入的增加有一定程度上的帮助，也促进了农村剩余劳动力向城镇转移。第二，农村道路交通设施建设可以降低农产品的交易成本和生产成本，由此提高农民的生产经营性收入。这是因为农村道路交通设施建设可以降低一些农业生产要素的运输成本，例如农药、种子、化肥等，因而降低农产品的生产成本；并且，农村道路交通设施建设也可以降低农产品的运输和储存成本；此外，农村道路交通设施建设得越好，农产品交易就变得越便捷，从而降低农民销售农产品的交易成本。

其次，农村道路交通设施建设能大大改善农村的消费环境。第一，农村道路交通设施的完善可以提高农民对小汽车、摩托车、农用车等交通工具的消费，农村道路交通设施不良好，"汽车下乡"自然就没有可行性。第二，农村道路交通设施建设能加大农民对城镇工业品商品的购买。一方面，网络购物已成为一种主流方式，如果道路交通设施没有建设好，就没有物流，农民就无法进行网购。另一方面，如果农村道路交通设施没有建设好，城镇的工业品商品也无法快速地进入农村消费市场。

3. 生活性基础设施的发展与农村消费水平

生活性基础设施的建设直接关乎农民的生活质量水平，与农民基本生活相关性最强。农村电力设施的健全可以提高农民对彩电、冰箱、电饭煲等家用设备的消费需求；而饮水设施的建设则能提高农民对洗衣机、抽水马桶等家庭设备用品的消费需求；农村通信网络设施决定了农民是否有条件使用手机、平板、电脑等信息通信设备。

（二）新型城镇化中基础设施水平的提高对农村消费影响的实证研究

从城镇基础设施和公共服务水平的发展来看，近二十年以来，伴随着城镇化建设的迅猛发展，中国城镇的基础设施建设和公共服务水平在不断进步中，城镇的功能性也在逐步升级。从2000年到2017年，我国城镇的用气普及率由45.4%上升至96.3%，每万人拥有公共交通车辆、人均城市道路面积、人均公园绿地面积分别由5.3%、6.1%、3.7%上升到14.7%、16.1%、14%。可见，城镇基础设施中的这些指标在这二十年来发生了很大的进步，城镇的建设水平和硬件设施在不断改善中。

本书在第三章中选取人均道路面积（平方米）、万人拥有公共汽车数（标台）、天然气用气普及率（%）、人均公园绿地面积这几个指标来综合度量城镇化中的基础设施水平这一指标，这样就把包括公路、交通、煤气等公共设施，即俗称的基础建设（physical infrastructure）都覆盖到了。此处使用第三章中的熵值法计算得出的基础设施评分值来进行实证研究。

1. 对消费总量的影响

首先还是用Pearson（皮尔逊）相关系数检验，也称皮尔逊积矩相关系数，对城镇化中的基础设施建设水平与农村居民的实际消费水平（农民年平均消费金融按1985年不变价格指数进行平减，除去价格因素的影响）的相关性进行检验。

检验结果显示，两者在0.01的置信水平下是中度相关的，相关系数是0.610。

表4–11　基础设施城镇化与农村消费总量水平的相关性分析结果

	农村实际消费水平
基础设施城镇化（Pearson 相关性）	0.610**

注：**表示估计值在0.05的置信水平下显著异于零。

下面建立方程，对基础设施建设水平对农村居民实际消费水平的影响进行回归分析。为了消除异方差的影响，改善数据的平衡性，以及更好地进行弹性分析，对上期人均消费水平等变量取对数，从而建立如下方程：

$$\ln c_t = \alpha + \beta \cdot \ln uf_t + \varepsilon$$

式中，$\ln c_t$是指第t年农村居民的实际消费水平的对数，$\ln uf_t$是指第t年城镇化中基础设施建设水平，ε是随机变量。

表4–12　基础设施水平对农村居民消费影响的回归分析结果

	回归方程：$\ln c_t = \alpha + \beta \cdot \ln uf_t + \varepsilon$			
	α	β	R^2	DW
基础设施水平对农村居民消费的影响	3.96 (5.05)***	1.92 (3.92)***	0.70	2.37

注：括号内的数字在OLS估算中是t统计量。***表示估计值在0.01的置信水平下显著异于零。

回归结果表明，回归方程成立，R^2的值是0.70，方程的拟合度不是那么高，但是可以接受，用来分析两者之间的关系，DW的值在2附近，所以序列不存在自相关，α、β的P值均通过检验。结果显示，β值为1.92，也就是说新型城镇化中的基础设施的综合指数每升高1%，农村平均消费水平就会增长1.92%，说明城镇化中的基础设施水平对农村居民消费的影响还是比较大的。

2. 对消费结构的影响

首先分别对基础设施综合指标与农村消费结构中八大消费项目的占比进行相关性检验。在SPSS统计软件中对新型城镇化中基础设施水平与消费比重的相关性进行分析，结果整理如表4–13所示。

表4-13 城镇基础设施水平与农村居民消费占比的相关性检验结果

相关性检验		食品	衣着	居住	家庭设备用品及服务	医疗保健	交通通信	文教娱乐用品及服务
基础设施	Pearson相关性	-0.651***	0.289	0.611***	0.546***	0.772***	0.536**	-0.48
	显著性（双侧）	0.03	0.245	0.007	0.019	0.000	0.022	0.152
	结论	相关	相关性不显著	相关	相关	相关	相关	相关性不显著

注：**和***分别表示估计值在0.05和0.01的置信水平上显著异于零。

结果显示，基础设施水平对农村居民的衣着和文教娱乐用品及服务的消费占比没有影响，不相关；基础设施水平对农村居民的食品、居住、家庭设备用品及服务、医疗保健、交通通信这六项消费占比是有影响的，但相关系数都小于0.8，大于0.5，属于中度相关范围，其中医疗保健支出占比的正相关系数（0.772）最大，其次是负相关系数的食品占比（-0.651），再次是居住占比（0.611）、家用设备及服务占比（0.546）、交通通信占比（0.536）。这和前面的理论分析的结果是一致的，不仅居住和医疗支出会随着城镇化水平提高而提高，消费环境、基础设施的完善，也对居民消费中的家用设备和交通通信的支出有着比较明显的影响。

下面，进一步对相关性较高的消费支出项目进行回归分析。

设立如下回归模型：

$$\ln c_{it} = \alpha + \beta \cdot \ln uf_t + \varepsilon$$

式中，$\ln c_{it}$是指第t年农村居民的第i项实际消费支出的对数，$\ln uf_t$是指第t年城镇化中基础设施建设水平，ε是随机变量。回归结果如下：

由表4-14的回归结果可以看到，方程的拟合度都不是很高，但是可以接受。结果显示，城镇化中基础设施的完善对食品消费的负向影响系数（-19.26）最大；对医疗消费的正向回归系数（10.84）最大，对居住的正向回归系数为7.32，交通通信为5.11，家用设备及服务为2.06。与前面的分析结果一致。

表4-14 城镇基础设施水平与农村居民各消费项目的回归分析结果

$\ln c_{it} = \alpha + \beta \cdot \ln u f_t + \varepsilon$	α	β	t_α	t_β	R^2	F检验的P值
食品	71.64***	-19.26***	8.96	-5.62	0.65	0.03
居住	4.47	7.32***	1.71	3.09	0.61	0.007
家庭设备用品及服务	1.82	2.06**	1.45	2.61	0.55	0.019
医疗保健	-7.32	10.84***	-2.06	4.87	0.72	0.000
交通通信	0.83	5.11**	0.26	2.54	0.54	0.022

注：**和***分别表示估计值在0.05和0.01的置信水平下显著异于零。t_α表示α的检验t值，t_β表示β的检验t值。

在城镇化过程中，基础设施的完善使农村居民的消费环境得到改善，农民转移成为新市民后，消费环境及生活空间也会改善很多，加大了他们对租房购房的需求。他们较过去能够更有条件去使用现代化的商品、能更便捷地在市场上购物消费。基础设施建设提供了更好的消费环境，为农村居民创造了更好的消费条件和消费机会，降低了交易成本，提高了消费效率，刺激了农村消费需求的提高，更是为当前家用耐用消费品、交通通信消费品在农村的普及升级创造了条件。

三 新型城镇化中消费金融市场的逐渐完善与农村居民消费需求

消费金融市场是消费环境的另一个维度，属于消费环境中的软件部分。金融中介理论中的Fisher分离理论提出，如果把消费信贷引入到消费函数中，会发现家庭消费储蓄数量的轨迹发生很大变化，而且这种变化具有帕累托最优的性质。金融机构如果在农村消费市场上能够为消费者提供信用卡分期付款、耐用品消费贷款这样的信贷金融产品，为农村地区提供消费金融服务，那么农村居民可用于当期消费的资金就会增加，在收入和消费倾向不变的情况下，就可以起到促进农村消费的作用。凯恩斯的经典消费理论已经指出，当可用于消费的金额被提高，消费水平就会提高。金融机构在农村消费市场上提供消费信贷服务，可以帮助农村居民的福利水平及总效应得到提高，消费软环境得到提升，进而促进农村居民消费水平的提高。

（一）新型城镇化中保险服务与收入的不确定性

在国家对新型城镇化建设的推进中，金融机构的服务范围开始逐渐向农村蔓延,其中农业保险业务是金融服务中针对农民生产和市场风险的一项金融服务。农村居民在从事农业生产时,对于自然灾害或意外事故的发生给农民带来的经济损失,保险公司会给予购买了农业保险的农民一定补偿。农业保险的发展可以缓解农村居民经营性收入的不确定性,能够在一定程度上保障其经营性收入,因此有助于提高他们的消费水平。

(二)城镇化进程中金融服务与农村消费需求

在现代城镇消费生活中,消费信贷已经非常普遍,信用卡消费成为大中城市居民普遍选择的一种消费方式。城市居民购房一定会申请贷款,甚至车贷、教育贷款、旅游贷款等。消费金融也是城镇化过程中消费环境发展的一项重要内容。随着我国城镇化建设的进一步推动,金融服务也开始向农村地区拓展,邮政银行、农业银行等在农村地区发行了邮政绿卡、惠农卡等可以支持消费信贷的银行卡;也为农民提供了扶贫贴息贷款、小额信用贷款,以及农村居民创业贷款等信贷产品。这些消费信贷服务在乡镇的推广,使农村的金融服务市场逐步完善,也给农民提供了了解和接受金融服务的机会,有助于农村居民去接受和享受农业保险、银行理财、消费信贷等金融服务,从而提高农村的整体消费水平。

当新型城镇化发展到一定程度,农村开始具备和城镇类似的良好的金融环境时,农村居民可以不再被流动性约束所制约,消费信贷产品既可以减少农村居民对储蓄的需求,也可以帮助农民进行跨期消费,对一些价格较高的家用设备,可以通过消费信贷服务来分期支付,这时,农村的消费需求就会被进一步扩大。特别是对于那些已经或准备转移到城镇生活的农村人口,有了消费信贷服务的支持,就可以更加方便地在城镇购房置业,提高生活水平和消费水平。

消费金融环境中的另一个内容就是农村支付结算环境。在城镇化建设中,商业金融机构在农村地区增加投放诸如 ATM、POS 机等的智能网点,推进支付收款二维码、微信和支付宝等新型电子结算方式在农村的普及,给农村居民营造一个具备便捷消费支付方式的消费环境,刺激农民消费需求的提高。在那些城镇化建设发展较好、较快的乡镇地区,新生代农民已经可以使用自助缴费系统、刷卡消费、手机银行、网上银行、微信支付、支付宝支付等先进的消费支付方式,其消费需求较之前有较大的提高，消费方式也更加多样化。

（三）城镇化进程中金融服务与农村居民消费观念

在城镇化发展的建设背景下，农村金融服务的健全和完善不仅能够从缓解农村居民的流动性约束方面扩大消费需求，还从心理层面改变了农村居民的消费观念，进而改变其消费习惯和消费方式，促进农村居民消费水平的提高和消费结构的升级。在新型城镇化建设中，金融机构开始在农村市场提供和扩大金融服务，对农村居民普及和宣传一些相关金融知识，通过微信、手机APP、手机银行等多位一体的推广宣传，帮助农村居民了解和申请一些符合其自身情况的理财和生产、消费贷款等金融产品，也让他们对金融理财、信用卡、分期付款和消费信贷逐步熟悉，改变原有农村落后的消费观念和消费习惯，使农民愿意适度贷款消费，进而达到提升农村消费需求和结构的目的。

四 新型城镇化中服务业的发展与农村居民消费需求

在农村消费环境中，服务业的发展无疑会促进消费环境硬件和软件两方面的发展。首先，城镇化的集聚效应，城乡一体化建设让服务商铺的数量变多，乡镇中各种商业连锁店、购物超市、购物商场、品牌专营店等开始往农村地区渗透，一些农村地区开始有了中小型便民超市。从消费硬环境来看，丰富了农民购物的消费场所设施；从消费的软环境来说，更多更好更新的商品面对了农村市场，让农村居民选择更多，更容易引起消费欲望，扩大消费需求。

城镇化建设促进了服务业中包括商业零售、餐饮、信息业、文化娱乐业等多种行业的发展和升级，给城镇人民带来更多更好的服务产品，也会带动城镇新市民和剩余农村居民的消费需求。

第三节 新型城镇化进程中社会保障服务与农村居民消费需求

新型城镇化建设的原则之一是"以人为核心，公平共享"。按照这一指导原则来建设城镇化，自然会促进城乡公共服务水平和效率的提高，以及城乡社会保障制度的完善，这对降低居民未来收入和支出的不确定性，促进居民消费水平的提高有着很大的作用。

我国政府定义的新型城镇化是"以人为本"的城镇化，之所以称为"新型"，是因为该概念被提出的时候正是我国城镇化发展出现问题的时候，当时出现了城镇公共服务供应与城镇人口增速不匹配的情况，城镇的公共服务无法满足日益增多的城镇人口的要求，城镇的新建城区面积扩大了，人口增长了，但是公共服务却跟不上。为了解决城镇化中出现的以"城市病"为代表的一系列问题，政府提出了城镇化建设必须走"新型城镇化建设"的道路，在土地城镇化、人口城镇化建设的同时，公共服务必须跟上去，必须为城镇中的新老市民提供完善充足的社会保障服务，增加居民生活的安全感，从而扩大其消费需求。

预防性储蓄假说指出，当消费者感觉到未来的不确定性时，理性人都会选择规避风险，增大其储蓄比例去降低未来的不确定性感受。这一理论也被我国学术界广泛应用，去解释为什么我国一直存在高储蓄现象，而西方则一直被高消费现象困扰。自中华人民共和国成立后开始形成的经济发展模式也使我国的社会保障制度存在一定的缺陷，特别是中国农村，在二十年前，社会保障服务几乎完全缺失。而现阶段的新型城镇化建设则强调社会公平，重视城乡一体化协调发展。在新型城镇化的建设过程中，城乡的社会保障服务体系的完善都是政府的工作重点，而完善的社会保障服务体系会大大提高我国城乡居民的生活安全感，因此也会对促进居民消费起到很大的推动作用。

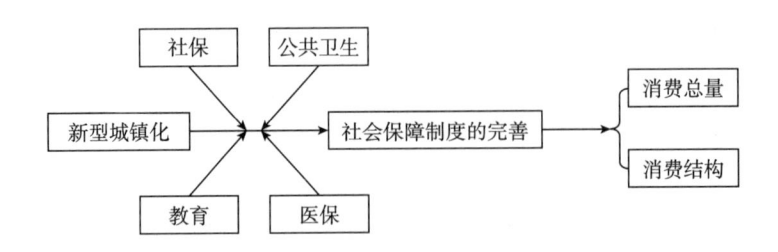

图4-8 新型城镇化中社会福利保障制度对农村消费的影响路线

一 新型城镇化与农村居民社会福利

通过新型城镇化的建设，破除城乡二元经济体系，协调城乡一体化发展，是我国新型城镇化战略的重要目标之一，尤其是要建设与完善农村的社会保障体系，逐步缩小与城镇的差距。

我国当前的新型城镇化建设，是在对现有的行政管理、户籍管理、社会保障体系等进行一系列改革下的城镇化建设，是实现城乡一体化、城乡良好互动发展的城镇化。在这个建设过程中，乡镇的发展和建设是其中的关键部分，最终的建设成果将是形成以城带乡、以乡促城的发展模式，彻底改变过去中国城乡二元经济体系，实现全方位的城乡一体化发展。农村在城镇化建设中也会健全完善与城镇相近的农村最低生活保障制度、农村养老保险制度、农村医疗保险制度等基本社会福利和社会保障体系，使农村居民消除对未来生活的不确定性感受，能够大胆消费。

在新型城镇化建设中，政府也特别关注农民工群体，尽管他们实际居住在城镇，但户籍仍属于农村原籍，通过制定相应的过渡性社会保障和公共福利政策去保障他们的生活，有助于他们快速融入城镇，使他们的社会和职业身份更好地得到中国社会的认同，逐步形成与城镇居民相同的消费理念和消费方式，扩大他们的消费需求。

在新型城镇化进程中，部分农村剩余劳动力转移到城镇，成为新市民。城镇为这部分人口不仅可以提供生产效率更高的非农岗位，使他们达到更高的收入水平，而且还能提供相对于农村更加优良的社会保障和社会福利服务，新市民可以享受到城镇养老保险、失业保险、医疗保险等社会保障服务。同时，城镇的医疗卫生公共服务水平和教育水平也相对较高。因此，城镇化一方面让新市民享受到城镇较好的社保体系，降低了生活的不安全感；另一方面又提供了较优的公共医疗和教育条件，促进这部分新市民在这两方面提升其消费水平。

本书第三章用社会服务城镇化这一指标来描述城镇化中公共社会保障服务的有效供给水平。表4-15是公共社会保障服务与人口城镇化综合指数的相关性分析结果。

表4-15结果表明，在农村人口不断向城镇转移的过程中，公共社会保障服务水平与人口城镇化的水平有着很强的正相关性，相关系数是0.975。也就是说，在农村人口向城镇转移的过程中，城镇的社会公共保障服务水平也相应地在提高和改善。

表4-15 社会服务城镇化与人口城镇化水平的相关性分析结果

	人口城镇化综合指数
社会服务城镇化（Pearson 相关性）	0.975 **

注：** 表示估计值在 0.05 的置信水平下显著异于零。

二 社会福利水平对农村居民消费影响的内在机理

（一）社会福利水平与农民消费的不确定性

预防性储蓄假说指出，当消费者感觉到未来的不确定性时，理性人会选择规避风险，同时会增大其储蓄比例去降低未来的不确定性感受。在中华人民共和国成立初期，我国农村社会保障体制相对缺乏，农民的收入来源主要是家庭农业经营性收入，收入水平由于受到自然风险和市场供需波动的影响而不太稳定，在这种情况下，农民唯有选择多储蓄，减少当期基本消费去获得安全感，因此农村居民的消费欲望也一直处于被抑制的状态。此外，传统农民家庭一直传承着保守的消费思想，奉行量入为出，偏重储蓄以备未来的养老、医疗、子女教育等的支出，更是倾向于积攒财富，留给下一代建房娶妻生子，而不是选择当期消费去改善当下的家庭生活条件。受这种传统的崇尚节俭的思想的影响，我国农村的边际消费倾向一直不高。

如果农村的社会保障体系健全，公共品供给充足，一方面，政府对农村居民的实际收入给予补贴，提高农村居民的生活水平，在农村居民的消费支出上帮助分担其未来养老、医疗、教育的大额支出，降低农村居民未来的支出压力和不确定性；另一方面，农村健全的社会保障制度可以降低农民对未来风险的防范心理，在心理上降低农民的不安全感，提升对未来收入的乐观预期，这样就可以产生农村储蓄的替代效应，有效地促进农村居民释放消费欲望，提高消费水平。

（二）农村社会福利水平与农村消费的提高

人社部在 2019 年 6 月公布了《2018 年度人力资源和社会保障事业发展统计公报》，统计了在 2018 年度社会基本养老保险、失业保险、工伤保险这三项社会保险基金的支出金额总数为 49208 亿元，其中，社会基本养老保险的支出金额总数为 47550 亿元。三险的支出金额总数对比 2017 年，增幅为 17.2%，对比 2016 年，支出总额更是增加了近 40%。

这几项统计数据显示了中国的社会保障事业发展迅速，保障水平每年都在提升。

在新型城镇化进程中，政府对农村提供了多方位的公共品供给，能够直接对农民收入进行补贴。举例来说，新型农村合作医疗制度是对农村居民提供的一项医疗保障服务，政府每年对农民的人均医疗费用的补助是380元，大病住院后的报销比例是住院费用的75%，也就是说农民大病住院，个人只需要出1/4的医疗费，其余全部由国家补助支付。并且在新农合医疗制度的缴纳费用中，农民个人只占很小一部分，大部分缴纳费用由政府和集体多方出资。国家、省、市、县政府按实际参保人数给予农民每人医疗补助，大部分地区的财政补助更是上涨到每人500元以上，间接地增加了农村居民收入。

新型农村社会养老保险制度是国家近年在农村实行的以保障农村居民年老后的基本收入的养老保险制度，这是政府取消农业税，实行农村新农合政策后的又一个重大的农村社会保障制度，同样也是个人、集体、政府三方出资的筹资方法，由国家财政进行补贴，使农民在60岁丧失劳动能力后，能够享受到每月至少55元的基础养老金。

在我国农村，国家还实行了《农村五保供养工作条例》，规定当地政府和集体对老年、残疾、无劳动能力等农村居民给予基本日常生活的照顾和物质资助。

在城镇化建设中，政府还把农村义务教育纳入到国家的公共财政范围，其保障制度主要是从免除农村居民子女义务教育的学杂费入手，着力于减轻农村家庭所面临的子女教育的压力包括教育消费支出。

综上所述，在当前的新型城镇化建设中，政府正逐渐加大公共品供给对农村的投放，逐步健全完善农村的社会福利和社会保障体系，对农民从收入上进行补贴，从消费上进行补偿，从而促进城乡一体化的发展，提高农村居民的消费水平。

三　新型城镇化中社会福利的完善与农村消费水平的实证研究

（一）社会福利的完善对消费总量的影响

1. 指标选择

本小结主要探讨城镇化中的社会福利水平对农村消费的影响，此处的实证分析选取社会福利水平作为自变量，农村居民人均年消费金额为因变量。

在第三章对新型城镇化度量的讨论中,已经指出新型城镇化的建设更加注重公平,与我国前期的传统城镇化不同,新型城镇化建设中的公共服务和社会保障更加健全,社会保障覆盖面更广,进城农民对生活的安全感更足,真正成为城市的主人,减少了未来的不确定性。因此选取下列指标来综合度量新型城镇化中的社会福利水平:社会医疗保险参保比率、社会基本养老保险参保比率、每万人拥有医师数(人)、平均每万人大学生在校人数。

相关指数的计算仍采用综合指数法,首先统计各项指标值,进行标准化后,通过熵值法对各指标赋予权重,再加权计算总分,其计算公式为:$W_t = w_{1t} + w_{2t} + w_{3t} + w_{4t}$。

按熵值法计算得出的各指标所占权重如表4-16所示(计算方法参见第三章)。

表4-16　　　　　　　社会公共服务各指标所占权重

社会服务城镇化	平均每万人大学生在校人数	0.194803
	平均每千人拥有医师数	0.254149
	社会基本养老保险参保比	0.301036
	社会医疗保险参保比	0.250011

社会保障服务水平用us_t表示,用us_{1t}表示养老保险参保率、us_{2t}表示医疗保险参保率、us_{3t}表示平均每千人拥有医师数、us_{4t}表示平均每万人大学生在校人数。

得出:

$us_t = 0.30\ us_{1t} + 0.25\ us_{2t} + 0.25\ us_{3t} + 0.20\ us_{4t}$

2. 相关性检验

社会服务城镇化水平与农民实际消费水平的相关性检验结果显示,社会公共服务水平与农村居民实际消费水平在0.01的置信水平下是正向高度相关的,相关系数是0.983,表明社会公共服务水平对农村居民消费的正向影响是极大的。

表 4-17　　社会服务城镇化水平与农民实际消费水平的
相关性分析结果

	农民实际消费水平
社会服务城镇化（Pearson 相关性）	0.993**

注：**表示估计值在 0.05 的置信水平下显著异于零。

3. 回归模型分析

为研究农村福利水平对农村消费的影响，选取农村居民人均消费水平 C 为因变量，资料来源于《中国统计年鉴》，考虑到价格因素的影响，对指标进行指数平减，并取对数使数据更平稳，消除异方差。取计算出的社会福利水平综合分值为自变量，取对数使数据更平稳。

首先注意到社会福利总体水平所包含的社会保障、基础教育、公共卫生均对农村消费有正向影响。在设计这一回归模型时，发现有些学者将收入也作为自变量放入回归模型中，进行多元线性分析；但是本书认为，收入本身就会因为社会福利的变化而变化（在本节第一、第二部分已论述），而且解释变量间存在自相关，会导致方程的检验 P 值也通不过，所以本书认为采用简单的回归模型来考察社会福利总体水平对消费的影响较为合理。

① $\ln c_t = \alpha + \beta \cdot \ln us_t + \varepsilon$

式中，其中 $\ln c_t$ 是指第 t 年农村居民的实际消费支出的对数，$\ln us_t$ 是指第 t 年城镇化中社保福利水平，ε 是随机变量。

表 4-18　　　　社会福利对农村消费的回归分析结果

回归方程：$\ln c_t = \alpha + \beta \cdot \ln us_t + \varepsilon$			
	α	β	R^2	DW
社会福利对农村消费的影响	6.17 (296.43)***	2.27 (46.27)***	0.996	1.56

注：括号内的数字在 OLS 估算中是 t 统计量。***表示估计值在 0.01 的置信水平下显著异于零。

由表 4-18 可知，回归方程的 R^2 是 0.996，拟合度高，回归系数 β

是2.27，表明社保福利水平对农村消费总量有着正向的影响，使用本书设定的福利指标体系计算，福利指标每提高1%，农村消费水平增长2.27%。

②分别考察城镇化中的社会保障、医疗保障、基础教育、公共卫生对农村消费总量的影响。

表4-19　社会福利中各成分对农村消费水平的回归分析结果

回归方程：$lnc_t = \alpha + \beta \cdot lnus_{it} + \varepsilon$

	α	β	R^2	DW
养老保险参保率	9.74 (296.43)***	2.74 (46.27)***	0.989	1.571
医疗保险参保率	7.58 (116.17)***	0.67 (11.65)***	0.894	1.47
平均每千人拥有医师数	4.41 (36.58)***	2.48 (21.76)***	0.967	1.76
平均每万人大学生在校人数	2.01 (3.06)***	1.01 (7.37)***	0.773	1.16

注：括号内的数字在OLS估算中是t统计量。***表示估计值在0.01的置信水平下显著异于零。

按影响系数的大小排序依次为养老保险参保率、平均每千人拥有医师数、平均每万人大学生在校人数、医疗保险参保率每增加1%，农村居民人均消费分别增长2.74%、2.48%、1.01%和0.67%。实证结果并结合我国农村发展的现实情况，城镇化中的社会养老保障水平、公共卫生服务水平和基础教育投入水平对拉动农村居民的消费都是有效的，因此政府应该着重建设改善这些社会保障福利体系制度。

（二）对消费结构的影响

1. 相关性检验

首先分别对社会福利总体水平与农村消费结构中八大消费项目的占比进行相关性检验。在SPSS统计软件中对新型城镇化中社会福利总体水平与消费比重的相关性进行分析，结果整理如表4-20所示。

表4-20　社会福利水平与农村居民消费占比的相关检验结果

相关性检验		食品	衣着	居住	家庭设备用品及服务	医疗保健	交通通信	文教娱乐用品及服务
社会服务	Pearson 相关性	-0.971***	0.396	0.912***	0.943***	0.926***	0.329	-0.108
	显著性（双侧）	0.000	0.103	0.000	0.000	0.000	0.183	0.668
	结论	相关	相关性不显著	相关	相关	相关	相关性不显著	相关性不显著

注：括号内的数字在 OLS 估算中是 t 统计量。*** 表示估计值在 0.01 的置信水平下显著异于零。

由表4-20表明，居住、家用设备及服务、医疗保健支出占比的正相关系数都大于0.9，属于强相关；食品占比的负相关系数是-0.971，最大。社会福利与农村居民的衣着、交通通信、文教娱乐用品及服务的支出占比不相关。

2. 回归模型分析

$\ln c_t = \alpha + \beta \cdot \ln u s_t + \varepsilon$

式中，$\ln c_{it}$ 是指第 t 年农村居民的第 i 项实际消费支出的对数，$\ln u s_t$ 是指第 t 年城镇化中社保福利水平，ε 是随机变量。

对在消费结构中具有相关性的四种消费进行回归分析，得到以下结果，如表4-21所示：

表4-21　社会福利水平与农村居民消费占比的回归分析结果

$\ln c_t = \alpha + \beta \cdot \ln u s_t + \varepsilon$	α	β	t_α	t_β	R^2	F检验的P值
食品	65.24***	-16.37***	42.84	-16.20	0.94	0.000
居住	8.90***	6.23***	8.44	8.89	0.83	0.000
家用设备及服务	2.10***	2.03***	7.75	11.29	0.89	0.000
医疗保健	-1.06	7.04***	-0.94	9.82	0.86	0.000

注：*** 表示估计值在 0.01 的置信水平下显著异于零。t_α 表示 α 的检验 t 值，t_β 表示 β 的检验 t 值。

方程的拟合度都还可以，R^2的值都大于0.8，结果可见，城镇化中社会福利的完善对农民食品消费的负向影响系数（-16.37）最大；对医疗消费的正向回归系数（7.04）最大，其次是居住的正向回归系数（6.23）和家庭设备用品及服务消费回归系数（2.03）。结果表明，社会福利的完善有助于农民重视医疗支出和改善居住生活环境，对刺激医疗支出、住房支出及家庭设备用品的影响是明显有效的。

第四节 新型城镇化进程中城市居民消费示范效应与农村居民消费需求

在我国的社会经济发展过程中，消费的示范效应是经济转型时期比较容易发生的一种消费现象。这是因为我国以往的经济模式是二元经济结构，城乡差距较大。而在城镇化建设发展之后，政府坚持城乡一体化建设，对农村的建设和发展进行了多方位的支持，城乡在包括基础设施、公共社保服务、居民收入等在内的各方面差距在逐步减少，政府正致力于把中国社会从过去的二元经济向一元经济转变，在这种背景下，城镇对农村居民的消费示范效应正在发生，农村居民在城镇消费的引领下，其消费水平和消费结构都在提高。

在城镇化，特别是现阶段新型城镇化的进程中，部分农村人口转移到城镇居住，转变为城镇新市民，这不仅只是居住生活空间的变化，他们的工作生活方式、社会氛围和行为准则、心理状态都发生了很大的变化。在这个转变过程中，只有新市民在行为和心理上完全融入城镇生活，才能是真正意义上的新市民，伴随其中的，是他们的消费行为和消费方式也会受到城镇居民消费示范效应的作用，逐渐向城镇居民靠拢。相对于农村居民，过去的城镇居民生活条件和收入优于农村居民，他们的消费习惯和消费方式会被新市民们模仿，并且由于城镇本身的聚集效应，使城镇有着更好的消费环境、更畅通的营销销售信息网络；有舒适便捷、多样化的购物中心；有更加丰富而优质的、包括服务在内的产品供选择；甚至有更方便的消费支付方式，这些消费环境上的优势使农村居民更容易受到城镇消费示范的影响，其消费需求也因此进一步提高升级，消费习惯、消费方式都在发生变化，逐步和城镇居民一致，消费水平也在这个过程中提高。而且新市民这个群体并未和农村脱离关系,他们的亲戚朋友还在农村,他们的社会关系和交际范围也在农村,所以他们变化后的消费行为和消费方式也会进一步传导、影响到农村,从而形成对整个农村居民的消费示范效应[①]。

此外,城镇化中的消费示范效应不仅是影响了农村居民的消费方式和水平,对他们的消费心理和消费文化也产生了影响。过去的农村,受中国传统文化的影响,崇尚节俭,节俭是农村消费文化中的重要思想。而现代中国,特别在大中城市中,政府常常鼓励刺激人民多消费,鼓励正常消费,重视人文精神文化的消费,发展型和享受型消费。这对农村居民的消费观也是一个冲击,农村居民也开始接受这种消费观,在收入范围内,释放自己的消费欲望,愿意去消费一些文化精神、发展享受型的产品或服务。还有城镇中的信贷消费等,这些新的消费观念正在由城镇传导到农村,影响着新生代的农村居民。

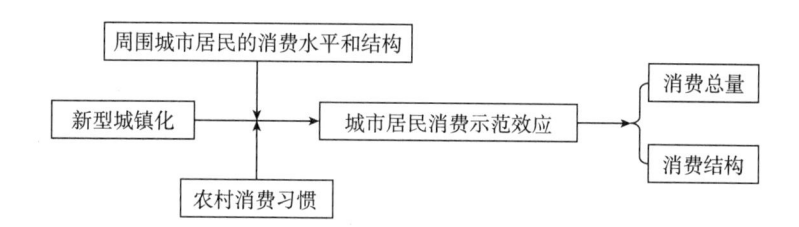

图 4-9 新型城镇化中城镇居民消费示范效应对农村消费影响路线

一 示范效应的理论基础

在社会范畴中,人具有群体属性,个体的行为会在社会群体间相互影响和作用,个体的行为会受周围群体其他人的影响,也会去影响其他人的行为,这就是示范效应,这个概念涉及了很多交叉学科,包括社会学、心理学和经济学。消费的示范效应,指的是个体的消费行为是受周围群体的消费行为影响的。在城镇化进程中,农村居民的消费行为因为周围城镇居民的消费行为的影响,会模仿或跟随城镇居民的消费行为。

---

① 廖直东:《进城时长、示范效应与乡城移民家庭消费结构》,《财经理论研究》2014年第1期。

与消费示范效应相应的经济学名词有跟风消费、攀比消费、炫耀消费等。

杜森贝利（Duesenberry）的"相对收入假说"理论指出，居民的消费有"棘轮效应"（Ratchet Effect）和示范效应（Demonstration Effect），居民的消费水平除了与自己的当期收入有关，也与自己原来的消费水平、周围其他人的消费水平有关。居民的消费行为是会受到周围人的消费行为影响的，具有攀比性[1]。消费者都是生活在一定社会环境中的社会人，他的消费行为会受到生活和工作中的相关群体的消费行为的影响，会自觉地向其他大多数人的消费方式靠拢。此外，他的消费水平还受到自己当前收入水平和之前消费水平的影响，即期收入增加时，消费者很容易增加消费，而即期收入减少后，却由于消费行为的惯性，会倾向于保持原有消费水平，不太容易降低当期消费水平。Abel（1990）首次在研究中把消费的示范效应和"棘轮效应"引入在效用函数中，并且把示范应称为"Catching up with the Joneses"（赶上邻居家）[2]。

凡勃仑在《有闲阶级论》这本书中指出，炫耀消费是人在社会中由于心理因素做出的消费选择，消费者消费往往不只是为满足自身的生存和生活需要，而是希望通过消费来展示自己的社会经济地位。人的消费是一种心理满足，是实现自己社会地位的一种方式。

二　城镇居民消费示范效应的作用机理

在我国传统的二元经济模式下，户籍制度将城镇和农村居民隔离起来，并在社会福利保障体制上区别对待。过去的城镇和农村有很大的不同，居民的生活方式和形态的差异性非常大，消费水平和结构也是完全不一样的。市场经济体制建立后，城镇居民的生活条件和收入水平在市场经济中迅速提高，而农村的发展却比较迟缓，使城乡差距在这个过程中进一步加大，城乡生活和消费水平的差距也越来越大。在我国经济发展到新的阶段，城镇化建设开始后，城镇的建设和发展给农村剩余劳动

---

[1] Duesenberry, J. S., *Income, Saving, and the Theory of Consumer Behavior*, Cambridge: Harvard University Press, 1949.

[2] Abel, A. B., "Asset Prices under Habit Formation and Catching up with the Joneses", *American Economic Review*, 1990, 80 (2): 38-42.

力更多的就业机会，让部分进城务工的农民收入上升，农民工的数量也急增，已经过亿。而当下的新型城镇化建设的核心是人的城镇化，是城乡一体化的城镇化，部分农村人口已经转移成为新市民。这些进城农民，他们的消费习惯、消费方式也发生了巨大变化，一方面，受城镇示范效应的影响，模仿城镇居民的消费方式，拉近与城镇的消费水平；另一方面，他们中的大多数都是在城乡之间流动，亲友家人可能也还居住在农村，他们的生活消费习惯还是受固有的农村消费习惯的惯性影响，所以他们的消费行为会同时具备城镇与农村两种消费行为的特征。因此，在城镇化建设的背景下，中国农村正经历着快速发展变革，农民的消费行为也正在发生着巨大的转变。

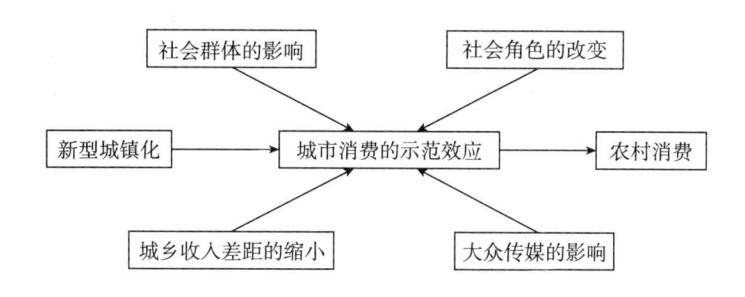

图 4-10 城镇居民消费示范效应作用机理

（一）社会群体的影响

1. 城镇居民对农民工的消费的示范效应

在中国社会中，还存在一部分特殊群体，他们游走在城镇与农村之间，农忙时回家帮忙务农，农闲时在城镇中打工，这部分群体既没有被市民化，转变成城镇人口，也不是严格意义上的农村居民，而是"农民工"群体。按照国家统计局抽样调查的结果，中国的农民工数量在2016年已经高达2.82亿人，其中往返于城乡间的"候鸟"群体也有1.69亿。这些农民工群体每年有大量的时间在城镇工作生活消费，他们自然会受到周围城镇居民消费行为的影响，使他们的消费方式、消费习惯和消费心理发生变化，并且在他们回到乡村生活的时候，再将城镇中形成的这种新的消费模式传导给乡村中的亲友，从而带动整个农村消费观的变化。

农民工群体也是我国经济转型和发展过程中形成的特殊群体。中国过去的二元经济模式将城镇居民与农村居民分离起来，在社会基础设施、福利保障上都区别对待，但是中国经济的发展和产业升级需要大量的产业工人和劳动力，特别是近年来的城镇化建设，更是对包括建筑工人等在内的劳动力需求大大增加，而中国农村又存在人多地少、产业经营效率低、收入水平不高的现象，农村剩余劳动力自然为了寻求非农收入和更高收入来到城镇务工，他们也正好满足了现代城镇在新型工业、服务业、建筑业、物流业等对大量而低技术含量劳动力的需求，出现了近年来农民工数量激增的现象。

这部分群体具有明显的自身特征。据相关统计资料显示，这部分群体年龄多为40岁不到的青壮年，他们年富力强，头脑活络，对新鲜事物充满了好奇，愿意去尝试和接受新东西，对美好生活有一定的向往与追求，他们的消费行为、消费观念更容易受到周围城镇社会消费群体的影响。

近年来我国新型城镇化发展迅速，城镇中很多新型的消费观念也在和农村社会传统的消费心理发生碰撞。这部分长期在城镇打工生活、思想又活络的农民工群体很容易在消费观念上逐步被城镇居民的前卫消费观影响、同化。并且，传统农村农民的收入是生产经营性收入，而现在他们的收入主要是务工的工资性收入，生活消费的地理空间也由农村转变到城镇，甚至是大中型城市，他们的消费选择也变得更加丰富。他们的工作和生活自然会和城镇居民发生互动，并受到城镇居民消费理念和消费方式的影响，消费行为逐渐趋同，这也就是城镇居民对农民工的消费示范效应的具体表现。

2. 城镇居民对农村居民的消费的示范效应

城镇居民对居住生活在农村的居民所产生的消费示范效应，是通过城镇中的农村新市民和农民工传导的。前文已述，在城镇化建设中，转移到城镇的农村人口转变为城镇新市民，以及在城镇与农村之间流动的农民工群体，他们都会受到城镇消费示范作用的影响，在消费观念和消费行为上发生变化，这些转变通过他们和农村的社会关系，进一步对他们生活在乡间的亲友产生示范效应。无论是新市民，还是农民工，他们的主要社会关系和社交网仍然在原来的农村居住地，依旧会频繁地与生活在农村的亲友进行联系和交往。在这些社会交际过程中，他们的生活方式与消费行为会对农村亲友产生影响，农村居民之间也会传递城镇中的亲友的消费观念和消费方式，进而相互影响，形成示范效应。

特别是在农村社会，家庭与家庭之间的往来非常频繁，对亲缘关系看得比较重，因此各亲戚家庭间的影响也比较大，并且有相互模仿和攀比的社会风气，这样一来，以转移到城镇中的新市民和在城镇工作的农民工为媒介，城镇居民对农村居民可以起到消费示范作用。

(二) 社会角色的改变——城镇新市民

在我国城镇化的过程中，城镇居民会对农村居民产生消费示范效应。在城镇化的过程中，一部分农村人口转移到城镇，成为城镇新市民，并且选择长期居住在城镇，在市民化的过程中，这部分转移人口的社会身份由农村居民转化成城镇居民，其生产生活方式、社会心理都发生了巨大变化，受到城镇社会的影响。他们会自然地模仿城镇居民的生活方式，其中就包括消费内容、消费方式、消费习惯等，希望其自身的消费行为能逐步和城镇居民趋同，按照城镇人口的生活消费模式去消费。此外，农村新市民也有融入城镇生活，有希望城镇居民身份被周围社会认可和承认的心理需求，也有在原乡亲群体中炫耀的消费心理，从而使城镇的消费示范效应发生显著的作用[1]。

(三) 大众传媒的影响

此外，在现代化社会中，特别是正在快速推进着城镇化建设的中国社会，农村的一些包括交通道路、信息网络、有线通信等的基础设施都日益完善健全，农村居民与外界城镇的接触方便快捷了很多，能够较容易地走出农村，去城镇购物休闲娱乐；城镇居民也可以非常方便地在周末和假日去农村娱乐旅游，城乡之间的沟通联系越来越多，城镇和农村的距离感也是越来越小，生活居住在农村的居民很容易接触到城镇人口的包括消费方式在内的生活方式。而且现代社会网络信息资讯非常发达，农村居民可以很容易通过电视、网络等媒体了解城镇生活和消费热

---

[1] 崔海燕、范纪珍：《内部和外部习惯形成与中国农村居民消费行为》，《中国农村经济》2011年第7期。

点。他们也喜欢将城镇的消费风潮当作风尚标，崇尚跟风消费，模仿城镇的消费方式与内容。这样，大中城市的消费方式和观念会对周围小城镇产生影响，小城镇的消费观念对周边的农村产生影响，消费示范效应就这样一层一层地传递下去。

（四）城乡收入差距的缩小

2007 年之后，政府开始重视城镇化建设，2012 年更是明确提出建设新型城镇化，促进城乡一体化，此后在近十年，城乡收入比虽然还有 2.86，但已呈现缩小的趋势。

三　城镇居民消费示范效应的作用条件

在新型城镇化的建设过程中，结合社会经济、信息技术迅速发展的时代背景，城镇居民的消费观念、消费行为和消费方式很容易对农村居民产生示范效应，也可以说是我国传统的二元经济在经济转型过程中的产物。但这种效应的发挥也是需要条件的。一是农村居民和城镇居民的收入水平存在一定的差距；二是这种收入水平的差距导致了消费行为的差异；三是农村居民是可以通过现有的途径意识到这种消费差距的存在，并且可以接触和模仿城镇居民的消费行为；四是城乡的收入差距有缩小的可能性和趋势。

可以这么说，过去城乡社会经济上的差距造成了城镇居民和农村居民收入水平的差距，收入水平的差距又引起了消费水平的分层，随着农村经济的发展和城镇化建设的推进，和城乡一体化建设的协调发展，城乡收入差距将会越来越小，最终导致城镇对农村的消费示范效应消失，城乡的消费观念和消费方式在保持高度相似的基础上又存在不同程度的自身特点。

（一）居民城乡收入差距比较分析

一般情况下，当同一社会中人们的收入水平相当时，其消费水平和行为的差异性也会比较小，消费示范效应在这种情况下几乎不存在；相反，当存在收入差距的现象时，人们的消费水平会因为收入的不同而不同，富人容易产生对穷人的消费示范效应。

$$城乡收入比 = \frac{城镇居民年平均收入}{农村居民年平均收入}$$

尽管我国农村居民的收入在近十几年提高得非常快，城乡收入还是存在一定的差异,由图4-11可见,城乡居民收入比一直维持在3左右,也就是说,城镇居民的收入是农村的3倍。收入差距会产生消费差距,消费示范效应就是在这种情况下产生的。在城镇化及城乡一体化建设和农村经济发展进步的背景下,城镇居民对农村的消费示范效应正在发挥着作用。

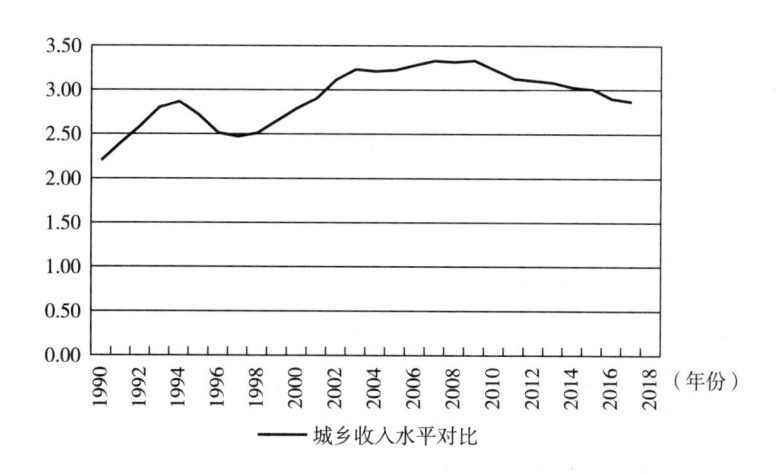

图4-11 中国历年城乡收入水平比较

资料来源:由《中国统计年鉴》(1981—2018)相关数据整理计算得出。

城乡收入差距的变化分为几个阶段,如图4-11所示,从1992年市场经济体制建立后到2003年,城乡收入比从2.2增长到3.3,收入差距在这十年里越拉越大;2003年到2009年,城乡收入比在3.3左右徘徊,在2009年达到最高3.33;之后就开始稳步下降,最新统计结果显示2017年的比值为2.86。可见,在中国传统的二元经济结构下,城镇居民的生活条件和收入水平在市场经济体制建立后迅速提高,而农村的发展却比较迟缓,使城乡差距在这个过程中越来越大。直到2009年后,收入差距才开始缩小,但2017年城镇居民的平均收入仍然是农村的2.86倍,收入差距仍然存在。城乡收入差距是导致示范效应出现的条件之一。

(二)城乡居民的消费差距比较分析

在新型城镇化快速发展的背景下,已经出现了满足消费示范效应在我国产生影响的必要条件。一方面，农村转移人口在城镇生活之后，面临着在城镇中生活必需品支出大大提高的情况，包括食品、居住、交通、医疗、教育等的开支，即产生了城镇空间环境上的示范效应；另一方面，就消费结构而言，农村居民消费主要以基本的食物为主，进入城镇后，受周围城镇居民的消费影响，可能会希望加大在教育、文化娱乐等方面的支出，即产生了城镇群体的示范效应。

1. 城乡居民消费倾向的比较研究

（1）城乡居民平均消费倾向的比较研究。

根据凯恩斯的绝对收入理论，APC = C/Y（0 < APC < 1）。居民平均消费倾向应该是一个相当稳定的函数。

根据2000—2018年的统计数据进行计算后得出的数据列表制图（见图4-12），发现城镇居民的平均消费倾向是一条向下的直线，表明城镇居民的平均消费倾向在下降，这也和中国城镇居民在中国社会主义经济制度下收入增长较快，消费欲望已经全面释放有关。而对比农村居民，可以发现，农村居民的平均消费倾向则相对平缓，而且数值远高于城镇居民的平均消费倾向。并且在2010年后，农村居民的平均消费倾向开始稳步上升，由0.89上升到最新统计数据显示的0.92（2017年），

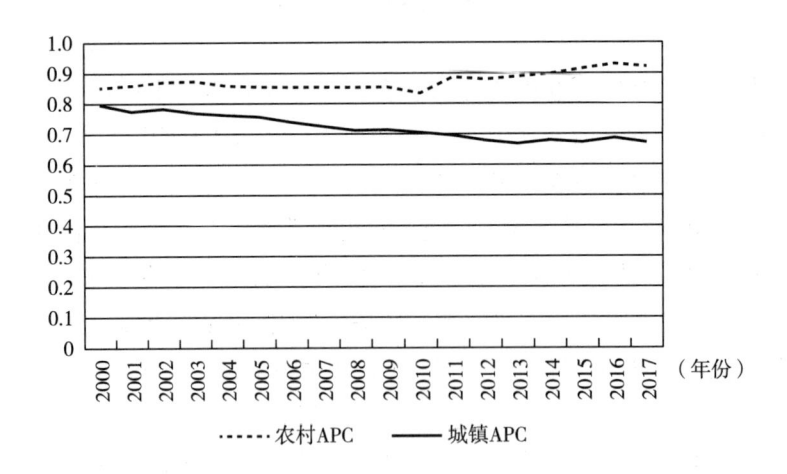

图4-12 2000—2017年中国城乡居民平均消费倾向比较

资料来源：由《中国统计年鉴》（1981—2018）相关数据整理计算得出。

说明农村居民的消费欲望和潜力是大于城镇的,但是因为收入的约束,农村居民的消费欲望还未得到完全释放,受近年来城镇化建设发展和经济环境提升等各方面的影响,农村居民的消费欲望更强烈了。

(2)城乡居民边际消费倾向的比较研究。

边际消费倾向(MPC),是指居民当期支出金额的增量与其可支配收入增量之间的比率,即每增加一单位收入引起的消费增量,其表达公式为 $MPC = \Delta C/\Delta Y$(用 ΔC 表示当期比上期消费支出的增量,用 ΔY 表示当期比上期可支配收入的增量)。从经济学意义上来讲,MPC 的值应该在 0—1,MPC 越接近 1,越大,说明消费者在收入增加时,用于消费的金额占增收金额的比重越多;反之,则说明消费者把增加的收入用来储蓄的越多。

城乡的边际消费倾向比较如图 4-13 所示,可以看到两条曲线的形状波动状态大多数时间都是一致的。农村居民的边际消费倾向仍然大于城镇居民的边际消费倾向。根据 2000 年到 2017 年的统计数据进行计算后得出,城镇居民的边际消费倾向均值是 0.66,农村居民的边际消费倾向均值是 0.925。与上文平均消费倾向的分析相同,表明由于经济条件和社会环境等各种制约因素,我国农村居民的消费欲望和需求还没能得到充分满足,每多挣 1 元钱,要花掉其中的 0.93 元。

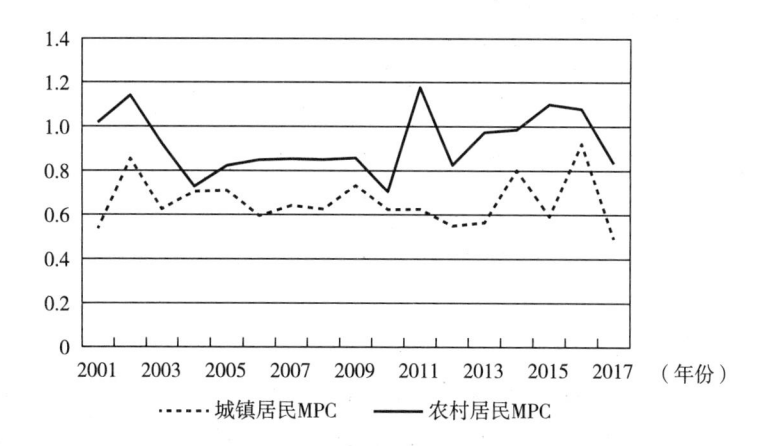

图 4-13 2000—2017 年中国城乡居民边际消费倾向比较

资料来源:由《中国统计年鉴》(1981—2018)相关数据整理计算得出。

2. 城乡居民消费水平的比较研究

（1）城乡居民消费总量的比较分析。

由图 4-14 可见城镇和农村居民的消费总量曲线，两者都是上升状态，城镇居民的消费总量上升速度要略大于农村居民；城镇居民的消费总量一直都是大于农村居民，两者消费总量的差距在变大。2000 年，城镇居民的人均年消费总量是 4998 元，农村居民的人均年消费总量是 1917 元；2008 年，城镇居民的人均年消费总量是 11243 元，农村居民的人均年消费总量是 4065 元；2017 年，城镇居民的人均年消费总量是 24445 元，农村居民的人均年消费总量是 11704 元。从以上数据可以看到，随着我国社会经济的快速发展，两者都在增加，但城镇居民消费的增速更快。为了消除物价和通货膨胀对实际消费水平的影响，下面再从消费比率上对城乡消费进行对比分析。

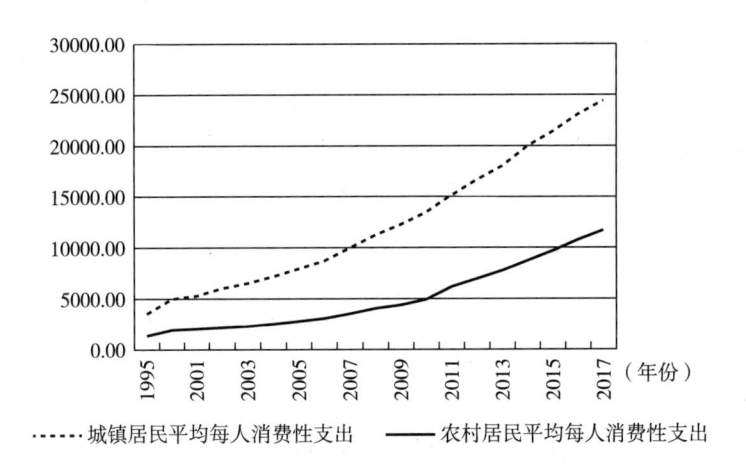

图 4-14 中国历年城乡人均消费支出比较

资料来源：由《中国统计年鉴》（1981—2018）相关数据整理计算得出。

（2）城镇与农村消费比率分析。

为了进一步对城镇消费水平和农村消费水平进行比较分析，本书用城镇居民的年平均消费金额除以农村居民的年平均消费金额，计算每年城镇与农村的消费水平比。

$$城乡消费比 = \frac{城镇居民年平均消费}{农村居民年平均消费}$$

第一，消费总量的城乡消费比。发现从 1995 年到 2005 年，城镇与农村消费水平比从 1995 年的 2.63 增长到 2005 年的 2.85，之后就开始持续下降，从 2005 年的 2.85 持续降到 2017 年的 2.09。可见，近年来，虽然城镇居民和农村居民的消费从消费总量上看差距仍然在增大，但实际上城镇与农村居民的消费比下降了 0.76，这个角度可以更好地衡量城镇与农村的消费差距，表明我国的城乡消费差距是在缩小的。

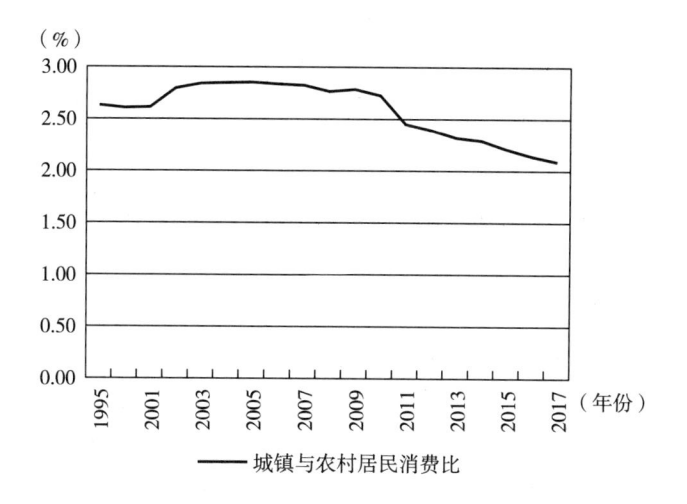

图 4-15 中国城乡居民历年消费比

资料来源：由《中国统计年鉴》（1981—2018）相关数据整理计算得出。

第二，城乡各消费项目的消费比。计算公式为：

$$QR_{it} = \frac{UC_{it}}{RC_{it}}$$

QR_{it} 为第 i 项消费第 t 年的城乡消费比率，UC_{it} 是城镇居民第 i 项消费第 t 年的城乡消费金额，RC_{it} 是农村居民第 i 项消费第 t 年的城乡消费金额。由计算结果绘制如图 4-16 所示。

由图 4-16、表 4-22 可以看到，除了家庭设施及服务支出这一项，其他类型的消费的城乡差距还非常大，尽管如此，城乡消费比所代表的城乡消费差距还是呈现出在波动中越来越小的倾向。

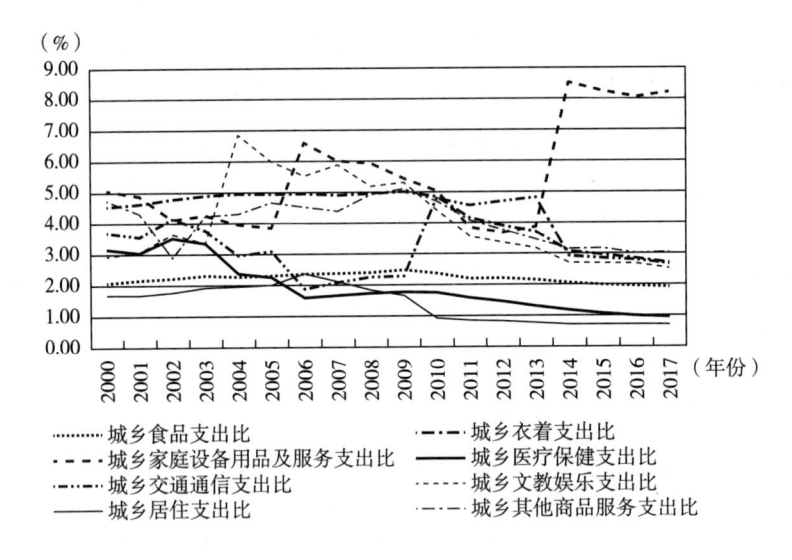

图 4−16 2000—2017 年中国城乡各项消费项目消费比

资料来源：由《中国统计年鉴》(1981—2018) 相关数据整理计算得出。

表 4−22 2000—2017 年中国城乡各项消费项目消费比

年份	城乡食品支出比	城乡衣着支出比	城乡家庭设备用品及服务支出比	城乡医疗保健支出比	城乡交通通信支出比	城乡文教娱乐支出比	城乡居住支出比	城乡其他商品服务支出比
2000	2.08	4.54	5.07	3.16	3.70	2.93	1.69	4.74
2001	2.17	4.63	4.89	3.04	3.56	3.07	1.68	4.32
2002	2.22	4.79	4.11	3.52	4.14	3.65	1.77	2.89
2003	2.31	4.90	4.26	3.35	3.76	3.36	1.92	4.24
2004	2.28	4.95	3.96	2.38	2.95	6.85	1.96	4.31
2005	2.30	4.95	3.84	2.25	3.10	5.99	2.01	4.68
2006	2.36	4.95	6.59	1.59	1.88	5.53	2.37	4.53
2007	2.38	4.91	6.00	1.67	2.08	5.88	2.11	4.39
2008	2.40	4.95	5.93	1.73	2.25	5.19	1.84	4.92
2009	2.48	5.01	5.44	1.77	2.28	5.31	1.66	5.11
2010	2.37	4.85	5.05	1.75	4.80	4.43	0.93	4.71
2011	2.20	4.16	3.85	1.57	4.57	3.56	0.85	4.08
2012	2.21	3.91	3.67	1.46	4.70	3.36	0.83	3.77

续表

年份	城乡食品支出比	城乡衣着支出比	城乡家庭设备用品及服务支出比	城乡医疗保健支出比	城乡交通通信支出比	城乡文教娱乐支出比	城乡居住支出比	城乡其他商品服务支出比
2013	2.15	3.71	3.87	1.30	4.82	3.17	0.77	3.46
2014	2.05	3.07	8.53	1.17	2.92	2.70	0.71	3.15
2015	1.99	2.95	8.25	1.07	2.85	2.68	0.71	3.16
2016	1.95	2.84	8.06	0.99	2.79	2.67	0.71	3.00
2017	1.92	2.69	8.21	0.95	2.65	2.52	0.71	3.04

资料来源：由《中国统计年鉴》（1981—2018）相关数据整理计算得出。

①居住、医疗城乡支出差距的缩小最大。截至2017年，其中的支出比最小的消费类别是居住，为0.71，这说明农村居民在居住上的消费甚至超过了城镇居民，对比2000年的城乡居住比为1.69，形成这种现象的原因是多方面的：一方面是和城镇居民享有住房公积金，而农村居民却没有这一项社会福利有关；另一方面是因为在城镇化进程中，农村居民进城后，无论是农民工还是新市民，都面临在城市居住，存在租房、购房的需求和压力。其次是医疗保健的支出比，2017年城乡医疗保健比是0.95，农民的医疗保健支出大于城市，对比2000年的3.16可以发现，医疗保健这一项支出差距的变化是非常大的，随着农民生活水平的提高，医保及医疗基础设施在农村的完善，这一支出的差距现在几乎为零。

②食品、衣着、交通通信、文教娱乐的支出差距在变小。2017年，食品的城乡支出比是1.92，对比2000年的2.08，缩小了0.14；衣着的城乡支出比在2017年是2.69，对比2000年的4.54，缩小了1.85；交通通信的城乡支出比在2017年是2.65，对比2000年的3.70，缩小了1.05；文教娱乐的城乡支出比在2017年是2.52，对比2000年的2.93，缩小了0.41。可见，在这几项消费支出中，按消费支出比缩小程度由大到小为衣着、交通通信、文教娱乐、食品。衣着差距在变小主要体现在受城镇示范效应的影响，农民的衣着由实用性向时髦过渡，衣着开销和城镇居民靠近。交通通信和文教娱乐支出就更是因为城镇化中农村生

活水平的提高、基础设施的完善，以及示范效应的作用，农村在这两项上的消费逐步靠近城镇。

③城乡家庭设备用品及服务支出比的差距在扩大。这一比值不降反增，从2000年的5.07增长到2017年的8.21。这一比值所代表的城乡差距变大，也反映出农民生活质量和城镇还存在相当大的差距，尽管农民居住支出超过城镇，但是不得不牺牲掉对房屋内部设施所必要的支出，这或许也反映出城乡居民的生活质量在细节方面的差距，比如常用家用电器的配置在品类和品质的差别所导致的该类消费支出的差别。同时，这一消费项的城镇示范效应并不明显，也可能是受到收入的制约无法实现，比如大部分农民家庭仍然缺乏对中高端家用电器的支付能力，因此在满足基本功能需求的情况下，他们会选择同类产品中的中、低端型号，而城镇居民在同样的情况下则往往会选择中高端型号来满足同样的消费需求。

3. 城乡居民消费结构的比较分析

前文采用各项消费的支出总量对比来对城乡消费差距进行了分析；下面再从城乡各项消费的消费占比上，也就是从消费结构上对城乡消费，以及消费的示范效应进定性分析。

（1）城乡食品支出占比对比。

由图4-17可见，农村食品支出的占比是一直高于城镇的，但是曲线的形状和趋势基本相同。这说明随着我国人民生活水平的提高，无论对城镇居民还是农村居民，食品支出的占比都在下降，而且下降速率也基本相同，而且两者间的差距还是在逐步缩小，由2000年的相差10%，到2011年后至今稳定在相差3%左右。我国城镇的恩格尔系数从2015年起首次低于30%，降到29.73%，可以说生活条件已经不错了。而我国农村的恩格尔系数在2017年还保持在31.18%，仍然慢于城镇的发展。

（2）城乡衣着支出占比对比。

从图4-18可以看到，农村居民的衣着支出占比一直都是低于城镇占比的水平的，这是由城乡居民生活水平和社会环境的差异性所产生的衣着需求理念的差异性造成的。农村居民服装需求的重心在于服装的实用性，而城镇居民对服装的需求是明显超越衣着的实用性的，更多的是

第四章 | 新型城镇化对拉动农村居民消费需求的动力机制研究

追求时尚潮流和对自我形象的美化、提升。

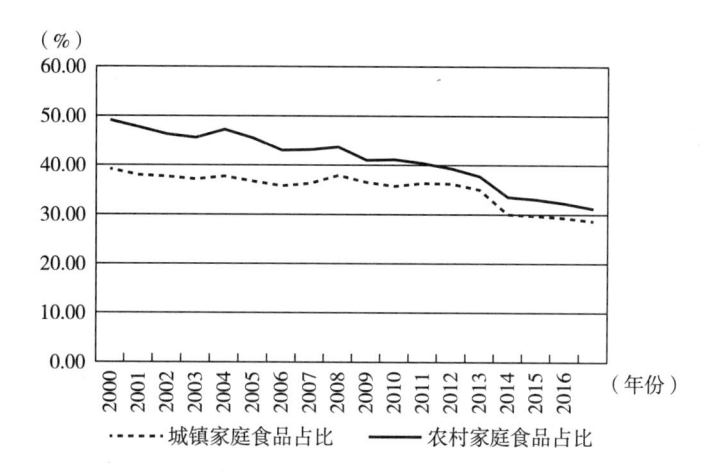

图 4-17　2000—2017 年中国城乡食品支出占比对比

资料来源：由《中国统计年鉴》(1981—2018) 相关数据整理计算得出。

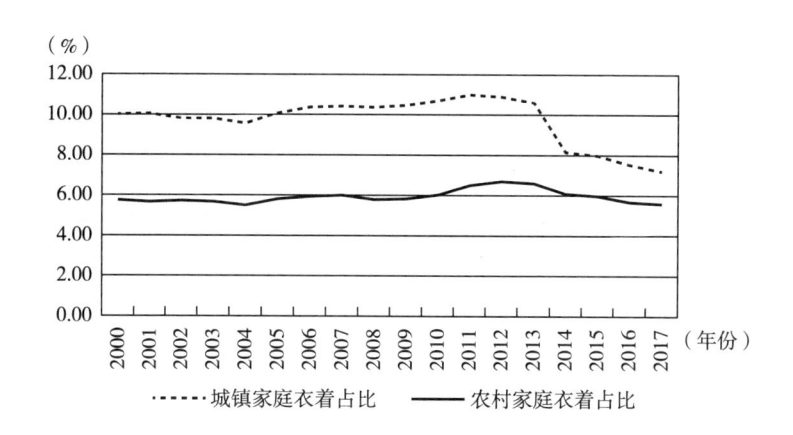

图 4-18　2000—2017 年中国城乡衣着支出占比对比

资料来源：由《中国统计年鉴》(1981—2018) 相关数据整理计算得出。

2000 年时各自占比相差 4.25%，但是自 2014 年开始，差距开始缩小，最新数据表明 2017 年的差距缩小到 1.6%。这也说明，城镇居民的衣着消费对农村是有示范性的，农民的衣着由原来简单地追求功能性，到开始追求时尚美丽，其衣着消费的占比也与城市越来越近。

173

(3) 城乡居住支出占比对比。

由图4-26可见，农村居民的居住支出比重一直高于城镇居民，这一支出也属于基本生活支出，在2007年以前，两者的差距比较稳定，而且曲线的形状也较相似。从2007年开始，城镇居民的居住支出占比出现下降趋势，而农村则继续保持增长趋势，两者的支出占比差距越来越大。

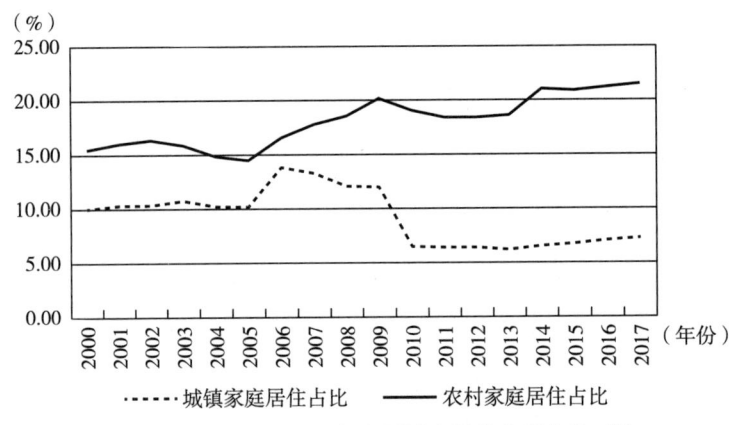

图4-19 2000—2017年中国城乡居住支出占比对比

资料来源：由《中国统计年鉴》(1981—2018) 相关数据整理计算得出。

(4) 城乡家用设备及服务支出占比对比。

家用设备及服务消费支出主要是一些生活耐用品的消费购买。现代家用设备对提高居民生活的便利性和多样性都有着很大帮助，是现代居民提升生活质量的一种有效的辅助手段。当居民收入水平和生活条件变好时，此项消费的占比也会提高；但当居民生活水平提高到一定程度后，由于此项消费属于耐用品消费，涉及的产品寿命往往较长，消费需求容易饱和，就会导致该项支出占比在消费饱和后逐渐下降。

由图4-20可见，农村居民在家用设备上的支出占比曲线是比较平稳、向上倾斜的，近二十年来都是在稳定、缓慢地增长；城镇居民在家用设备上的支出占比一直高于农村居民，而从2014年开始出现差距增大的情况，结合前面居住支出占比的对比分析可以看出，城镇居民的消费水平和层次高于农村，农村居住占比支出比较高，但是在家庭设备用品及服务上（房屋内部的家用设备上）却低于城镇。

第四章 新型城镇化对拉动农村居民消费需求的动力机制研究

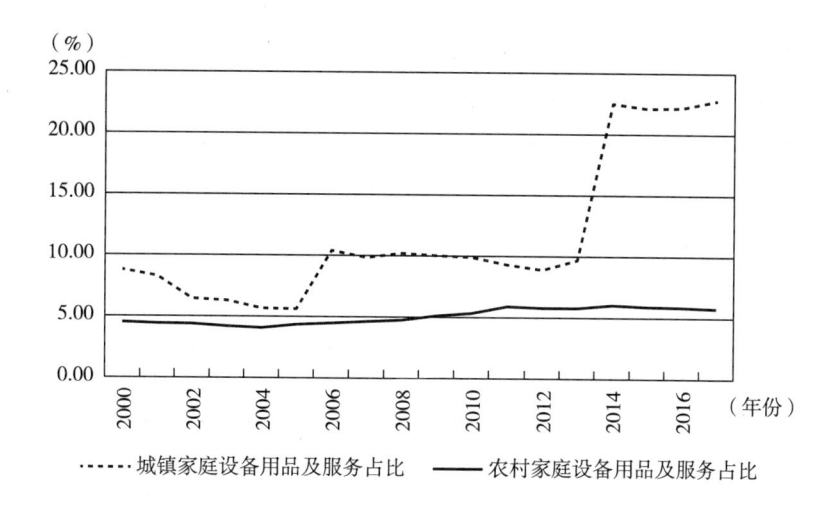

图 4-20　2000—2017 年中国城乡家庭设备用品及服务支出占比对比

资料来源：由《中国统计年鉴》(1981—2018) 相关数据整理计算得出。

（5）城乡家庭医疗保健支出占比比较。

在家庭医疗保健占比上，城镇居民的消费支出占比比较平缓，在近二十年基本没有什么变化，一直在 6.5% 左右徘徊。

而农村家庭医疗保健占比从 2004 年起就开始高于城镇居民的医疗保健占比，不仅如此，占比曲线一直保持上升态势，并且上升曲线在近年来（自 2008 年起）接近直线，上升斜率保持基本一致，几乎是匀速稳定上升，与城镇的占比差距也进一步加大，其主要动因是新农合体系的制定和落实。2002 年 10 月，我国才开始明确提出在农村实行新型农村合作医疗制度，因此我国农村社会从 2003 年开始才陆续拥有医疗保险这一公共福利品，在此之前的农村居民看病问诊住院都需要自己承担全部费用，超出了大多数农民的消费能力，在这种情况下，大多数农村居民在生病时选择不去医院治疗，尽量减少医疗开支，更不要说保健消费了。2003 年后农村社会开始逐步推行农村合作医疗，农村居民在生病去医院治疗时，部分费用可以由国家负担，农村居民不再承担全部开支，这样，农村居民在生病、大病时就具备更好的支付能力，有条件去医院治疗，他们长期受到抑制的医疗消费需求得到释放，可以看到，农村居民在 2003 年后的医疗保健支出占比上升斜率明显增大。2009 年后，国家又进行了农村的医疗改革，加大了对农村居民在医疗保障上的支持力度，农民在这一项目上的支出比重开始快速提高。之后，农村合作医疗在农村社会基本实现全面覆盖，使农村居民对使用医疗服务更加大胆。另一方面，城镇化中医疗公共服务在农村地区的逐步健全也进一步拉动了农民在医疗保健方面的开支。

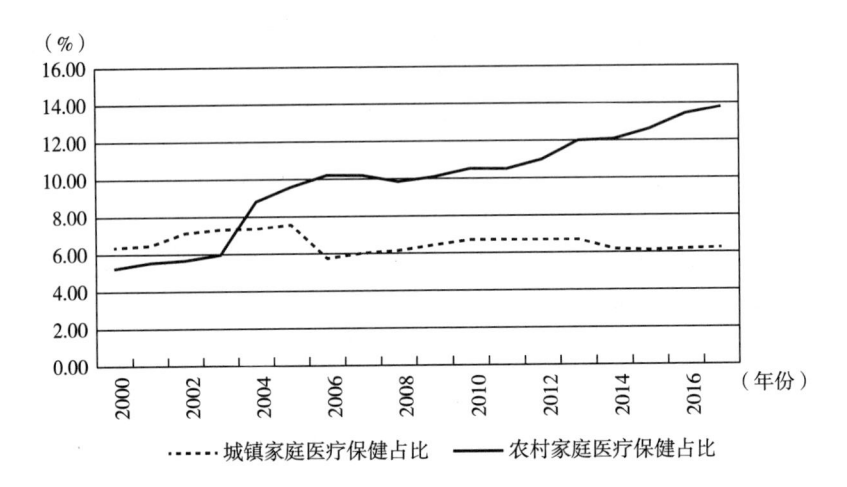

图 4-21 2000—2017 年中国城乡家庭医疗保健支出占比对比

资料来源：由《中国统计年鉴》(1981—2018) 相关数据整理计算得出。

(6) 城乡交通通信支出占比对比。

交通通信支出主要是由出行和信息交流产生的支出，包括由于出行需求而产生的购买交通工具和交通服务的费用，以及因为沟通交流、信息交换收集的需求所产生的购买通信工具和通信服务的费用。

在交通通信占比中，城镇居民和农村居民的波动都较大，并且在 2006—2009 年，农村居民的通信消费支出比重还大于城镇居民，两者随后都表现为先下降再上升；自 2010 年起，城镇居民的交通通信支出比重明显大于农村居民，并且有加大的趋势，而从 2014 年开始，两者的曲线形状相似度开始明显增强，城乡居民的交通通信支出比重和差距比较稳定，差距保持在 3% 左右。概括来看，城镇居民的交通通信支出比重在 2010 年后比农村居民大很多，但是从 2014 年开始，差距变小并保持相对稳定。从对比中发现，城镇的交通通信的建设速度要优于农村，体现在城镇居民在交通通信上的支出比相对比农村居民提前。但随着新型城镇化建设的推进，农村的基础设施建设也开始发展得很快，公路、铁路、通信基站等基本设施迅速在农村地区延伸、覆盖，并且交通和通信工具也开始在农村普及，为农村的交通、通信消费提供了必要的基础设施条件，农村居民在该项消费的支出比重也因此逐渐提高。

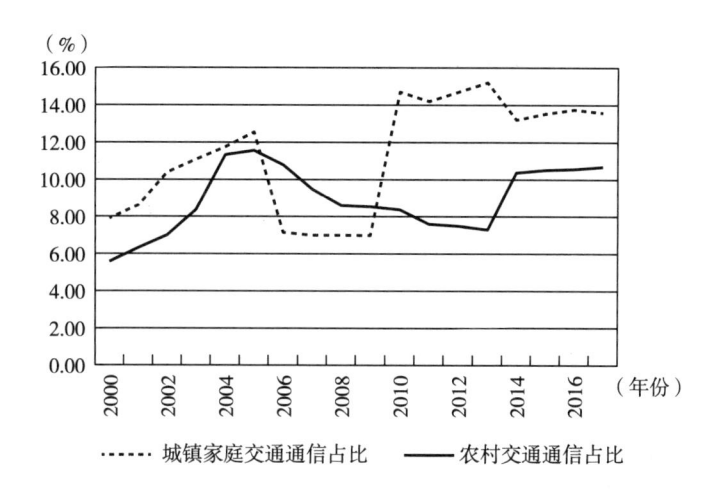

图4-22 2000—2017年中国城乡交通通信支出占比对比

资料来源：由《中国统计年鉴》（1981—2018）相关数据整理计算得出。

（7）城乡文教娱乐用品及服务支出占比对比。

在文教娱乐用品及服务支出比重上，城镇居民的支出比重相对稳定，在波动中存在轻微的下降趋势。对于城镇居民而言，文教娱乐产品和服务品类在其消费环境中较多，相关的基础设施亦比较完善，但其消费比重反而表现出在波动中下降的趋势。而农村居民无论在硬件设施上，还是在文教娱乐产品与服务的供给上都不如城镇，但是他们的消费比重曲线自2004年起基本保持缓慢稳定上升的形态。近年来，两者的差距在缩小，由2004年的8.4%下降到2017年的1.98%。

由此可见，之前由于相关硬件设施和产品服务供给不足，导致农村居民在这方面的消费需求没有满足，随着新型城镇化建设的推进，农村社会在硬件设施方面的完善、产品服务供给上的增加、农民收入的提高以及城镇消费的示范效应等，都使农村居民在该项消费支出上得到了较大的提升。

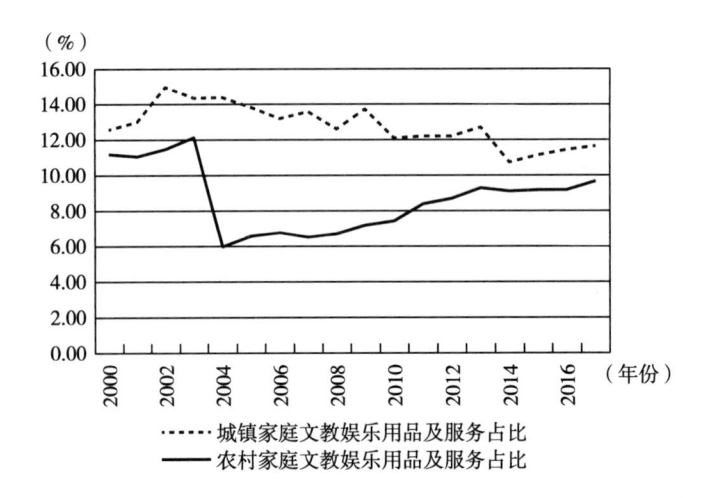

图 4-23　2000—2017 年中国城乡文教娱乐用品及服务支出占比对比

资料来源：由《中国统计年鉴》（1981—2018）相关数据整理计算得出。

（三）信息传播渠道多元化

近年来，一方面是由于我国在新型城镇化建设的过程中，更加注重城乡一体化的协调发展，加强了对农村的各项基础设施的建设包括交通通信、有线网络等；另一方面则是由于迅猛发展的信息科技，使智能手机、个人电脑、平板电脑等信息技术产品在中国农村也开始普及，在这样的背景下，农村居民即使足不出户，也可以非常容易地接触到外界各种信息，而城镇生活的各方面信息更是可以快速而廉价地传入农村。尤其是像 QQ、微信这样的社交聊天 APP，迅速在农村普及，使信息传播更快捷更容易，农村居民能够通过多种渠道的媒介，主动被动地被城镇的生活方式和消费方式、消费内容所影响。尤其是通过网络社交平台上的互动，直接导致城镇消费示范效应的发挥。

（四）农村居民收入水平的上升

近年来，我国所有居民的整体收入水平都在增加，居民的消费水平也随之提高，居民的消费结构开始升级，其中我国的城镇居民早就摆脱了温饱问题，恩格尔系数在 2000 年已经低于 40%，在 2015 年时更是低于 30%；农村居民的收入水平虽然与城镇一直存在差距，但是农民的实际可支配收入也是在稳步上升，并且中国农村居民的恩格尔系数在 2012 年已经低于 40%，到 2017 年更是降低到 31.18%，接近 30% 的水平。居民的收入水平是消费升级和消费示范效应发挥的先决条件。由图 4-24 可见，我国农村居民的实际可支配收入在近年来增长很快，曲线的斜率所代表的增长率在 2010 年后明显比 2010 年前要大，说明我国农民实际可支配收入持续增长的趋势非常明显。

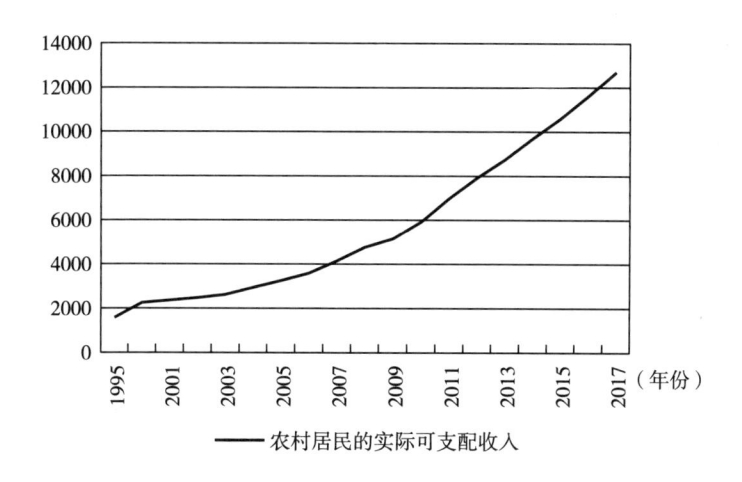

图 4-24 1995—2017 年中国农民实际可支配收入

资料来源：由《中国统计年鉴》（1981—2018）相关数据整理计算得出。

四 城镇化中消费示范效应实证分析

（一）模型的构建

基于杜森贝利相对收入假说中消费函数的理论框架，并在 Annamaria Lusardi[①] 的消费模型基础上，下文将构建新型城镇化进程中周围城市消费水平与农村消费需求的关系函数，实证分析示范效应的作用。

---

① Annamaria Lusardi, *Consumption, Saving and Habit Formation*, Economics Letters, 1997: 103-108.

表4-23 农村居民消费总支出与城镇居民消费总支出
相关性分析结果

	农村消费总支出
城镇消费总支出（Pearson 相关性）	0.996**

注：**表示估计值在0.05的置信水平下显著异于零。

相关性分析的结果表明，农村居民的消费和城镇居民的消费存在较强的正相关关系（相关系数是0.996）。

根据这一初步结果，建立示范效应的线性模型：

$$RC_{it} = T_t + UC_{it} + c + \varepsilon$$

式中，被解释变量RC_{it}是农村居民第t年的第i项消费，解释变量UC_{it}是城镇居民第t年的第i项消费，控制变量T_t是第t年的城镇居民与农村居民收入比，c是常数项，ε是随机误差项。设定$i=0$时表示居民的消费总量，即RC_{0t}表示农村居民消费总量，UC_{0t}表示城市居民消费总量。

RC_{1t}表示农村食品居民消费，UC_{1t}表示城市居民食品消费；

RC_{2t}表示农村衣着居民消费，UC_{2t}表示城市居民衣着消费；

RC_{3t}表示农村居民消费，UC_{3t}表示城市居民居住消费；

RC_{4t}表示农村居民家庭设备消费，UC_{4t}表示城市居民家庭设备消费；

RC_{5t}表示农村居民医疗保健消费，UC_{5t}表示城市居民医疗保健消费；

RC_{6t}表示农村居民交通通信消费，UC_{06t}表示城市居民交通通信消费；

RC_{7t}表示农村居民文教娱乐消费，UC_{7t}表示城市居民文教娱乐消费；

RC_{8t}表示农村居民其他商品服务消费，UC_{8t}表示城市居民其他商品服务消费。

在完成单位根检验后，发现向量不够平衡，为了使向量更平稳，取对数进行回归分析。

改进后的示范效应的线性模型是：

$$\ln RC_{it} = \alpha_i \ln UC_{it} + \beta_i \ln T_t + \gamma_i c + \varepsilon$$

（二）城镇消费对农村消费总量影响的实证分析

1. 因果检验

在进行线性模型分析前，先对农村和城镇的消费水平进行了格兰杰因果检验，使用 EVIEWS8.0 进行分析，结果如图 4-25 所示。

Sample：2000 2017
Lags：2

Null Hypothesis：	Obs	F – Statistic	Prob.
LNUC does not Granger Cause LNRC	16	4.85038	0.0309
LNRC does not Granger Cause LNUC		3.33088	0.0740

图 4-25　农村消费与城镇消费的格兰杰因果检验结果

由图 4-25 可知，城镇消费水平是影响农村消费水平的原因，农村消费不是影响城镇消费的原因。

2. 回归分析结果

由表 4-24 可以看到，各向量在允许的置信水平下平稳，方程的 R^2 是 0.99，也就是说模型的拟合度非常好；DW 的值是 1.7，$DW \approx 2$，所以序列不存在自相关；对共线性进行了检验，VIF 是 1.02，接近 1，自变量之间不存在多重共线性的情况。所有变量的 P 值都小于 0.000，均在 0.01 的置信水平下显著。

表 4-24　城镇消费总量对农村消费示范效应模型回归结果

城镇消费总量对农村消费总量的影响	回归方程 $\ln RC_{0t} = \alpha_0 \ln UC_{0t} + \beta_0 \ln T_t + \gamma_0 c + \varepsilon$					
^	α_0	β_0	γ_0	R^2	DW	VIF
^	1.15 t 值（143.1）***	-1.17 （-15.35）***	-1.10 （-8.24）***	0.99	1.7	1.02

注：括号内的数字在 OLS 估算中是 t 统计量。*** 表示估计值在 0.01 的置信水平下显著异于零。

表 4-25　　　　　　　　各变量的平稳性检验

变量	检验类型（C，T，K）	ADF 统计量	1% 临界值	5% 临界值	10% 临界值	结论
$\ln UC_{it}$	（C，0，1）	-2.816	-3.539	-3.122	-2.671	平稳*
$\ln RC_{0t}$	（C，0，1）	-3.126	-3.887	-3.052	-2.667	平稳**
$\ln T_t$	（C，0，2）	-2.820	-3.376	-3.040	-2.661	平稳*

注：括号内的数字在 OLS 估算中是 t 统计量。*和**分别表示估计值在 0.1 和 0.05 的置信水平下显著异于零。

表 4-25 表明：

首先，城镇消费对农村消费是具有正向影响的，也就是说城镇消费的示范效应是存在的，其影响系数 α_0 是 1.15，这个影响系数大于 1，由于模型是对数方程，所以也就是说城镇消费每增加 1%，农村消费会增加 1.15%，可见，城镇消费的示范效应还是很明显的。

其次，控制变量，城镇与农村的收入比对农村消费是具有负向影响的，影响系数 β_0 是 -1.17。说明城乡收入差距的增加会削减城镇消费的示范效应，城乡收入比每增加 1%，农村消费会减少 1.17%。

（三）城镇消费对农村消费结构影响的实证分析

1. 因果检验

在进行线性模型分析前，先对农村和城镇的不同消费项目进行了格兰杰因果检验，使用 EVIEWS8.0 进行分析，结果如表 4-26 所示。

表 4-26　　　农村不同消费项目与城镇不同消费项目的
格兰杰因果检验结果

Sample：2000 2017

Null Hypothesis：	Obs	F - Statistic	Prob.
LNUC1 does not Granger Cause LNRC1	16	17.8503	0.0019
LNRC1 does not Granger Cause LNUC1		1.3308	0.2140
Null Hypothesis：	Obs	F - Statistic	Prob.
LNUC2 does not Granger Cause LNRC2	16	10.9038	0.0007
LNRC2 does not Granger Cause LNUC2		2.0408	0.1840
Null Hypothesis：	Obs	F - Statistic	Prob.
LNUC3 does not Granger Cause LNRC3	16	11.9203	0.0061
LNRC3 does not Granger Cause LNUC3		1.7612	0.1714

续表

Null Hypothesis:	Obs	F – Statistic	Prob.
LNUC4 does not Granger Cause LNRC4	16	18.7701	0.0015
LNRC4 does not Granger Cause LNUC4		2.0145	0.1871
Null Hypothesis:	Obs	F – Statistic	Prob.
LNUC5 does not Granger Cause LNRC5	16	16.0327	0.0043
LNRC5 does not Granger Cause LNUC5		2.3203	0.1619
Null Hypothesis:	Obs	F – Statistic	Prob.
LNUC6 does not Granger Cause LNRC6	16	43.0624	0.0001
LNRC6 does not Granger Cause LNUC6		0.8678	0.3740
Null Hypothesis:	Obs	F – Statistic	Prob.
LNUC7 does not Granger Cause LNRC7	16	4.85038	0.0309
LNRC7 does not Granger Cause LNUC7		0.0748	0.7150
Null Hypothesis:	Obs	F – Statistic	Prob.
LNUC8 does not Granger Cause LNRC8	16	4.85038	0.0309
LNRC8 does not Granger Cause LNUC8		3.33088	0.0740

表4-26显示,城镇各项消费水平是影响农村消费水平的原因,农村各项消费不是影响城镇消费的原因。

2. 回归分析结果

分别对城镇和农村消费中的八大类别进行回归分析,结果见表4-21。

表4-27　城镇分类消费对农村消费示范性效应模型回归结果

城镇分类消费总量对农村消费的影响	回归方程 $\ln RC_{it} = \alpha_1 \ln UC_{it} + \beta_0 \ln T_t + \gamma_0 c + \varepsilon$						
	α_i	β_i	γ_i	R^2	DW	VIF
食品	0.98 t值 (71.74)***	-1.35 (-9.93)***	0.1 (0.39)	0.99	0.8	1.00
衣着	1.31 t值 (27.52)***	-2.59 (-6.38)***	-0.65 (-1.13)	0.99	0.7	1.00
居住	1.68 t值 (71.74)***	-4.95 (-9.93)***	0.68 (0.39)	0.90	0.8	1.00

续表

城镇分类消费总量对农村消费的影响	α_i	β_i	γ_i	R^2	DW	VIF
家庭设备	0.78 t值 (13.13)***	-0.44 (-0.43)	-0.60 (-0.45)	0.96	0.9	1.10
医疗保健	1.77 t值 (20.79)***	-1.14 (-0.17)	-5.47 (-4.99)***	0.99	1.1	1.02
交通通信	0.93 t值 (9.08)***	-1.31 (-0.96)	-2.1 (-1.15)	0.92	0.8	1.00
文教娱乐	1.21 t值 (13.24)***	-4.76 (-6.3)***	2.5 (2.25)*	0.97	1.77	1.00
其他	1.1 t值 (11.1)***	-1.64 (-2.18)*	-0.12 (-1.14)	0.96	1.12	1.00

注：括号内的数字在 OLS 估算中是 t 统计量。*和***分别表示估计值在 0.1 和 0.01 的置信水平下显著异于零。

（1）城镇分类消费支出对农村消费的示范效应。

表 4-27 显示，城镇各类消费支出对农村居民相对应的同项消费支出的影响都是显著的。由影响系数从大到小排序依次为医疗保健（1.77）、居住（1.68）、衣着（1.31）、文教娱乐（1.21）、其他商品及服务（1.1）、食品（0.98）、交通通信（0.93）、家庭设备（0.78）。

可见，示范效应影响比较大的还是医疗保健（1.77），究其原因，农民收入水平的提高，城镇化进程中医保及医疗基础设施在农村的完善，都给医疗保健的示范效应的发挥提供了条件。其次是居住（1.68），这表明在城镇化进程中，农村居民进城后，无论是农民工还是新市民，都面临在城市居住，租房购房的需要，他们自然也会模仿城市居民的居住消费方式，因此城镇消费的示范效应在居住这一项上也是明显的。再次是衣着（1.31），影响系数也很高，说明示范效应在衣着消费上比较明显，也是由于前文的分析中，大众传媒的作用，使农村居民受到城镇居民生活方式和穿着打扮的影响，农村居民对衣物也开始有美化形象和时尚的追求，开始模仿城镇民居的衣着形象，城镇居民对衣物的支出每增加 1%，农村居民也会增加 1.31%。然后是文教娱乐

（1.21），同样也是由于农村居民能够通过多种渠道的媒介，主动被动地被城镇的生活方式和消费方式、消费内容所影响。城镇居民对文教娱乐的支出每增加1%，农村居民也会增加1.21%。

影响相对较小的是食品（0.98）、交通通信（0.93）、家庭设备（0.78）。其影响系数小于1，尽管如此，但是城镇消费对这些类目的示范效应也仍然是相对明显的。总体而言，上述回归结果体现了城镇消费水平和消费方式对农村居民各个消费类目的示范效应还是很明显的，因此对增大农村居民的消费有着直接的和显著的推动作用。

（2）城乡收入差距对农村消费的影响。

回归结果显示，城乡收入差距对农村消费中的家庭设备支出、医疗保健支出、交通通信支出并没有明显的影响；城乡收入差距对农村其他商品及服务的影响不显著；对居住、文教娱乐、衣着、食品这几项支出的负向影响是显著的，并从大到小排序为居住（-0.95）、文教娱乐（-4.76）、衣着（-2.59）、食品（-1.35）。这意味着城乡收入差距的扩大会直接抑制农村居住购房这一大额支出、文教娱乐支出以及生存型消费内的衣着和食品支出，城乡收入差距在这些类目上对农村消费表现出明显的抑制作用，说明农民在收入水平增长不高的情况下，会降低对衣食住玩的消费。

（四）总结

城镇居民对农村居民消费的"示范效应"可以促使农村社会传统的消费观念和消费习惯发生变化。我国农村社会原有的消费观念比较勤俭谨慎，注重实惠，主要消费项目比较单一。当城镇化水平提高后，大量农村居民移居到城镇生活，会发现城镇居民有着不同的消费观，城镇居民的消费行为比较随意，更加注重生活品质，消费项目也更加多样化。在这个过程中，农民的消费行为开始向城镇消费靠近，逐渐开始追求更高层次的消费品包括发展型和享受型的消费。

本章小结

（1）新型城镇化会促进农业现代化的进步，促进第二、第三产业的发展，带动产业结构优化。2013年前我国的产业结构是"二、三、一"，2013年后转变为"三、二、一"，与西方发达国家的产业结构类似，且之后第三产业的占比上升速度也较快。本章对我国的产业结构IS（第二、第三产业在国民经济GDP中的占比）与新型城镇化中的人口城镇化、社会服务城镇化、基础设施城镇化进行了Pearson（皮尔逊）相关系数检验，发现人口城镇化的相关系数最高，为0.977；其次是社会服务城镇化，相关系数是0.929；最后是基础设施城镇化，相关系数是0.834，也属于正相关系数较高的类型。可见，新型城镇化对产业结构的优化有着很大的推动作用，其中人口城镇化这一维度对产业结构的推动作用最大。

产业结构的升级会提高农村居民的收入水平，进而促进农村消费。新型城镇化推动城乡一体化发展，使城乡市场较好和较快地对接融合，推动乡镇的第二、第三产业和农业企业的发展。本章采用农民的工资性收入的提高和占比来代表产业结构中第二、第三产业的发展对农民收入的影响。农民的工资性收入对经营净收入的比率除了2010年的小幅波动回调以外，在其他阶段都是稳步上升的，而且2012年之后的上升斜率是最大的（除了2008年、2009年的波动外），说明2012年后我国农村社会的第二、第三产业的发展速度很快。在实证研究农民不同收入来源对消费水平的影响时发现，农民经营性收入每增加1元，就会增加0.3元的消费；工资性收入每增加1元，就会增加0.485元的消费。工资性收入的边际消费倾向是大于经营性收入的。这也间接说明，第二、第三产业的发展对农村消费具有拉动作用。工资性收入对经营性收入的比率每上升1个百分点，消费会增加2.4%，也就是说在农民的收入来源中，从事第二、第三产业的收入比从事传统农业获得的收入越多，农民的消费水平就提升得越多。可见产业优化所带来的收入结构的变化对农村消费水平具有拉动作用。

本章采用第二、第三产业占GDP的比重代表产业结构IS，进一步实证分析产业结构对消费水平和消费结构的影响。研究发现，第二、第三产业占GDP的比重每提高1%，农村居民的消费总量就可以提高21.46%。产业升级对农村居民消费总量的促进作用是比较有效的。在对消费结构的研究结果中发现，产业升级对食品消费负向影响系数最大，产业升级后，恩格尔系数随着收入水平的上升而下降；在正向影响中，排名第一的是医疗占消费支出，第二、第三产业的比重值每增长

1%，医疗开支将增长1.26%；第二是居住比重，影响系数是0.97%；第三是家庭设备用品及服务，影响系数是0.3%。产业升级对消费结构的影响结果可解释如下：食品和医疗保健消费支出占比也受产业升级的影响比较大，一方面由于产业升级带来农村居民收入的提高，食品的支出占比自然就减少，农民有钱去看病就医；另一方面也和城镇中的医疗水平和费用较高有关。产业升级意味着农民从事第二、第三产业的比重增加，农民离开农村土地，开始进入城镇从事第二、第三产业的生产活动，很大程度上需要在城镇中租房或购房，并且随着工资性收入的提高，在农村生活的农民经营性收入的提高，农村居民对居住条件的要求也开始变高，产业升级对农村居民的居住消费影响最大就可以解释了。

（2）新型城镇化建设会使农村社会的消费环境得到改善，进而拉动消费水平，促进消费升级。本章从城镇化建设中的基础设施、金融环境、服务业的发展这三个方面分析了新型城镇化对农村消费的拉动机制。

城镇化的发展，扩大了公路、铁路公共交通范围，通信网络的覆盖及水电气等人民生活设施的普及，给扩大农村消费创造了条件；此外，还因为商业服务设施更加丰富、公共基础设施进一步完善，由此产生的规模效应降低了其边际成本，进而降低了农村居民的消费成本，刺激了消费热情。实证研究表明，新型城镇化中的基础设施的综合指数每升高1%，农村平均消费水平就会增长1.92%，说明城镇化基础设施对农村居民消费的影响还是比较大的。城镇化中基础设施的完善对食品消费的负向影响系数（-19.26）最大；对医疗消费的正向回归系数（10.84）最大，其次是对居住的正向回归系数（7.32），然后是交通通信（5.11）和家用设备及服务（2.06）。

金融机构在农村消费市场上提供消费信贷服务，可以提高农村居民的福利水平及总效用，改善消费软环境，提高农村居民的消费水平。

城镇化建设促进了服务业中包括商业零售、餐饮、信息业、文化娱乐业等在内的多行业、多方位的发展和升级，带动了城镇新市民及剩余农村居民的消费需求。

（3）社会保障、社会福利的完善是新型城镇化建设中必不可少的一个环节，对降低农村居民收入和消费的不确定性，促进农村消费的作用也是明显的。

本章选取社会福利水平作为自变量，农村居民人均消费水平作为因变量进行实证分析，发现社保福利水平对农村消费总量有着正向的影响，在本书设定的福利指标体系中，福利指标每提高1%，农村消费水平增长2.27%。然后分别考察城镇化中的社会保障、医疗保障、基础教育、公共卫生对农村消费总量的影响，按影响系数的大小排序，养老保险参保率、平均每千人拥有医师数、平均每万人大学生在校人数、医疗保险参保率每增加1%，农村居民人均消费分别增长2.74%、2.48%、1.01%和0.67%。结合我国农村发展的现实情况，实证结果表明城镇化过程中的社会养老保障水平、公共卫生服务水平和基础教育投入水平对拉动农村居民的消费都是有效的，因此政府可以着重建设、改善相关的社保福利体系和制度以便有效地拉动农村消费。

城镇化中社会福利的完善对消费结构的影响分别是：对农民食品消费的负向影响系数（-16.37）最大；对医疗消费的正向回归系数（7.04）最大，其次是居住的正向回归系数（6.23）和家庭设备用品及服务回归系数（2.03）。社会福利的完善有助于农民重视医疗支出和改善居住生活环境，社会公共福利保障的完善对刺激医疗支出、住房支出及家庭设备用品的影响是明显有效的。

（4）新型城镇化的内容之一更是城乡一体化的建设，城镇居民的消费方式、消费习惯和消费观念会影响带动着农村居民，产生示范效应，进而促进农村消费。

新型城镇化，是城乡一体化的城镇化，在城乡收入和消费的对比分析中发现，我国近十年的城乡收入比虽然还有2.86，但已经表现出逐渐缩小的趋势。城乡收入差距是可能导致城镇消费对农村产生示范效应的条件之一。

在城乡消费倾向的对比分析中，发现农村居民的平均消费倾向相对平缓，而且数值远高于城镇居民的平均消费倾向。2010年后，农村平均消费倾向开始稳步上升，由0.89上升到最新统计数据显示的0.92（2017年）；城镇居民在近二十年的边际消费倾向的平均值是0.66，而农村居民的边际消费倾向的平均值是0.925。因此，农村居民的消费欲望和潜力是明显大于城镇居民的，但是由于受到收入的约束，农村居民的消费欲望还未得到完全释放，但在近年来，随着城镇化建设和经济环境改善等各方面的积极影响，农村居民的消费欲望变得更加强烈了。这也是示范效应产生的另一个条件。

通过城乡消费总量对比分析发现，虽然城镇居民和农村居民的消费从消费总量上看差距还在增大，但实际上城镇与农村居民的消费比却在下降，从 2005 年的 2.85 持续降到 2017 年的 2.09，12 年间消费比下降了 0.76。城乡消费比更好地衡量了城镇与农村的消费差距，并且反映出城乡消费差距是在逐步缩小。在消费结构的对比分析中同样发现，除了家用设备及服务支出这一项的城乡差距还非常大，其余各项的城乡消费比都呈现出在波动中逐渐缩小的倾向。

本章在杜森贝利相对收入假说的基础上，用城镇消费水平和城乡收入比这两个向量为自变量，农村消费水平为因变量，建立函数模型，研究发现，城镇消费对农村消费是具有正向影响的，也就是说具有示范效应。城镇消费每增加 1%，农村消费就会增加 1.15%；其次，城镇与农村的收入比对农村消费是具有负向影响的，影响系数是 -1.17。城乡收入比越大，对示范效应的消减程度就越大，农村消费水平就越低。此外，城镇各类消费支出对农村居民相对应的同项消费支出的影响都是显著的。影响系数从大到小排序依次为医疗保健（1.77）、居住（1.68）、衣着（1.31）、文教娱乐（1.21）、其他商品及服务（1.1）、食品（0.98）、交通通信（0.93）、家庭设备（0.78）。农村居民进入城市后，在城镇居民的"示范作用"影响下，农民的消费行为和观念开始向城镇接近，逐渐也开始追求更高层次的消费品，发展型和享受型的消费。

第五章

城镇化建设中存在的问题及其对拉动农村居民消费需求的阻力研究

第四章分析了新型城镇化对促进中国农村居民消费需求的动力机制，发现城镇化对农村居民的消费有着持续的拉动作用。但在现实情况中，我国城镇化建设中同时也存在一些因素会制约农村消费的提高，如果这些同时存在于动力机制中的现实阻力因素产生的效力较大，就会阻碍新型城镇化对农村消费的拉动效用，甚至会降低农村消费。

第一节 城镇化发展方式的不合理性挤占农村消费能力

基层政府如果在发展新型城镇化过程中，只是片面地追求城镇规模的扩张，产业结构调整跟不上城镇化水平，发展城镇化的过程中仅仅只是人口城镇化率和城区建成面积上升了，而并没有带来农民收入结构的变化与升级，这种粗暴的城镇化发展方式就会削弱城镇化对农村居民消费拉动效应的影响。

在 2012 年以前，我国的第二产业占 GDP 的比重一直比第三产业的高，直到 2012 年，第二产业占比和第三产业占比才第一次相同。2012 年之后，第三产业的产值开始高于第二产业。也就是说，从 2013 年起，我国产业结构比重的排序才开始"三、二、一"的排序等级，产业结构的调整才符合优化的趋势。2017年，中国GDP产值为827121.7亿元，其中第三产业的产值是427031.5亿元，占比51.6%，第二产业的产值是334622.6亿元，占比40.5%，第一产业的产值是65467.6亿元，占比7.9%。

对比全球其他发达国家，第三产业在产业构成中是占比最大的产业，占比约为65%，第一、第二产业占比都相对较小，一般情况下都不超过10%，相比之下，中国的产业结构还需要更进一步地优化和调整。由上述数据可以看出，尽管农业产值占GDP的比重在逐年下降，但是中国经济的增长仍然对农业的依赖度不低，同时中国的第三产业发展与发达国家相比是明显落后的。

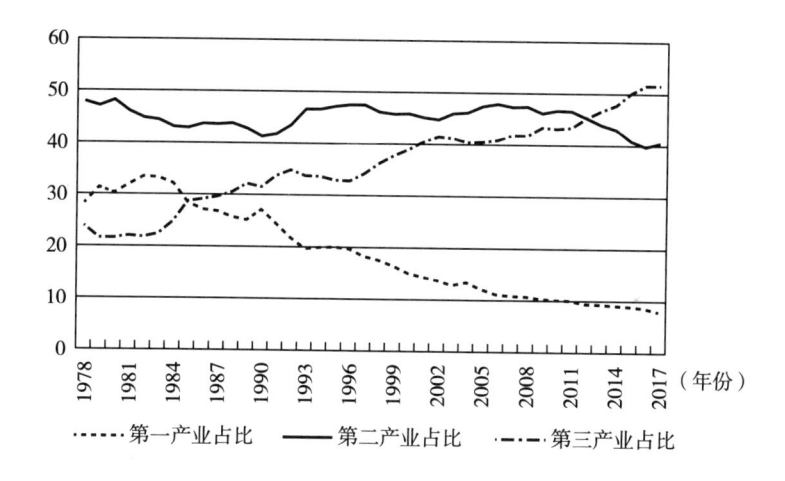

图5-1 中国历年产业结构

资料来源：《中国统计年鉴》（1978—2018）历年中数据整理计算得出。

一 城镇化进程中产业结构失衡

中国的新型城镇化建设要求符合"三规合一"的要求。"三规合一"是指在新型城镇化建设中，将城市总体规划、土地利用规划和国民经济和社会发展规划三个规划中的相关相同内容统一起来，使用同一个空间规划平台去规划，各规划按相关专业补充完成各自的其他内容①。

---

① 《中华人民共和国城乡规划法》，《中华人民共和国主席令》2013年7月26日。

但各级政府在具体制定规划当地的社会经济发展规划、新型城镇总体规划和土地利用规划的总体规划时，各规划之间常常不能相互统一配合，出现资源浪费和效率低下的情况。

基层管理者在进行经济与社会发展规划时，常被短期政绩所牵制，盲目去发展如信息技术、生物技术、新材料技术等一些技术、知识密集型的高新技术产业；或者不切实际地引入淘汰落后的工艺技术产业，这些产业极有可能产生高能耗、高污染，对生态环境造成极大的破坏并导致产业发展的落后。传统的农村地区在进行新型城镇化建设发展时，关键是要进行农业产业化的发展，应该要合理地选择优势农业产业或特色农业。但传统农区在进行新型城镇化建设时，一些基层管理者往往容易制定不科学的产业选择和调整。一是重工轻农，不去努力发展自身有优势的农业产业，忽视农业产业的优化和升级，没有把农业生产纳入到产业调整的体系中，结果把城镇化中的产业调整变成了脱离农业去发展工业；二是产城分离。城镇化的建设规划不去考虑产业如何在这个规划中发展，产业发展也不去理会城镇化建设的规划，脱离城镇化的发展去进行产业调整，造成产业发展缺乏城镇的支撑，形成不了规模效益，也无法可持续性发展；同时城镇化建设又脱离产业发展，没有经济发展跟上来，没有就业需求来支撑，城镇建设变成了"空城"建设。这种情况自然是不利于经济发展，不利于农民收入的提高和生活消费水平的提高。

二 产业结构调整落后于城镇化发展

在新型城镇化建设中，有的地方政府盲目追求城镇数量的增长，不去管理和投入城镇化质量建设，让一些新建城区和新开发的小城镇成为城镇的壳子，乡村的里子。在新建城区里，城镇工业落后，农业和工业相互交融，多数的城镇居民还是在从事传统农业活动即第一产业，出现了严重的"半城镇化"，这些半城镇化地区的外表虽然和城镇很像，具备某些城镇的功能和特点，但却不完全具备城镇的基本功能，农业即第一产业仍然在该地区的产业结构中占最大比重。以这种方式发展的城镇只是一个城镇的外延扩张形态，忽视了城镇结构和功能，造成城镇化质量较低。此外，这种粗放式地扩张城区来加快城镇化发展的做法会影响当地的农村建设，农民因为土地被征收而改变原有的农业经营收入来源和生活秩序，反而会使农民对未来产生不确定性，阻碍消费水平的提升。

所以在我国城镇化的发展过程中，由于当地政府的盲目性，很容易造成土地城镇化规模的迅速增长，从2000年起，伴随着中央对城镇化发展的重视和房地产业的兴旺，一些地区在快速发展土地城镇化，盲目发展投资房地产业，有些新建城区出现过度投资房地产、土地使用效率低下、房屋空置的情况，对当地的产业发展造成极大的打击。

另外，土地财政也会诱发城镇化建设中可能出现的腐败，一些地方政府为了在区域竞争中获胜，利用土地城镇化去向上级政府财政获取预算内和预算外收入。1994年中国开始实行分税制改革，这一改革使地方政府的税收收入锐减，但其财政支出范围却不减反增，出现收支的不对等，财权和事权不匹配的情况。但土地却是地方政府可独立支配的资源，由此引发了土地财政现象，地方政府为了粗暴追求表面上的城镇化水平的增加和经济的快速发展，通过土地财政获得财政收入，并用于实现新建城区面积的增长，紧接着就可能会产生强拆征地、重复投资、面子工程等低效率的经济行为，并有可能滋生腐败。因此在城镇化进程中，容易出现利用土地和房地产业去拉动地方经济增长的现象，短期看来经济在增长实则大大损害了实体产业的发展，并且会影响包括农村居民在内的居民的经济状况，降低他们的生活和消费水平。

第二节　农村消费环境落后阻碍农村消费增长

城镇化水平的一个重要衡量指标就是人口城镇化率，在我国近年来的城镇化快速发展中，大量的农村人口快速地转移到城镇生活，人口城镇化率增速很快；与此同时，很多新旧城区在不断健全和完善公共服务和基础设施，但与人口增量相匹配的基础设施、文化、教育等公共服务、商业配套、就业等设施还存在落后于人口增长的情况，这种情况的出现会抑制城镇化对居民消费增长的拉动效应。

一　与农村消费相关的基础设施落后抑制农村消费需求

1. 农村消费的硬件环境的落后抑制农村消费需求

在大部分农村地区，农村消费环境的改造也没有跟上城镇化扩张的步伐，农村消费环境的基础设施还很落后，比如公路交通、医疗教育、商业网点等公共服务设施都与城镇化后应有的水平存在一定的差距。由于这些与消费环境相关的基础设施的不到位，致使农民的消费行为成本较高，最终导致农村居民日益增加的消费需求无法满足。例如一些偏远农村地区的电力基础设施落后，就会使农民消费家用电器设备的需求受到影响；如果公路交通的基础设施不够好，道路质量不高或不通畅，则会影响农民对汽车、摩托车等交通工具和一些农用机械工具的消费；如果电信的基础设施在当地的覆盖范围不足，网络和通信信号不强，就一定会抑制农民对个人电脑、手机等信息通信商品的需求。如果农村的互联网覆盖没有普及，就会大大影响现代高科技产品在农村的推广和应用，进而抑制农民对现代高新科技产品的消费。

2. 消费市场秩序混乱打击农民的消费信心

在中国农村，由于消费市场秩序一般比较混乱，消费环境的建设水平滞后于城镇，使农村地区成为假冒伪劣产品、城市滞销劣质产品的销售地。此外，商场、购物中心、超市等在城镇普及的消费业态还跟不上城镇化建设，没有在农村普及，消费网络和市场建设都不完善健全，农民在消费时的交易关系的稳定性不够。

同时，由于农村的消费市场缺乏系统的售后服务网络，造成家用耐用消费品的售后和维修成本都非常高。在农村的消费市场中，售前售后服务及消费者权益保护都处于薄弱地带，农村消费者合法权益也很难得到有效保护。而且维修站和检验站多与农村居住地有一定距离，设在就近的城镇里，导致农民维修和维权的成本高昂，这些问题的存在都会抑制城镇化发展对农村消费的正向拉动影响效应。

二 农村的消费金融环境不佳抑制农民消费

农村的消费金融环境不佳，跟不上新型城镇化建设中居民对消费金融的需求。

1. 消费金融市场主体单一

大多数金融机构认为农村消费信贷不仅周期长，而且回报低、风险大，不愿意在农村提供消费信贷的金融服务。目前，大中型的商业银行机构并没有因为城镇化建设的发展而增加在农村的营业网点，而且对农村消费市场的贷款投放量有较大限制，对农民发放消费贷款的意愿不足，限制条件也较多，发放的贷款额度也不大。因此，在农村消费市场上，基本上只有农业银行、农村信用合作社、邮政储蓄银行这三家银行为农民提供金融服务，这三家金融机构在支持农村消费方面的力量还很薄弱，无法满足农村居民日益增长的、多样化的消费金融需求。而村镇银行和信用中介公司等新型农村金融机构还处于探索和发展的过程中，并不能有效地提供农民整体所需的完整的金融服务，特别是消费信贷服务。总之，当前农村金融市场存在的种种不足和限制，也抑制了农民在新型城镇化中的一些超前的消费需求。

2. 农民的抵押担保物不足，影响消费信贷的发放

农民在申请金融贷款服务时，存在抵押担保物不足的情况。近年来，随着城镇化建设的加快，国家也在积极促进农村产权制度的改革，颁发确认产权，在2015年政府发表了《国务院关于开展农村承包土地的经营权和农民住房财产权抵押贷款试点的指导意见》，鼓励各商业银行在农村推行两权抵押贷款，并推广林权、海域等使用权的抵押贷款[1]。

但是目前农村借款人能够以"两权"抵押贷款的范围仅限于农业生产经营等贷款人认可的合法用途[2]，而且也只是在部分地区试点进行，还没有在全国范围内推广。现行的法律、法规中规定，农民的宅基地是可以作为抵押物的，农民可以用来抵押的其他财产较少，但在实际操作中，农民可以用作银行抵押担保物的财产却是严重不足。

并且，在农村提供贷款担保的中介信用机构非常少，导致当前的困境是法律法规的滞后造成了农民缺乏可抵押物，而商业金融机构又因为风险过高而无法给农民提供消费信贷产品。

3. 农村缺乏信用体系，抑制金融服务

在目前的农村消费市场中，缺少针对农民的消费金融产品，金融机构几乎没有开发出针对农村消费的信贷产品，很大一个原因是因为农村没有健全的信用体系，而且多数农民对金融法律法规不了解，契约意识薄弱，农民的贷款违约率较高，这些都抑制了农村的金融服务，进而制

---

[1] 赵荣等：《浙江省林权抵押贷款风险及防范策略研究》，《林业经济》2019年第4期。
[2] 徐少鹏：《农村"两权"抵押贷款试点中存在的问题与对策》，《乡村科技》2019年第10期。

约了城镇化对农村消费潜力的拉动。

三 农村服务业落后弱化城镇化对农村消费的拉动力

服务业在农村的发展也明显落后于城镇化的扩张速度，这也是阻碍城镇化对农村消费拉动效应的因素之一。在我国农村，几乎没有购物娱乐中心这样的服务设施和商业网点。农村居民购物地点和方式还是依靠传统农贸集市为主。给农村居民提供文化娱乐消费的服务业较少，无法满足农民由城镇示范效应所产生的对消费的多样性和消费升级的需求。因此，农村地区消费服务业的落后也阻碍了城镇化对农村消费的拉动效应。

第三节 社会保障不健全弱化消费信心

在新型城镇化的建设中，有部分农村居民由于新城区建设中的征地而失去农民传统的生产要素——土地。农村的社会保障体系不如城镇健全，近年来尽管国家一直在农村推行农村养老保险、最低生活保障、新型农村合作医疗制度，但我国农村仍然存在最低生活保障较低，养老保险、合作医疗覆盖率不高的问题。再加上农村居民本身的文化素质水平不高，也相对缺乏在城镇工作的职业技能，使包括农村转移人口和农民工在内的新市民对未来的工作和收入充满了不确定性，这部分中的多数人在社保上仍是农民身份，并不能在社会保障和福利上享受到与传统市民相同的待遇，这些都使他们对在城镇的生活消费存在一定的悲观预期。因此，失地农民即便是得到了政府较多的失地补偿金，其中的一些人甚至购买了城镇商品房，从形式上进入了城镇生活，但其传统的消费观念、消费习惯和消费方式并没有得到真正的改变，仍然保留着农村居民的传统消费观，消费信心不足，在很大程度上抑制了新型城镇化对农村消费的拉力。

一个国家的社会保障应该涵盖居民生活的养老、医疗和失业等各个方面。在新型城镇化过程中，我国现有的社会保障制度还不能在本质上降低农村居民对未来收入和支出的不确定性。我国农村目前的社会保障体系存在着保障体系不健全、保障水平也不高的情况。2015年国务院发展研究中心书组在全国范围内对全体居民的民生状况进行了调研研究，在51017个居民样本中，有20.2%的居民对医疗保障的保障能力和范围表示非常担心，22.1%的人是比较担心；不到60岁的已退休居民中有59.6%担心养老的收入水平，60岁以上的已退休居民中有53.1%担心养老的收入水平。这一调查结果显示了我国大部分居民对未来的养老和医疗保障水平都是没有信心的，考虑到我国的城乡差距尤其是城乡居民在社保福利体系中仍然普遍存在的差异化管理，农村居民相比城镇居民对未来的养老和医保保障可能信心更低。

近年来，我国的新型城镇化建设发展非常快，人口城镇化率迅速提高（详见第三章），有2亿多农民转移到城镇成为新市民，但这2亿多人的养老、医疗、教育、失业保障等社会保障和公共服务并没有跟上城镇化建设的步伐。对农村居民及新市民来说，社会保障与公共服务的不健全会弱化城镇化对他们的消费需求带来的正向影响。

一 城镇化发展、城乡户籍制度与社会保障水平

尽管我国的人口城镇化率提高得非常快，城镇化水平在近年来也提升迅速，虽然农村转移人口实际上已经在城镇生活，但在我国的户籍管理体制中，其户口所属范围仍然在农村，并没有随着他们的生活居住地在城镇而改变。我国常住人口城镇化率在2017年已经是达到59.58%，但是户籍人口的城镇化率只有43.37%，两者相差了16.21%[1]。在我国普遍存在着城镇特别是大中城市的落户条件非常高和多的情况，普通农民均无法达到落户条件；此外，农村户籍绑定了农村的宅基地保用权和农村集体财产收益权，也导致一些有条件落户的农民不愿意落户城镇。除此之外，城镇的各种社会保障、社会福利与公共服务又与户籍绑定。上述情况的出现导致了我国新型城镇化中的"中国特色"——"半城镇化"现象[2]。从表面上看，一些农村地区在城镇化过程中变成了新建城区，农地被征收，农民变成了新市民，或是农村剩余劳动力已经转移到城市打工工作，定居在城镇，成为城镇的常居人口，但是由于户籍制度的约束，他们享受不到城镇居民的各种社会保障、社会福利以及公共服务，广大农民或农民工、新市民游离在城镇的社保福利体系之外，同

---

[1] 《2018年国民经济和社会发展统计公报》，www.siats.gov.cn 2019.2.28 国家统计局。
[2] 李爱民：《中国半城镇化研究》，《人口研究》2013年第4期。

时原有的农村社会保障也根本无法和他们在城镇的生活消费相匹配，造成他们不敢消费，消费水平低下，在这种情况下新型城镇化对农民消费的刺激被压抑住了。

此外，我国人口基数庞大，在城镇化进程中，城市的公共服务本身就存在一定的供给不足的现象，很多城市，特别是大中型城市都会通过户籍制度去制约外来转移人口享受本地的公共福利与服务，以暂时缓解公共服务不足的矛盾，这些制约势必也阻碍着新型城镇化发展水平与农民的消费水平。

由此可见，我国现有的户籍改革还跟不上城镇化的发展进程，大量已经居住生活在城镇的农村居民，由于户籍制度的制约，无法享受到与原有城镇居民一样的社会保障和社会福利，甚至是工资待遇，尽管他们的工资收入在新型城镇化些过程中大大提高，但是由于缺乏在养老、医疗、住房、子女教育等方面的社会保障，造成他们的预防性储蓄金额会比较大，也使他们的消费观念无法和原城镇居民保持一致，更愿意储蓄来应付未来的养老、医疗和子女教育等消费需求，不敢提前消费，结果是城镇化的提高并没有扩大农民的消费需求，也没有提高农民的消费水平。

二 社会保障制度的不完善与覆盖不均衡

在城镇化建设中，虽然城镇的基础设施和公共服务在这个过程中得到逐步完善，但城镇中新进市民的日益增长，和城镇的公共服务及福利供给不足的矛盾仍然存在。并且由于农村的社会保障体系尚不健全，大多数农村居民为了应付未来的生活风险，当收入增加时，往往更愿意提高储蓄比例，而不是增加消费支出。

在近年来的城镇化进程中，政府已经初步建立了养老、医疗、住房、社会救助等一体化的保障体系，但大部分地区的社会保障水平不高，还不能使居民对未来的生活水平和保障有足够的安全感，更不能消除居民对预期消费的不确定性。在2017年的《中国社会保障发展报告》中，城市企业离退休人员养老金在2016年是平均每月2373元，但这一养老收入水平只达到公职人员月平均养老金的一半，而乡镇居民基本养老金平均每月更是不到200元，有一些地区还不到150元，明显表现出我国养老保障水平发展的不均衡。又比如在我国东部地区，社会保障发展地比较迅速，而中西部经济较落后地区的社会保障水平就比较落后。城镇的社会保障种类多、水平较高，覆盖面也比较大，而广大农村地区的保障种类少、水平低并且覆盖面窄。这种社保发展的不平衡会制约社保制度的健全与社保水平的提升，进而导致城镇化对降低农村居民和新市民的预防性储蓄动机失效，阻碍城镇化对农村居民消费水平的拉动和提升作用。

三　教育资源投入的不足与分配不均

教育资源无论是在城镇和乡村教育之间，还是不同地区之间，还是不同社会阶层间都存在分配不公的情况。这一方面是因为国家对教育的投入不足，和教育资源浪费的情况还存在；另一方面则是由于不同地区、不同社会阶层的收入水平不同造成的。这种教育资源分配不均衡也会影响城镇化的质量及其对农村居民消费的拉动效应。

在新型城镇化建设中，转移到城镇的农民工或新市民无法享受到与原有城镇居民相同的教育资源。在大部分情况下，农民工和在城镇生活工作的农村转移人口，由于受到现行户籍制度的限制，其户籍仍然保留在农村而无法落户到城镇，因此无法就近入学或进公立学校就读，这就使外来人口的子女教育上学成为新市民家庭的难题，尤其是在北上广这样的特大城市，城市公共教育服务供给不足的情况更为突出。由于进城农民的子女上学是一个难题，无法享受城市的公共教育资源，很多农民选择将孩子留在乡村受教育，变成留守儿童。另一方面，在城市的义务基础教育中，也会出现各种不明费用及课外培训费，让很多中低收入的家庭难以应对，并且，中国高等教育的学费与生活费也使农民望而却步，要么选择让孩子放弃高等教育，要么拼命储蓄以备日后子女教育支出。这些问题和情况的存在，突出了教育这一公共服务的供给不足与不平衡会直接降低新型城镇化的质量，并阻碍城镇化对农村居民消费水平的提升作用。

第四节　城镇对农村的消费示范效应失效

我国新型城镇化建设的启动方式是先从城镇近郊入手，把郊区先转变成城区，推进城镇往周围的放射性扩张。这种方式可以加快城镇化发展的速度，但副作用就是导致城乡收入差距的不断扩大，削弱城镇化中消费示范效应的发挥，商品供应跟不上城镇消费结构升级的需求，阻碍消费拉动效应。

一 城乡结构失衡与消费示范的失效

在我国的城镇化建设中，城镇结构失衡存在三种情况：一是能起到要素聚集、有带动辐射作用的大城市以及城市集群的数量较少，在城镇化进程中容易出现各城市间资源无法优化配置、要素不能有效聚集、城市间有效分工不足的问题；二是新城镇内部出现二元结构，进城的农民主要从事低技术含量、低收入的工作，并且不能享受与原有城镇居民同样的社会保障和社会福利；三是自然生态环境由于城镇化建设及城镇人口的激增受到破坏，影响到城镇和社会的可持续发展。

在这三种情况中，问题影响最严重，对扩大消费最有阻碍作用的就是进城的转移人口缺乏稳定的工作和收入，并且无法享受城镇的社会保障与公共服务。进城的农民成了"两栖人"，一只脚在城镇，工作生活在城镇，成为城镇中的产业工人；另一只脚还在原籍，农村是他们维系亲友和社会关系的故乡，是他们的心灵家园。这种结构不均衡的城镇发展结构，会弱化城镇消费示范效应，降低农村消费的增幅。

虽然进城的农村转移人口从身份上转变成为新市民，他们的生活和消费环境也发生了质的改变，但是他们一般都是从事技术含量低，以体力劳动为主的清洁工、个体小商贩、建筑工人和产业工人等职业。尽管他们很想融入城市生活，向往能有和原住市民一样的生活和消费方式、消费水平。但是受制于他们的收入水平、社会保障及福利的缺失、就业歧视，以及原有生活方式和消费习惯，他们的消费心理还是停留在原来的位置，仍然节衣缩食。

二 收入分配制度不平衡与消费示范的失效

第四章的实证结论表明，城乡收入差距的缩小与农村居民的消费水平是正相关的，这是因为不同收入群体有着不同的消费方式、消费水平和消费倾向，收入差距的变化也会改变相关收入群体的消费方式。在新型城镇化进程中，尽管政府非常重视调节收入分配差距，但是我国毕竟还是处于城镇化的发展阶段，收入分配差距的矛盾无法避免。2003—2017 年中国居民的基尼系数分别为 0.479、0.473、0.485、0.487、

0.484、0.491、0.490、0.481、0.477、0.474、0.473、0.469、0.462、0.465、0.467，其数值一直都是大于国际公认警戒线 0.4 的水平。并且从 2003—2008 年，我国的基尼系数一直都在上升，2008 年后开始下降，降幅也很有限，而且 2016 年、2017 年这两年的基尼系数又开始回升。党的十九大报告中已经把中国当前的主要矛盾定义为"人民日益增长的美好生活需要和不平衡不充分的发展之间的矛盾已成为我国社会的主要矛盾"，城乡收入差距是城乡发展不平衡的表现之一，也是城镇消费示范效应减弱的原因之一。

三 原有消费习惯对消费示范的制约

消费观念是指人们在一定的可支配收入数量的制约下，分配其收入，对消费总量和消费结构进行决策的一种思维方式。根据预防性储蓄假说，居民都是理性经济人，不愿意将所有可支配的货币全部用于消费，会将其中的一部分储蓄起来，以应付生活中的各种不确定性和意外事件。城镇居民的收入为工资性收入，并享受城镇相对健全的低保、养老、医疗保障福利，其收入和消费的不确定性要小于农村，他们的预防性储蓄动机相对较弱，当可支配收入增加时，愿意通过消费去提高自己的生活质量。而农村居民原来的收入来源主要是传统农业，有着"看天吃饭"的风险，形成了他们传统的较为保守的消费观念，省吃俭用，防范风险是农民代代传承的消费观。当他们的收入增加时，他们想的不是消费，提高生活质量，而是存起来防范风险或留给孩子。对于那些从农村移居到城镇的新市民，城镇的购房、租房价格较高，子女教育费用也不低，生活成本会高于农村，新市民还因为户籍等原因享受不了城镇的各项社会保障福利，因此也会由于较大的生活压力而产生较强的预防性储蓄动机。所以在城镇化过程中，农民的收入增加了，但其消费却并没有增加，有一部分原因是因为受到农村传统消费观念的制约。

叶德珠（2008）认为东亚社会的文化中崇尚"自我控制"，这种过度控制的认知偏差导致东亚居民普遍存在消费倾向过低的经济行为。中国居民的经济和消费行为也存在类似的情况，除了东亚文化中的"自我控制"，还有近百年来我国农村社会基本处于物质匮乏状态的历史背景，更是让我国农民形成了根深蒂固的以节俭储蓄为核心的消费观念，很明显，这种传统消费观念也减弱了城镇消费示范效应的发挥。

本章小结

本章讨论在新型城镇化过程中,对新型城镇化的农村消费拉动效应可能存在的制约因素。

(1) 在发展新型城镇化的过程中,基层政府如果只是片面地追求城镇规模的扩张,导致产业结构调整跟不上城镇化的发展水平,发展城镇化的过程仅仅停留在人口城镇化率和城区建成面积的上升,而没有带来农民收入结构的变化与升级,这种简单粗暴的城镇化发展方式就会阻碍城镇化对农村居民消费的拉动效应。

(2) 在城镇化发展过程中,农村一些基础设施在内的消费环境的改造与完善没有跟上城镇化扩张的步伐;农村的消费金融市场主体单一、农民的抵押担保物不足、农村缺乏信用体系,抑制了农村社会的金融服务;此外,服务业在农村的发展也落后于城镇化的扩张速度,这些都会制约城镇化对农村消费需求的拉动效应。

(3) 在新型城镇化建设中,人口城镇化率迅速提高,有2亿多农民转移到城镇,成为新市民,但这2亿多人的户籍转化,以及他们的养老、医疗、教育和失业等相关的社会保障与公共服务并没有跟上城镇化建设的步伐。对农村居民及新市民来说,社会保障与公共服务的不健全弱化了城镇化对他们的消费需求所带来的正向影响。

(4) 我国的新型城镇化建设的启动方式是先从城镇近郊入手,让郊区先变成城区,推动城镇往周围的放射性扩张。这种方式可以加快城镇化发展的速度,但其副作用就是造成城乡收入的差距不断扩大,阻碍城镇化中消费的示范效应,制约城镇化对消费的拉动效应。

第六章

发展新型城镇化，拉动农村居民消费需求的对策研究

在进行新型城镇化建设，扩大消费需求上，很多学者给出了他们的意见。贺建林、李慢对我国城镇化建设给出的建议是从制度改革上消除制约城镇化发展的因素，培养以内需为导向的经济结构[1]。倪建伟、胡彩娟建议从以下多个方面去建设中国特色的新型城镇化，进而拉动消费需求：一是要让农民工真正的市民化；二是进行以服务业、投资、市场、城乡一体化为主导的城镇化建设[2]。辜胜阻等认为城镇化建设要根据各地不同的地区特点去规划不同的发展模式，可以实验用土地融资的办法解决城镇化建设的资金问题，要创新改革以农民工为主的户籍制度和公共服务制度[3]。周笑非指出要通过城镇化去推动消费需求的上升，必须进行产业结构升级、促进城乡一体化的公共服务体系的建设、降低城市的生活成本，并且要利用城镇居民消费需求的多样化去进行产品创新[4]。柳汉秀、赵新宇表示应该利用民间资本参与到城镇化的建设中，促进产业结构升级，发展好中小城镇，从而扩大消费需求[5]。叶伟春建

---

[1] 贺建林、李慢：《城镇化扩大内需的理论分析》，《理论与改革》2009年第5期。
[2] 倪建伟、胡彩娟：《基于扩大内需背景的城市化战略创新研究》，《经济体制改革》2010年第6期。
[3] 辜胜阻等：《城镇化是扩大内需实现经济可持续发展的引擎》，《中国人口科学》2010年第3期。
[4] 周笑非：《城市化扩大消费的机制与路径研究》，《消费经济》2012年第2期。
[5] 柳汉秀、赵新宇：《新型城镇化进程中扩大内需的对策》，《经济纵横》2013年第11期。

议从六个方面着手进行城镇化建设，进而扩大居民消费需求：一是了解中国的城镇化内涵，二是城镇化必须和工业化协调发展，三是要做好城镇规划，四是要让转移到城镇的农民市民化，五是要鼓励民间资本加入到城镇化建设，六是发展好小城镇，挖掘小城镇潜力[1]。侯为民指出传统的城镇化发展模式不利于刺激农村居民的消费需求，新型城镇化要从制度创新开始，要在提高我国城镇化水平的同时加强城镇化的质量建设，进而促进居民消费需求的上升[2]。

第一节 新型城镇化进程中的产业结构升级与拉动农村消费

提升产业结构能够减少新型城镇化与工业化之间的距离，政府应促进城镇化与工业化之间的相互协调发展，这样既可以提升城镇化质量，又可以促进包括农村居民的全体居民的消费水平，进而实现产业结构、城镇化质量、消费结构的协同发展优化。

一 加快产业结构升级，促进新型城镇化发展与农村消费

产业结构升级实际上就是要转变经济发展方式，从经济发展水平的维度上提升新型城镇化水平。在新型城镇化进程中，可以通过产业结构升级引入高端人才和高新技术这些先进的生产要素，利用先进和现代化的管理思维与技术手段去建设管理新型城镇化，提高其服务水平，使中国的城镇化建设由粗放型发展向集约化转变。

（一）农业现代化是产业结构升级的基础

在新型城镇化进程中，优化产业结构首先要重视农业的发展，确保农业的产业发展，增加农民收入。李克强总理在2013年3月，在对江苏、上海等地调研时发表过讲话："新型城镇化建设必须以发展农业现代化来有力支撑。"[3] 可见，农业现代化是新型城镇化建设的根基，如

---

[1] 叶伟春：《推进城镇化扩大内需的误区与对策》，《宏观经济管理》2013年第5期。
[2] 侯为民：《试析城镇化推进模式与扩大农村居民消费的关系》，《消费经济》2015年第4期。
[3] 新华社：《李克强考察时强调：以农业现代化支撑新型城镇化》，中国政府网，www.gov.cn，2014-03-05。

果不能推进农业现代化的发展,也不可能让新型城镇化健康发展。例如,法国是当前城镇化率最高的国家之一,在 2012 年法国的城镇化率就已达到了 85.7%[1],法国在发展城镇化的过程中非常重视现代农业的发展,许多法国的葡萄酒品牌是世界著名的大品牌,价格和销量都非常可观。这些成就的基础都是法国高度的农业现代化。

1. 提升农业现代化水平

在城镇化过程中,产业优化的首要工作就是要加快发展农业现代化水平,提高农业的生产率。

(1) 促进农村土地能够在市场上流转。

政府可以推进开放农村土地市场,使农村土地使用权和承包经营权可以在市场上自由流转。政府应该制定和完善与农村土地流转相关的法律和法规,从法律法规上保证农村土地的使用权、农民土地承包经营权能够自由流转;帮助各种形式的土地流转平台的建立,使那些拥有土地量不多的农民、已进城务工的农民、无法种植使用土地的农民能够把土地转让给一些乡镇农企或农业经营大户,通过流转土地,实现农村土地规模化、集约化经营[2]。只有使农村土地能够顺畅流转,才能实现农村土地这一农业经营要素的优化配置,才能对农业要素进行合理调配,推动农业规模化、集约化生产,解决我国农业发展中存在的小规模生产和效率低下的问题,进而推进农业现代化和新型城镇化的协调发展。

(2) 利用现代信息、生物技术等高新技术去改造传统农业,促使我国农业向机械化和规模化发展。

政府应鼓励农企和农户在农业生产和经营中引入现代化农业技术设备和各种生物技术,提高农业的生产效率和农产品品质,增加农民收入。例如,在农田中投入施肥灌溉设备和技术,促进农田的增效和提质;在农产品种植中引用生物技术对农产品品种进行改良优化,增加农副产品的科技附加值,提高农副产品产量和质量,进而提升农副产品的

---

[1] 丁国庆、朴蕾:《深化城镇化改革对国民经济的影响》,《新经济》2016 年第 1 期。
[2] 王永苏:《正确认识和处理"二化"协调发展中的几种关系》,《经济经纬》2012 年第 1 期。

竞争力。

（3）发挥农企农产品深加工的引领作用，带领农户走上现代化的道路。

政府可以通过设立补助、资助农业保险等各种形式，鼓励科技含量高的一些农产品加工企业去带引领农户生产经营科技含量高、市场需求旺盛的新型农作物，使农业往质优、高产、生态的方向发展。在农业逐步走向现代化、规模化的同时，实现在农村地区的产业升级，促进城乡第一、第二、第三产业互动，进一步推动城镇化建设。

2. 促进农业产业化经营

农业产业化是一种农副产品生产、供应、加工、储运、销售的一体化经营方式，将农产品的产前、产中、产后各环节链接成一个有机整体。并对其中的农地、劳动力、资金、信息、技术、销售等生产要素进行组织、协调和控制，使一家一户的小农生产转变为社会化大生产。从本质上来讲，农业产业化就是农村工业化，也就是说按照工业化的方式来进行农业生产。

（1）促进各类型的农村专业合作经济组织的发展壮大。

政府应鼓励农民组织起来，发展壮大农村乡镇集体经济，发展多种形式的农村合作经济组织。积极发展"农业企业+农户"或"合作社+农户"的组织形态，从上游的农产品生产，到中间的加工包装环节，最后通过农企、合作社的营销连接下游的消费者，进行产业链的延伸，增大农产品价值，并可以根据市场需求及时进行农产品生产的结构调整与农产品的加工升级，形成"生产—加工包装—营销"的现代农业产业链。并且，可以通过农村合作经济组织形成"农企+种养殖基地+合作社+农户"的产业经营体系，在此体系中建立风险防范及利益共享机制。让无数的小农户参与到社会化大生产中来，减少种养殖风险和销售的不确定性，实现农业向规模化、集约化转型。

这些农村合作经济组织不仅可以把无数的小农户组织起来，引导农户生产新品种及调整农产品种养殖结构，帮助农户减少生产经营风险，实现农业产业一体化经营，更可以对农户提供高新生产养殖技术的培训和服务、农副产品的良种等生产资料、贴息贷款等服务，最终实现农业产业化经营，增加农民收入，提高农民的生活和消费水平。

(2) 促进农产品生产的标准化、国际化和品牌化。

农企要以科技、生态、绿色农业为指导思想，打造农产品名优品牌，推进农业产业往高质、高端的方向发展。可以参照一些已经兴起知名的民族乳业、水果果汁业、茶业、粮油产业、肉制品业等涉农企业，强化原产地的国家地理品牌标识，将中国的农产品生产标准化和国际化，使更多的农产品成为具有国际影响力的中国农产品品牌。我国本身就是农业大国，通过标准化、国际化和品牌化可以引领我国从农业大国走向农业强国，以国际思维和国际标准来组织生产和营销，开创我国农业的新格局，促使农企参与到国际竞争中去，带动农企用全球眼光去开发、生产、加工、经营农产品，积极产出优势农产品，与当前中国的"一带一路"倡议相结合，构建横跨亚欧的现代化生态农业合作带。

(3) 打造特色、优势农业。

在农业产业化过程中，各农业地区要根据地区优势和特色来发展农产品的深度、精度加工产业。当地政府可以引导各地区充分认识到本地资源优势，明确区域特色和优势，并选择具有市场需求的农产品作为研发对象，开发具有独特性和竞争力的农产品为主导产业带。农企应多进行特色农产品深加工，研发生产出符合餐桌需求的农产品，增加农产品附加价值，提高自身的农业经济效益。使中国农户和农企从过去以供应农产品原材料为主，转化为以销售具有品牌附加值的农产品为主。

在这个过程中，各地涉农企业应加快打造特色农业，建立优势农产品的形象。政府也应扶持建立特色农业的示范种植、养殖基地，鼓励农户和农企将传统生产方式与现代信息、生物技术结合起来，选取优良品种，打造高质的特色农产品品牌，并根据市场需求进行加工、包装、储运、销售和营销，拓宽我国现代农业产业的发展领域，增加农民收入来源，提高农民的生活和消费水平。

(4) 促进农业发展升级换代。

地方政府应结合当地特色和优势，推动优势特色农产品的生产经营，合理进行农业结构调整，提升农产品深加工的品种与比例，将农产品加工产业向周围城镇转移，进一步将农业与城镇中的第二、第三产业一起融合发展。此外，还要鼓励农产品电子商务的发展、现代农业旅游业的发展，利用多种形式促进农业发展升级。

（二）第二产业是新型城镇化中产业升级的重点

在新型城镇化进程中，除了要重视农业的发展，还应重视第二产业的发展，特别是高端制造业。在第二产业中，对于劳动密集型产业，要提高其创新力，使其能够逐步向高端制造业、高新科技产业发展；对于高新技术产业，则应在政策和资金上给予重点支持，提升其竞争力，强化在国际市场上的品牌效应，将我国的制造业发展壮大，开拓国际市场，提高市场占有率，促进第二产业的良性发展。

（三）第三产业的发展是新型城镇化的基础

在城镇化建设中，要使城镇的各功能充分满足市民的需求，第三产业的发展非常重要。尤其是城镇中的服务业，其发展水平直接影响城镇的就业水平。第三产业的发展需要第一、第二产业提供经济支撑，更需要大量的劳动力作为发展的基础。现代服务业与传统第一、第二产业不同的地方，在于现代服务业为大量的劳动力创造了就业岗位，引发了社会需求。因此，发展服务业可以消化大量的剩余劳动力，解决农村转移人口的就业难题，进而提高居民收入，改善居民的生活水平与消费水平。从拉动消费的角度考虑，现代服务业的发展对促进居民消费的效应也是非常明显的，为不同阶层的消费者提供了不同层次的服务产品，直接促进了居民消费。

1. 要加大对第三产业的资本投入，积极发展服务业

在城镇化进程中，政府应促进现代服务业的创新与发展，鼓励企业扩大服务业领域，并将现代制造业与现代服务业结合起来，使服务业更好地为实体产品提供配套服务，既能提高居民对实体产品的满意度，又扩大了对产品服务的消费需求，使新型现代服务业成为扩大内需，促进居民生活性消费的重要手段。

2. 鼓励吸纳多种投资融资方式，鼓励创新型服务业

在城镇化进程中，第三产业为城镇居民增加了就业岗位，提高了城乡居民的收入水平，进而促进了城乡居民消费。在这个过程中，政府应从多种渠道去筹措资金加大对第三产业的投入，促进第三产业结构的调整与升级。一些包括金融业、旅游业等现代服务行业的发展创新，还可以扩大消费者的消费需求，改变消费结构，为消费升级创造条件。政府

也应该着力发展现代新型服务业，鼓励服务业的新业态、新模式，例如财务法律咨询业、物流、保险、现代理财金融业等新型服务业态。业内企业也应从现代科技、管理创新、劳动者素质提高等方面去升级服务业，发展新型服务业态，提升服务水平，增加服务产品附加价值，满足消费者的多样化需求，提高服务质量和服务水平。并且还应改革一些垄断行业，鼓励自由公平竞争，为第三产业的良性发展营造良好的社会经济环境。

3. 提供对进城务工人员职业技能方面的培训

前文已提到第三产业的壮大对扩大就业，解决转移进城的农村劳动力的生存问题有很大效用，并且还对城镇空间结构的优化，城镇整体形象的提升，城镇各项功能的完善起着至关重要的作用，也是促进新型城镇化良性发展的重要基础。

对于大量进城的农村转移人口来说，他们的文化素质水平不高，缺乏适合城镇工作的专业知识和职业技能，在城镇中找到适合他们的工作相当困难，适合他们起步的工作只有相对技术含量较低的第三产业就业岗位。因此，在城镇化的发展过程中，政府应该更加着力扶持第三产业，投入资源去发展城乡的第三产业，并大力发展职业教育事业，针对城乡用工的需求和特点，开设各项岗位职业培训教育课程。还要对进城农民积极进行一些定向与定点的免费培训，开展不同工种的技术等级职业培训，使农民在知识和技能上为在城镇中就业做好准备，实现培训与上岗就业无缝对接，帮助他们适应和胜任新的工作岗位。在课程设置上，也应改进培训方式与内容，增加技术型的职业培训，使进城农民能够在工作选择上由体力型向技能型转变，帮助农民获取实用的职业技能，为融入城镇工作和生活做好准备。这样既从人力资源上支持了第三产业的发展，又解决了进城农民的就业问题，有助于提高农民的消费水平。

二　优化产业布局，提升新型城镇化格局

在新型城镇化发展中，产业结构的升级与发展无疑是非常重要的；在产业结构升级中，优化产业分布，协调产业之间的发展，是产业升级中的一个重要部分。产业分布的优化就是对产业进行最优分工，根据各城镇的比较优势，让产业在城镇内或不同的城镇之间进行转移，优化分布，有效地实现生产要素和资源的优化配置。

新型城镇化建设还应该重视三种产业的优化和布局，以优化产业分布去推动产业结构升级，支撑区域的协调发展，推动城镇化建设和产业聚集、产城融合，提高城乡一体化发展水平。各区域应根据自身的优势和特色去选择最适合、最有竞争力的产业，推动当地产业走专业化道路，形成特色产业、优势产业；制定不同层级和类型的城镇产业发展重点，引领中小城镇在主导产业上差异化发展，在产业分布中实现各城镇产业的优势互补，促进大中小城镇中的产业协作与分工。

最终目标是实现城乡一体化，优化新型城镇化的发展格局，不断改善城镇中的生产和生活环境，提高全体居民的生活和消费水平。

三 推动产业和城镇的良性互动，实现融合发展

产业和城镇融合发展就是把城镇化发展和产业发展有机地结合起来，提高土地使用效率和空间集聚，有效利用资源，促进共同发展。政府要树立产城融合的意识及产城协同发展的战略观念，设计二者能够互动协同发展的战略规划，提高经济效率和促进经济的可持续发展。

应在城镇化进程中鼓励各种新兴产业的发展，推动产业层次的提升，促进绿色经济及低碳循环经济的发展。从产业升级的角度去提升城镇资源的优化配置、人口素质，控制城镇规模。

引导产业园的建设，通过产业园把产业与城镇融合起来发展，带动城镇化水平和产业聚集水平的提升。在产业园中，引领发展中小企业，从同一产业内的企业的分工合作入手，促进有竞争力的产业集群的形成，使特色、优势产业最终成为一个城镇的综合实力的体现。

四 提高城镇土地的使用效率

在我国的城镇化发展中，部分地区出现了土地城镇化快于人口城镇化的情况，表现为城镇建成区面积的增速快于人口城镇化的增速。这种现象对城镇化中的产业升级是大大不利的，会阻碍城镇化中的产业集群效应，并且也给当地居民的生活带来不便，增大出行成本。中国的土地资源本身就不丰富，属于地少人多的国家，因此更加应该在城镇化进程中提高土地使用效率，制定好城镇的发展规划，在合理范围内对土地集约化经营，提高城镇的综合生产和生活水平。

第二节 改良消费环境，促进新型城镇化的发展与农村居民消费水平的提高

许多国家在发展城镇化的进程中会出现"城市病"现象，带来城镇资源供给不足、民生配套设施和公共服务短缺的情况。我国也不例外，在城镇化进程中，随着我国城镇化水平的提高，新建城区和城镇人口的迅速增加，新旧城镇都面临公共基础设施的压力，出现了公共基础设施不足、城市过度拥挤和消费竞争的产生。这些问题的有效解决不仅关系到我国的新型城镇化综合水平，也关系到居民消费环境的优劣。这种情况的出现导致消费环境不佳，并阻碍新型城镇化对居民消费的拉动作用。在新型城镇化进程中，要使居民有良好的消费环境，发挥城镇化对消费的拉动作用，首先就要加大城镇配套设施的建设。改善居民的消费环境与城镇配套设施的建设是分不开的，政府要强化城乡消费性基础设施的建设，特别是在新建城区和农村地区，要主动对乡镇公路道路、供电设施、光纤网络、无线基站、有线卫视、文化馆所等消费性基础设施进行建设和升级，通过城镇化手段提升整体消费环境，对新建城区和农村地区的消费环境进行改善，提高居民消费水平。

一 完善城镇化建设中配套基础设施

在新型城镇化进程中，与居民消费环境相关的各种配套基础设施也随着城镇化建设而逐渐提高和完善，这对于方便居民消费，提升居民消费水平，和消费结构的升级有着非常重要的作用。因此，政府应在城镇化进程中重视对配套基础设施的建设，例如公共安全信息化设施的扩容，公路道路的建设与维护，基本的供水、供气、供电等基本公共服务。

首先，建设城乡公共交通网络系统，方便大小城镇和乡村居民的交通出行。国家也正着力实施"村村通"工程，加宽乡镇道路路面，加固路基，提高农村公路通达程度和安全性，既为村民出行提供了更大的便利，也为农民消费摩托车、汽车这样的交通工具提供了必要的基础设施条件，同样也促进了城镇的销售和服务网点向农村延伸。公共交通体系也应该努力扩大城镇公交线路的覆盖面，力争使城镇公共交通的范围

覆盖到偏远乡镇。公交系统可以逐步优化营运体系，创建更加完善的公交营运系统，积极把农村地区纳入到公共交通系统覆盖范围，方便城乡交融，促进城乡一体化，带动农村经济发展，扩大农村消费。

其次，从用水、用电、用气、用网等居民生活基本配套设施来改善农村居民的消费环境。这些配套设施是改善农村居民用水用电环境和住房条件的基础，这些配套设施到位了，农村居民才有条件去消费家电等家庭设备用品。前文分析中发现在城镇化进程中，农民对家庭设备用品的消费占总消费的比重一直不高，也未见明显增长，相比农民住房消费的持续增长，农民家用设备的消费明显存在不合理的地方，并且在示范效应的分析中也发现在家用设备消费上是不显著的。这其中部分原因也是因为家用设备的消费环境还跟不上消费需求，例如配套的水电供应设施不足造成部分家电在农村地区无法使用，或者使用起来非常不便利。所以政府应加强农村地区生活配套基础设施的建设，包括水电供应、通信基站、有线电视网、有线无线宽带网络等，促进农村对各种家用电器、有线电视、智能手机等高新科技产品的消费，也有助于农村居民网络购物的增长。

最后，从生态环境、公园绿地、文化馆所、度假景区这些公共设施的建设入手，为包括农村居民在内的所有居民的精神文化消费和升级提供良好的消费环境。随着新型城镇化综合水平的提高，居民的生活水平提高，农村居民的消费也面临升级的需求，由仅仅消费传统的生活必需品往侧重精神型、休闲娱乐的享乐型消费发展。政府应该为居民的消费升级做好规划和引导，消费环境具备了，居民才能有条件去消费文化和休闲娱乐等的发展型和享乐型产品。

各地政府也应重视、加强生态环境的维护，公园绿地和文化场所的建设，发掘消费升级的热点产品，为居民的消费升级创造良好的消费环境，并且在电子消费、网上消费等新的消费形式上给予支持，丰富居民的消费方式，满足城乡居民的消费升级需求，促进扩大居民消费。

二　优化城镇化建设中农村消费市场环境

在新型城镇化进程中，类似购物中心、连锁超市、便利店等这些已在城镇中普及的业态也正开始向农村地区延伸。在乡镇地区，购物中心、超市以及新型支付方式的建设都是优化农村消费环境的重要途径。

农村在城镇化中的发展应借鉴周围城镇的发展经验，发展农村零售业、餐饮业、通信业及物流业，支持服务业网店、物流、邮电通信业在农村的发展，这些都有助于销售和服务网点从城市向小城镇和农村地区扩散，改善农村的消费环境，帮助农村居民享受和城市居民一样的便捷的购物消费方式，进而扩大农村消费。

除了上述农村消费环境中的各种硬件设施，影响居民消费环境的相关法律法规的建设也同样重要。近年来，我国逐步建立和完善了适用于现代新型消费形式的法律法规，例如网上购物的七天无理由退货的规定。但我们还需进一步完善保护消费者合法权益的法律法规，特别是针对农村地区，由于市场规范的不完善，再加上农民消费能力明显低于城镇的特点，造成假冒伪劣产品、库存积压产品在农村地区盛行。政府尤其应该在农村地区加大市场管理力度，降低农民消费者面临商品欺诈时的申诉成本，鼓励乡镇居民大胆、放心地消费。此外，政府还应在优化市场供给、完善消费法规上有所作为，为乡镇的消费环境打造优质的软件系统。

三 优化城镇化建设中的农村金融环境

我国农村居民本身收入并不高，因此他们的消费会受到流动性约束制约，抑制消费需求。此外，城镇化各项基础设施的建设速度也部分依赖于金融融资，所以，在新型城镇化进程中，提升乡镇的金融服务与支持，有利于改善居民消费的金融环境，对扩大农村消费有一定作用。

（一）农村金融体系的多元化建设

根据前文分析，在我国农村地区，金融服务主体比较单一，主要依靠中国农业发展银行、国家开发银行、农业银行、中国邮政储蓄银行、农村信用社这几家金融服务主体在农村地区提供金融服务。由于涉农贷款具有利息低、风险高的特点，大多数商业银行在触及农业农村业务时都特别谨慎，造成农村地区存在金融服务不足的情况。

为改善农村金融服务质量，推动新型城镇化建设的顺利发展，政府已经在对这些银行的涉农业务进行明确定位。

一大类定位是对新型城镇化中农村农业的涉农项目的投资放贷。应明确农业发展银行的定位是政策性功能，鼓励其加大对偏远贫困区域道路等农村基础设施建设的贷款力度；国家开发银行应该加大在新型城镇化建设中对农业农村建设的中长期信贷的投放量；中国农业银行则应该增加在小城镇和县市的经营网点，增加其支农贷款比重。

另一大类定位是农村居民的生产和消费信贷。目前农村信贷的主力军还是农村信用合作社。国家应鼓励农村信用社和邮政储蓄银行进一步发展农村金融信贷业务，并制定具体措施以鼓励其他商业银行增加对农村金融服务的投放。

可以预见，随着农村金融市场服务主体的增加，农村在城镇化中的发展建设和农民的信贷约束将会逐步缓解，农民的消费环境会越来越好。

（二）农村消费信贷产品的多样化创新

在农村信贷的支持下，农村居民的消费需求会释放得更快。针对我国目前的城镇化发展进程和城乡一体化的发展情况，城乡间的边界和差距正在逐步缩小，农村的商业信贷服务也应该逐步更新和多样化，以便更好地满足农民的消费需求。

1. 发展农村居民生活性贷款

首先应该对农民开放住房消费信贷。前面的分析中已经发现，中国农村居民的居住消费逐年升高，在消费结构中的占比也是第二位，并且受城镇化的影响较大。农村在城镇化中的剩余人口和进城农民都有居住消费支出的需求，特别是新生代进城农民，在城镇购房的需求非常普遍。城镇和农村的金融机构都应该提供针对农村居民的住房消费信贷。

其次应该对农村居民提供汽车等交通工具的消费信贷。随着新型城镇化建设，农村的"路路通"公路建设的推进和城乡一体化程度的提高，农村居民对货车、小汽车、摩托车等交通工具的需求也开始增多。特别是在城镇化水平较好的地区，农村居民周边的城镇道路交通都很方便，金融机构提供对农村居民适用的汽车贷款服务，就会大大提高农民买车的热情，扩大农村地区的机动车消费。

三是针对农村居民的家用耐用品的消费信贷。从前文的农村居民的消费水平和消费结构的分析中发现，农村居民的家用耐用品的消费并没有因为居住支出的增加而增加，在近年来的消费结构中家用设备的消费占比一直不高，城镇的消费示范效应对农村居民的家用设备消费的表现不显著。农村金融服务机构可以投放适合农村居民的家庭耐用品消费信贷，包括高清电视、个人电脑、空调等耐用品，会促使农村居民在建房购房后增加这一消费支出，扩大农村消费。

还有高校教育信贷产品。前文已分析，高校扩招并轨后的收费也在逐年增长，而且就读期间的食宿费用也是一笔不小的开销，除了政府和高校开展的助学贷款，金融机构也应就这一支出设立针对农村居民的贷款品种，扩大农村教育消费。

2. 发展农村居民生产或创业性贷款

对城镇化中仍旧在农村生活的农村居民，金融机构应提供一些针对农民生产经营需求的贷款品种，不再设立单一使用用途，最好是可以循环使用的生产性贷款品种，帮助农民生产朝现代化、科技化发展。对于进城务工农民或在城市定居的农民，也要针对他们的需求，设立一些打工创业或创业培训的信贷品种，以满足进城农民打工、创业或职业教育的需求。多种形式的生产或创业性贷款有助于提高农村居民在经济活动中的风险承受能力，激发个体生产力，增加农民收入，促进消费增长。

(三) 建立健全农村抵押方式和担保方式

农民无法取得贷款的原因之一，就是缺乏有效贷款抵押品。创新担保方式和抵押机制是缓解这一问题的办法。

1. 扩大抵押物范围

政府应制定出符合农村实际情况的抵押和担保制度，扩大农民的抵押物范围和抵押担保方式。例如，可以把农民的土地承包权、自建房等纳入抵押物范围。在西方发达国家中，对农户实行的比较多的是农地金融制度，即以农村土地作为贷款抵押担保物来获得贷款。农地金融的特点是有担保的农村金融产品，其次它是以农地等为抵押物的。在美国，是联邦土地银行发放农地贷款产品，德国是土地联合合作银行提供农地贷款产品，日本则是农林渔业金融公库来提供农林渔业的抵押贷款业务。我国政府可以参考国外的农地金融政策，利用国家政策性银行，比如中国农业发展银行，去设计试行符合中国国情的农地金融政策和农地抵押贷款产品，将中国农民的土地承包权纳入到有效抵押品中。

2. 创新担保方式

城镇化发展比较快的一些乡镇可以创建面向农民的抵押中介机构和担保机构，可以由当地政府建立农民信贷担保系统，成立担保基金对农民提供信贷担保；也可以鼓励一些商业金融中介担保机构去帮助农民获取贷款。在国外这种做法也是有例可循的，例如荷兰，担保基金就是由政府建立和财政支出的。

此外，农村地区的商业银行也可以实行农户联保贷款制度，用公司+农户、合作组织+农户等联保方式进行贷款；在农业现代化、产业化发展比较好的地区还可以采用"龙头企业+农户"的方式作为担保方式，来对农民提供信贷产品和服务，既使农民享受到了信贷服务，又降低了商业银行的贷款风险。

（四）健全农村信用体系和还款激励机制

商业银行之所以不愿意在农村地区对农民提供信贷金融服务，很大一个原因是农民没有信用档案和还款保证。有鉴于此，政府可以把农村居民信用档案纳入到中国的征信体系中，使乡镇商业金融机构可以对贷款农民的资信状况和信用水平进行评估，降低金融机构贷款风险和信息获取成本。此外，也应该借鉴国外的做法去建立还贷奖惩机制，如印度尼西亚人民银行，农民提前还贷，会根据贷款金融减免一部分贷款利息，并且增加信用等级，下一次申请贷款会更快获批；而对于到期还不了贷款的农民，则会有加收高利息，而且降低信用等级。中国的商业银行也可以参考这一做法，针对农民制定有效的贷款规则，确保在扩大涉农贷款额度的同时，又能够有效地降低自身风险。

（五）加强对农民宣传信贷消费观念

相关调查表明，当农村居民有消费借贷需求的时候，大多数农民并不愿意去金融机构申请贷款，而会选择减少当期基本消费进行储蓄，暂缓消费需求。主要原因是农村居民固有的消费观念排斥借贷消费，缺乏消费信贷的意识；此外，即使农民申请到了消费信贷，由于缺乏信用意识，不愿意按期按时还款。政府应该针对农村地区消费信贷观念还比较落后的这一状态，加大宣传和教育，鼓励和引导农民按收入还款能力去选择信贷消费。农村金融机构也应在农村开展基本金融知识、消费信贷和信用教育的宣传，向农民介绍宣讲关于家庭理财的金融知识和与农村信贷相关的金融法律法规，以及商业金融机构所推行的一些生产、消费信贷的金融产品和贷款还款方式，帮助农村居民了解金融、消费信贷知识，培养消费信贷意识，了解在有需要时可以去金融机构申请贷款业务，并懂得基本的申请手续和流程。

第三节　健全社会保障和福利体系，促进新型城镇化发展与农村居民消费水平的提高

在推进新型城镇化的过程中，并不是农民进城了，就成为城市居民了；也不是农村的土地规划纳入到新建城区了，就是提高城镇化水平了，只有健全全社会的福利和保障制度，加大财政对社保和社会福利的投入，让保障范围全面覆盖到城乡居民，让城乡居民在养老、医疗、教育上平等地享受社会保障和福利，才是真正提高了新型城镇化水平，减少居民的生活风险，进而扩大居民消费，升级消费结构。

一　提升农村社会保障水平

笔者查阅了2019年各地政府公布的各城乡的最低生活标准，发现大多数地区城镇的最低生活标准是人均600元左右，农村是500元左右，这种标准与国外发达国家相比明显偏低，差距明显。虽然近年来我国在社会保障上随着城镇化建设的稳步推进，已取得了很大进步和成绩，对照差距，还应该继续在农村居民最低生活保障制度上进一步健全和完善，把农村的贫困人口、一些生活水平低于政府规定标准的人口、丧失劳动能力的人口都纳入最低生活保障，并在新型城镇化的发展过程中，每年根据当地经济发展水平将社保标准逐步提高。此外，还应该大力发展各类社会保险，随着城镇化进程普及、覆盖到城乡每一个地区，并根据当地经济发展水平提高社会保险的给付标准，让居民能够有安全感，放心消费。

在城镇化建设中，社会保障的完善必须同时覆盖到农村地区，建立符合农村经济发展和生活方式的养老保险和最低生活保障制度。政府在《中国的劳动和社会保障状况》白皮书中已指出，要积极探索和中国经济发展水平与市场经济相适应的农村基本保障体系，包括多种形式的农村养老保障和医疗保障。也只有把农村的基本保障制度健全了，才能使农村的转移人口能够在城镇就业，从事非农产业。对于已经变成新市民的农民转移人口，政府则要尽快确保城镇的社会保障制度覆盖到农民工，稳定他们的最低收入和就业。当前中国农村的社会保障水平和参保

率与城镇还是存在一定差距,这也是城镇化中的农村消费与城镇消费存在较大差距,以及城镇消费示范效应在某些消费类目中不明显的原因。因此,政府应该重视农村地区的养老保障政策的完善。具体建议如下:

(一)拓宽筹资渠道,增加对农村社保的资金投入

应该从农村实际情况出发,增大对农村社会保障的投入,并拓宽资金来源,从多种渠道争取到资金支持,同时也增大政府财政对农村社保的支出比例。对比国际上其他国家,政府财政对社会保障的支出比例加拿大是39%,日本是37%,澳大利亚是35%,德国占到了55.5%,而目前中国对社会保障支出比重仅占总财政支出的10%,并且这10%的支出也主要是用于城镇职工,农村的投入相对较少。但我们是处于发展中的经济转型的国家,不能完全依靠政府财政支出,必须找到一条包括政府支持、多种筹资渠道并举的新型农村社会保障道路。

首先,要通过农村集体经济筹措到一部分农村社保资金。前文已述,在城镇化过程中,政府要大力支持发展乡镇企业和现代农业,实现农业产业化、品牌化、国际化经营,发展壮大的乡镇企业可以将一部分利润和地方资源投入返还到农村社保资金里面。

其次,可以开展各种社会捐助和慈善事业,比如社会福利彩票收入的一部分可以转化成为农村社会保障资金筹措的另一个渠道。

再次,还要提高农民参保积极性,鼓励宣传农村参保。

最后,还可以借鉴其他国家的做法,通过对富人征收社会保障税来筹集农村社会保障资金。全球现在有超过80个国家在征收社会保障税,并成为仅次于收入所得税的第二大税类。税收本身的特点就是强制性和稳定性,税务收入的稳定性高,可以尝试制定社会保障税为附加税,把税收作为保证农村社保资金来源的一个筹资渠道,富人多收,穷人少收或不收,由国家税务机关统一征收,专项拨款用于农村社会保障,缓解政府的财政支出压力。

此外,在资金监管上,要加强监管力度,专业有效地对筹集资金进行管理,确保农村社保具备充足的资金支持。

社会保障体系可以说是社会和经济发展的稳定器,能够减轻城乡居民对未来的不确定感受,释放城乡居民的消费潜能,强化新型城镇化发展对城乡居民消费的促进作用。

(二) 健全农村社会保障的相关法律法规

国外发达国家普遍有着较为成熟的社会保障制度,一方面是因为发达国家的经济实力较强,国家的财政支出较大;另一方面也在于它们已经建立完善了社会保障的法律法规。社会保障本身的性质就是国家提供的公共产品,是各国政府为了保障国民的生活水平而设定的,是由国家去强制执行的。目前我国在这方面还相对薄弱,农村社会保障制度的执行主要还是依靠国家的相关政策在支持,并没有相应的法律法规去强制执行,在社保实行的过程中会有农村社会保障资金来源不稳定、账户混乱,甚至有挪用和占用社保资金的情况发生。为了保证农村社保的实施力度,避免上述情况的发生,政府应尽快制定出适应我国国情的农村社会保障法律法规及实施细则,以法律的形式依托,明确规范农村社会保障的性质、原则和组织结构;规定政府对农村社会保障的投入扶持方式方法;规定社保资金的筹措渠道、管理和执行办法,纠正我国农村社会保障法制基础缺位的情况。

可以从以下几方面去考虑制定农村社会保障法律法规:一是要把农村居民和城镇居民享有同等的社会保障权利写入《中华人民共和国宪法》;二是对《中华人民共和国农村救助法》《中华人民共和国农村社会保障基本法》《中华人民共和国农村养老保险法》以及《中华人民共和国农村医疗保障法》进行健全完善;三是支持地方政府修订与当地实际经济发展情况相适应的地方性社保法规。

(三) 农村社会保障体系的完善建立

在城镇化进程中,我国也存在城乡收入分配差距较大,农村贫困人口较多的情况,在这个过程中,对农村社会保障管理体系的建立与完善非常重要。政府应该建立农村社会保障监督制度,设立全国统一的农村社会保障机构,明确职权划分,通过社会监督、行政监督以及权力监督,确保农村社会保障体系的统一实施。

农村社会保障体系包括农村社会保险体系、农村社会救助体系及农村社会福利体系。社会保险是指国家构建相应的制度,然后采取由个人、集体、国家共同出资的模式,将权利与义务相结合,来保障农村居民基本生活的政策,这也是社会保障体系的重点。养老社会保险、医疗保险和失业保险是新型农村社会保障体系的重要组成部分。

在新型城镇化建设中，政府应该借着城镇化的东风，扩大农村居民的社会保障范围和覆盖面，提高其保障标准，使农村的社会保障资金增幅与城镇经济发展水平联动挂钩起来。

二 农村养老保险制度的改革

政府为农村居民建立了农村社会养老保险，通过个人缴费、集体出资、政府补助相结合的方式为农民的老年生活提供保障。政府要着力建设一个能包含所有农村居民的养老保险制度。要消除农民，特别是贫困农民的养老顾虑，改善目前有些地方"保富不保贫"的情况。

还要解决好进城务工的农民工养老保险问题，对他们而言，工作不稳定，很多人处于各地的流动中，很难在一个地方连续缴纳15年的养老保险费用，而现行的养老保险制度很难异地缴纳。所以，农民工存在参保率低、参保费用可能偏高的情况。在新型城镇化建设中，政府也应该制定好政策法规，妥善解决农民工养老保险强制缴纳和如何跨地续缴等问题。

三 农村医疗保险制度和医疗卫生体系的配套改革

中国台湾的数据表明，在医疗卫生体系健全改革后，居民储蓄率降低了9%—14%。我国农村存在很多因病致贫的现象，在新型城镇化建设中、能进一步完善覆盖面广的，能照顾全体农村居民的、水平较高的新型农村合作医疗制度，尤其是大病救助保障制度，对保障农村居民生活水平和提高农村消费具有重大意义。

中国的农村合作医疗制度已被世界卫生组织肯定，这是我国政府根据中国国情创立的具有中国特色的农村社会医疗保险制度。2003年，我国开始推行改革后的新型农村合作医疗制度，在全国进行试点。和改革前的农村合作医疗制度进行比较，新农合"新"在两个方面：一是由农村集体自筹医保资金转变为由国家财政支出占最大资金比例，由政府财政去保证农村医保的资金来源；二是新农合把农民大病统筹作为改革的重要方面。

在新型城镇化建设中，我国基层政府更应积极带领农民参加以大病统筹为主的新型农村合作医疗保险，解除农民对大病后巨额支出的恐慌。并根据农民参保自愿为基础，不强制参保，执行农民个人缴费、集体资助和政府补助三方面结合的筹资方式。对于保险费用，也要应地而异，根据不同地区经济发展水平、农民的收入状况，以及医疗费用的需要来设定具体的保费标准。

在新型城镇化中，对农村合作医疗制度的进一步改革和推进，首先要打破所有制和部门界限，最大化地综合利用医疗卫生资源；其次要完善农村药品监督管理，将市场竞争机制引入医疗系统，健全农村药品供应系统，遏制农村医药费用过高，过度治疗，以及故意使用高价药品的情况；最后，政府还应鼓励各种社会力量去支持农村卫生事业，使农民能够充分享受到高效、价廉的医疗卫生服务，降低农民对医疗支出的恐慌。

政府应在新型城镇化中加大对农村公共医疗和卫生的财政资金投入；提高对农村公共卫生和医疗基础设施建设水平；做好农村基层医疗卫生队伍的建设，增加对农村医疗卫生人才培养的经费保障，使农村医护人员能有机会在岗参加培训学习和进修，使广大农村地区普遍拥有高素质的医护人员，持续提高农村地区的医疗质量。甚至可以鼓励城镇医疗人员下乡服务，对下乡医生给予一定的补助，通过多种方式，进一步完善农村医疗救助体系和三级医疗卫生服务系统。

在新农合报销手续上，也应该尽量简化，争取在医院就可以交费、报销一体化；扩大医保药品目录范围，将门诊也纳入到报销范围。政府应根据每年的医疗消费情况和农民收入水平，逐年调整财政补贴标准，在新农合以大病统筹为主的基础上，增加特殊门诊病种的医保范围，提升报销上限，促进农村医疗服务和保障水平与城市居民的水平逐步靠近。同时，针对进城的农民工，则应该完善农民工的医疗保险在异地的结算体制，使农民工无论在原居地还是在异地工作，都能够享受同样的医疗救助服务，消除他们的后顾之忧，释放农民工的医疗消费潜力，提高农民工的消费水平。

四 增加对农村教育的财政投入，健全教育贫困资助体系

居民的受教育水平影响其消费层次。同发达国家相比，我国目前在教育领域上还存在一定程度的资金投入不足和资源分配不均，农村的教育设施和投入与大中城市相比差距较明显，这种情况的存在和我国新型城镇化建设的基本目标不相符。

（一）增加对农村教育的财政投入

新型城镇化的建设内容之一，是建立一个城乡一体化的公共教育财政化投入体制，使农村孩子和城镇孩子享受公平同等的公共教育资源，至少在法定义务教育阶段保证城乡教育机会的公平性。所以，政府要在农村地区加大对教育的投入，在推进新型城镇化的过程中注重优化教育资源，合理分配在不同教育层次上的财政投入，尽量减轻农民的教育支出负担，缩小城乡教育水平之间的差距。随着我国国民经济的进一步发展，政府可以及早规划，把高中教育也纳入到义务教育体系中，并优先在农村地区延长义务教育年限；在中等职业教育阶段，减免农村贫困学生的学费，并在此基础上扩大国家义务教育的范围，优先将农村地区，特别是我国中西部落后的贫困农村地区的职业教育也纳入到国家义务教育的范围。

（二）健全教育贫困资助体系

考虑到农村贫困家庭中的学生由于较高的大学学费而放弃接受高等教育的机会，政府应本着"效率与公平兼顾"的原则对这一部分学生进行资助。在发达国家，居民能否受到良好的高等教育基本上是和学费无关的，因为这些国家在教育体制上都设有教育贷款的资助制度。例如智利，社会和家庭背景对学生能否进入高等学校就读基本上没有影响，所有学生均可申请助学贷款，低收入家庭学生中有近80%能够得到奖学金[1]。参考国外经验，政府应着手构建一种以助学贷款为主，奖学金和助学金为辅的教育资助制度，为来自农村低收入家庭的学子提供助学贷款和资助，保证贫困家庭的学生能够享受高等教育，减少农民家庭的教育负担，提高其生活和消费水平。

首先，可以为贫困学生提供助学贷款，并根据每年的高等教育支出费用和生活成本来调整贷款金额，保障农村贫困学生在不受贫困影响的情况下能够正常地学习和生活。其次是完善健全高等教育学生的奖学金助学金制度，参照每年的物价和最低生活水平逐年调整贫困学生的助学金标准，提高奖学金的奖励额度和覆盖范围，激励贫困学生通过优异的成绩去赚取更多奖学金；此外，还可以构建高校对贫困学生的就业兼职

---

[1] Brazil and Venezuela, *Towards a Redefinition of the Risk of the State*, Human Resource Division, *Technical Department, Latin American and Caribbean Region*, Washington DC: The World Bank, 2015.

指导体系，加强对贫困学子的就业、创业扶持和资金支持，让贫困学生可以走创业绿色通道，并鼓励贫困学子回乡就业，回报社会。

（三）支持高等职业教育的发展

国家还应鼓励扶持高等职业教育的发展。首先，应鼓励高等职业教育主体多元化，除了鼓励大中院校开设高等职业教育的课程和培训，还应鼓励民办培训机构，以及大型制造业企业去创建与其制造业相配套的培训教程，有针对性地为实体企业培养其需要的技术人才。其次，要及时调整高等职业教育的培养方案和方向，将培训与市场挂钩，根据市场需求去设计一些高新产业和市场紧缺的职业培训，如高端数控加工、船舶电焊、3D打印等，并可以根据市场需求情况扩招学生数量，这样既能够为新型城镇化的发展，为战略性新兴产业提供高素质的产业工人，又解决了新一代农民子弟或进城农民因缺乏职业技能而无法有稳定的城镇工作，难以真正融入城镇的难题。最后，新型城镇化的发展，需要配套的衣食住行的相关生活服务业来支撑，高等职业培训也应该跟上城镇化的发展要求，多设立和招收商贸、汽修、餐饮、旅游业等的职业培训，并鼓励传承一些农村传统工艺，如木匠等手工艺等，既能够解决新城镇的发展需求，又能将农村剩余劳动力合理地转移到城镇，提高城镇化水平，扩大农村消费。

五　改革户籍制度，使农村转移人口享受与城镇居民同等待遇

我国的户籍制度对新型城镇化和农民消费水平的阻力，实质上在于户籍绑定了城镇中的各项公共服务和社会福利，给城镇的农村转移人口市民化和融入城镇生活带来困难。参考其他国家，国外的户籍制度在功能上没有限制人口流动，也不绑定社会保障与福利。在我国的新型城镇化建设中，存在农业转移人口市民化水平不高，以及人口城镇化率较高，但户籍城镇化率却较低的根本原因，从表面上看是我国户籍制度的制约，但在本质上还是因为城镇公共服务和福利水平在城镇化过程中不能及时跟上城镇发展水平，供给不足。在这种公共服务资源的约束下，人口城镇化率的快速增长，就造成了新旧市民对城镇资源和服务的竞争。

所以，在新型城镇化建设中，要使农民工、新市民和原有城镇居民能够享受同等的医疗、社保、子女教育等方面的福利，实现真正的城镇化[①]。政府应该对现有户籍制度进行改革优化，可以考虑在城镇化中的劳动力资源实现市场化配置后，逐步改革形成城乡统一的户籍管理制度。建立城乡统一的户口登记制度，并健全与户籍挂钩相关的社会保障和社会福利、公共服务等城乡一体化的相关政策，既是解决实际城镇化水平不高的半城镇化问题，也是提高整个中国社会公平的有效途径，对逐步消除城乡二元结构，进而带动农村消费有着重要的意义。对户籍制度的改革可以参考以下几个方面：

第一，排查农村人口向城镇转移存在哪些制度上的障碍，积极鼓励农村剩余劳动力向城镇转移。在转移的过程中，考量农民在城镇的生存能力、尊重农民的迁移意愿，并用渐近式的改革方式，既能保留原户籍管理制度，同时又使新市民能够享受与原有市民同等的城镇公共服务。

第二，尽快实施城乡统一的户口登记制度，将户籍与附加在户籍上的潜在利益相分离，突出户籍的功能仅限于反映居民的个人信息，这也是国外很多国家的做法。

第三，分地区改革实施不同的户籍制度。在一些经济水平较落后的小城镇，可以先试点开放其落户政策；在我国中西部地区，则可以有序、逐步地放开当地城镇的落户政策；在人口超千万的超大城市，则要制定科学合理的落户政策，吸引优秀的外来人口并逐步转化为真正的该市居民。对于那些实际上已经生活居住在城镇，但是还不符合落户条件的农村居民，则可以实施居住证制度，保证其能享受最基本的城镇配套教育和医疗等公共服务。

第四，政府应尽快完善农村人口的信息平台建设，制订以各地区常住人口为依据的社会经济发展计划，合理构建和完善公共服务的管理制度与服务水平，实现对城镇中常住人口在子女教育、公共医疗、劳动就业和社会保障等公共服务方面的公平对待。

总之，政府应开始着手计划户籍制度的改革，坚持循序渐进的原则，根据当地的实际情况，逐渐放宽城镇户籍的各种落户限制，使我国的城镇人口户籍管理和我国的城镇化发展速度相适应。在新型城镇化的

---

① 魏后凯：《多角度聚焦"走新型城镇化道路"》，《社会科学报》2013年第6期。

进程中，农村劳动力逐渐向城镇转移，通过放宽条件允许进城务工农民落户城镇，或实行居住证制度，平等享受城镇各项社会公共服务和福利，协助农村转移人口在真正意义上转变为城镇居民，才能更加有效地发挥城镇居民对农民、农民工及新市民的消费示范效应，推动农村居民逐步形成符合城镇生活方式的消费观念和消费习惯，提高农村居民的消费水平，优化其消费结构。政府在城镇化进程中，要积极合理地引导农村人口的转移，降低其转移成本，逐步实施户籍制度改革与社会保障制度改革，使进城农民能够共享城镇资源，更好地融入城市生活，进而提高其消费与生活水平。

第四节 促进城镇化中消费示范效应的发挥

一 调整城乡居民收入分配政策，缩小城乡收入差距

发挥城镇消费的示范作用的条件之一，就是农村居民的收入水平与城镇居民的差距要变小，收入水平要提高才可以有条件去消费。所以，首先要完善我国的收入分配制度，从制度上来保障城乡居民的收入差距会逐步缩小，只有这样，示范效应才能在城镇化进程中有效地发挥。

我国应该建立以提高农村贫困人口的收入水平为目标之一的收入分配制度。政府可以通过对低收入人口都进行转移性支付的方式，制定相应的税收制度、财政制度、货币制度、消费制度和价格制度等制度体系，力图将一部分收入从边际消费倾向相对较低的高收入居民，转移给边际消费倾向相对高的低收入居民，减小收入相距，从而缩小收入差距带来的消费差距。一是针对农村居民，政府要特别设立一个有助于惠农、强农的财税和转移支付政策，缩小城乡收入差距。二是政府在制定相关财税政策时，要慎重考虑进城农民工的收入水平，从政策保证上积极促进农民工的收入提高。地方政府要根据当地经济发展水平，合理制定最低工资标准及相应的调解机制，保障包括农民工在内的低收入水平的居民的工资水平可以随着物价上涨而上涨。三是政府应根据当地居民的年收入水平和当地的经济发展状况及时调整税收政策，调整居民收入所得税的税率和结构，适时降低个人所得税的税率档次，增大不同收入水平的纳税级别，配合转移性支付政策和国民的其他福利政策，减小城

乡收入差距。

其次，在城镇化发展中，政府还应利用国民收入再分配政策和财政转移支付政策，引导社会公共服务和福利的供给与配置，从制度和政策上向低收入人群倾斜，使中国社会各阶层居民的收入差距避免两极分化，把收入差距维持在一个合理的水平，有助于促进社会稳定合理的消费结构，提高居民的整体消费水平。

最后，对于城镇化建设中被征收土地的农民，要给予合理的征地补偿，充分保护和肯定农村居民的土地财产权，确保他们的财产性收入；继续对农村贫困地区进行财政补贴，持续增加政府对农村贫困地区转移支付占总财政支出的比重。

二 宣传新的消费观念

新型城镇化进程不仅会把部分农民转移到城镇，转变为城镇居民，更是以城乡一体化建设为主要目标之一，通过提高农民的收入，改善农村消费环境、社会保障水平，发挥城镇消费示范作用，来促进农村居民消费观念和消费行为的改变，进而推动农村消费水平的提高和支出结构的优化。

其中农民消费观念受城镇消费示范效应的影响最大。在城镇化的建设中，农村转移人口进入城镇生活和消费，在真正融入城镇生活的过程中，农村消费者会受到城镇居民的消费行为的影响，跟随模仿其消费内容和消费方式，从而改变原有的消费观念，形成新的消费意识。

政府应该利用包括广播电视、报纸杂志、互联网、短信推送等多种宣传渠道，引领农村居民形成正确健康的消费观念。帮助农村居民改变过去的一些消费陋习包括赌博、迷信、人情攀比消费等，以及过于节俭的低消费习惯，引导农村居民形成合理文明的消费观念。特别是农村人口转移进入到城镇后，城镇消费中大量存在的高新技术含量较高的消费商品、消费方式和消费制度，都会示范影响农村居民，同时也对农村居民的消费素质提出了一定的要求。为了充分发挥城镇消费的示范效应，政府应该有意识地加强对进城农民的宣传与教育引导，帮助他们尽快更新、形成良好的消费观念和消费习惯，适应新型、多样化的城镇消费方式，例如购物广场、超级市场消费，网上购物、电视购物消费，信用卡信贷消费，电子支付等现代消费环境和支付方式，促进他们吸收新的消费方式，刺激他们的消费热情，在扩大他们的消费总量的同时，提升他们的消费结构。

三 提高转移人口的收入水平，融入城镇消费生活

城镇消费示范效应发挥作用的另一个重要条件是农村居民收入水平的提升。前文已提到，进城农民一般学历不高，缺乏适应城镇职业需要的专业技能，很难找到稳定的工作，容易成为城镇失业者。所以，为了提高他们就业的竞争力，首先，需要帮助农村转移劳动力提高文化素质和职业技能。政府可以依托当地的经济和产业发展规划，根据市场需求，通过包括投入资金在内的多种形式对农村剩余劳动力进行短期的职业培训，帮助他们学会能在城镇工作的职业技能和素质，提高就业机会，有助于农民工完成市民化的过程，顺利融入城镇生活。

其次，建立完善城乡统一的劳动力市场服务体系，对城乡劳动者平等提供就业机会。包括建立城市人力资源信息管理平台，帮助进城农民降低寻找工作机会的成本，获得就业信息；同时也有助于农村转移劳动力了解城镇劳动市场及需求状态，避免盲目性，减小转移成本和风险。

最后，建立完善城乡统一的劳动力市场监督体系，监督维护农民工的合法权益，确保他们的劳动保障权益。严格监督企业必须执行最低工资制，解决农民工工资拖欠问题，通过加大农民工最低工资和工作时限的检查，对那些工资水平低于最低工资标准、拖欠农民工工资、非法延长工作时间的企业从严处罚。

第五节 加快小城镇建设，提升农村居民消费水平

在新型城镇化的建设中，要特别重视小城镇的建设工作，通过小城镇建设完善来提高农村居民的消费水平。城镇化进程中的一个突出特点就是农村人口大量转移到城镇区域，而我国农村人口本身就数量庞大，如果只是单一追求人口城镇化，马上就会出现城镇就业岗位供给不足的问题。近年来伴随着人工智能等高新技术的发展和产业升级，大城市中已经出现了很多岗位智能化，减少了用工需求，使城市本身的就业行势变得更加严峻，也加剧了高校毕业生的就业压力。此外，短期内城市人口的急剧膨胀，再加上配套公共基础设施的短缺，就会产生交通拥堵、

环境恶化等一系列问题。所以，在一定程度上来看，大城市吸纳农村人口的能力也是有限的，并且也存在城镇房价偏高、生活压力更大、就业形势严峻等问题。

因此，我国的城镇化建设更应把重点放在小城镇的建设上，小城镇一般离农村地区较近，具有地理区位优势，既有利于降低城镇化中农村劳动力的转移成本，又能够使农民农忙时务农，农闲时进城务工，增加农民的收入来源，扩大农村消费。并且有利于解决当前农村劳动力空洞化和空心村的问题，有助于发挥地缘与亲缘的媒介关系，将城镇生活和消费方式、消费观念带到农村，促进城乡一体化建设和农村消费结构的升级，强化新型城镇化对扩大我国农村居民消费水平的作用。

小城镇第二、第三产业的科技含量和资本一般都会远远低于大城市，对比大中城市，小城镇的劳动力转移成本相对较低，就业门槛也较低，更适合新进城的农村居民。此外，小城镇的生活成本要比大中城市低很多，从房价到日常家庭开支，甚至医疗费用都会大大低于大中城市，这些有利因素都会减轻农民进城的总体负担，降低农民对未来收入和消费的不确定性感受，有助于农村居民在自身基础上，更加可控稳妥地转移到城镇生活，在城镇化中更加平稳地完成市民化的转变过程。

小城镇建设还是引导我国的传统农业向农业现代化转变，传统农村向现代新农村转变，实现城乡一体化建设中的重要环节。加强小城镇建设应根据当地特色和优势，把小城镇和周边农村地区联合起来，利用小城镇的交通和要素优势，因地制宜地发展当地特色产业，提升周围农村地区农业产业化的发展和农村发展。政府应该大力发展那些具有产业优势和特殊资源的特色小镇，发展农产品深加工业，开发当地自然风光和民俗文化，发展旅游业，还可以结合近郊农村特色农业，建成集种植、采摘、加工、旅游体验于一体的产业园。

在城镇化建设中，优先发展与农村地理位置较近的小城镇，发挥小城镇对吸纳农村剩余劳动力的功能，要重点发展县域城镇、沿江沿海的小城镇。对于发展较好的小城镇，政府可以考虑下放部分经济管理权限给县级政府，逐步扩大小城镇规模，往十万人以上的微型城市、小城市的方向发展。支持以交通为导向的开发模式，优先对位于快速交通通道节点上的小城镇进行建设，使之成为连接与联动城乡一体化发展的现代化小城镇。

第六节 对农村不同地区采取差异化政策

新型城镇化发展对我国不同地区农村居民消费的影响不同，我国东部、东北和中、西部地区农村居民消费水平与能力差异较大。应积极探索适合各地区的政策，科学合理地推进我国新型城镇化的建设。中国城镇人口主要集中在东部地区和大城市，中西部地区的城镇化水平远远落后于东部；同时，中部特别是西部农村地区居民的消费水平也较低，由此，为促进农村居民消费水平的整体提高，缩小不同地区农村居民消费差距，并实现城镇化与农村居民消费协调发展，我国必须对不同农村地区采取不同的政策。政府需深入贯彻落实"西部大开发""中部崛起"等战略，在政策上扶持中西部的产业，加快中西部城镇化建设，拉动中西部地区居民消费。

早期的美国同现在的中国一样，也面临着城镇化发展区域失衡的现状，人口向东部集中，东部是全国城镇化水平最高的区域，其他地区比较落后。后来在新产业与交通发展的带动下，城镇化发展逐渐变得均衡。这一方面促进了其他地区的经济发展，另一方面也解决了美国区域收入差距过大等问题。我国可以参考借鉴美国的措施，有针对性地在不同区域实施差异化的城镇化发展方式。

一 差异化的城镇化发展方式

对于我国的东部地区，应在优化结构、提高效益、降低消耗、保护环境的基础上进一步壮大先进装备制造业、战略性新兴产业和现代服务业。中西部及东北资源环境承载能力较强的地区的各级政府在加速本地企业发展的同时，要积极承接东部地区的产业转移。承接产业转移不仅可以引进大量的资金，还可以引进那些有市场、有效益的劳动密集型产业。它们不仅可以带来人才、设备、技术、产品、管理经验，还可以为当地居民增加就业机会，同时可以带动配套产业和企业的后续发展。

（一）加强中西部落后地区的城镇化发展

要引导西部农村居民涉入非农产业与城镇化建设。首先，我国应加快发展西部地区县域和农村经济。以拓展农产品加工业与农村服务业为中心，有效利用地区特色和比较优势发展第三产业，创造具有地方特色的支柱性产业。例如以旅游业作为产业支撑打造"就近城镇化"或特色城镇，吸引当地农民进城和外出农民工返乡。湖南的张家界、四川的九寨沟都是以旅游业发展起来的，同时也带动了当地第二产业及第一产业的发展，并且保护了当地的自然和人文风貌。还应拓展西部农村地区金融、物流、中介和信息等现代服务业，加快发展生产性和消费性服务业和短缺服务产品供给，这样既发展了当地的第三产业，又能有效满足多样化服务需求。

其次，我国应培育和拓展西部区域战略性新兴产业。加大培育西部区域的能源、航天、材料和信息技术等战略性新型产业，推动工业化与城镇化良性互动，协同发展城镇、信息、工业和农业现代四化。

（二）加大对中西部地区基础设施建设

我国中西部地区的农村居民收入比较低，生活消费中生存型消费的比例也相对来说比较高，政府应该加大对中西部地区基础设施建设，通过基础设施投资，既可以带动当地的经济发展，还可以直接促进当地农村居民的就业，交通、通信基础设施的改善，可以直接促进农村居民交通通信消费支出的增加。

应加快西部农村地区基础设施和社会民生项目建设，首先，要优先解决城镇铁路等交通设施与水利、公路和电力等基础设施，以及学校、医院等涉及农村居民民生的公共服务项目建设。其次，我国应推进西部农村地区保障性住房项目建设，通过县城和重点镇建设、棚户区改造与移民搬迁等措施相结合，推动城镇化快速发展。促使城镇化后的农村居民能顺利融入城市生活，促进西部农村经济又好又快增长。

二 完善政府转移支付制度

本书选取的衡量政府转移支付的指标是财政府财政的三农支出占当地 GDP 的比重，发现这一指标仅对农村居民的教育文化娱乐支出有显著影响，在其他消费项目没有显著影响。这一发现值得引起思考。当前我国政府在农村的转移支付主要有以下途径：农村合作医疗和养老保险制度、农产品价格补贴、良种补贴、农村低保、基础设施建设等，这些转移支付对保证农村居民基本生存以及农业发展有着至关重要的作用，但是否有效地改善了农村居民的生活水平却值得思考。因此需要完善政府的转移支付制度，一方面在原有基础上加大转移支付力度，进一步缩小城乡社会保障水平的差距，另一方面需要逐步建立农村居民的非农就业保障制度，建立拖欠工资惩罚制度、工资支付监控制度、农村居民再就业培训体系等，以确保农村居民收入的增加。

本章小结

（1）在城镇化建设中要加快产业结构升级。首先要大力发展农业现代化；重视第二产业的发展，特别是高端制造业；发展现代服务业，促进居民消费。其次是优化产业布局，提升新型城镇化格局，通过推动产业升级和城镇化的良性互动，实现融合发展，提高城镇土地的使用效率。

（2）在新型城镇化进程中，要建设好消费环境，发挥城镇化对消费的拉动作用。首先通过城镇化手段完善整体消费环境，对新建城区和农村地区居民的消费环境进行改善；其次还要提升乡镇的金融服务与支持，改善居民消费的金融环境，扩大农村消费需求。

（3）在推进新型城镇化过程中，要改革农村养老保险制度；推动农村医疗保险制度和医疗卫生体系的配套改革；增加对农村教育的财政投入，健全教育贫困资助体系；要改革户籍制度，使新市民能够与原城镇居民平等地享受城镇功能和公共服务。减少城乡居民在养老、医疗、教育等社会保障和社会福利方面的差距，消除农村居民的消费顾虑，提高消费水平，升级消费结构。

（4）在新型城镇化的发展中，要调整城乡居民收入分配政策，缩小城乡收入差距；在农村宣传新的消费观念，使新市民能够真正融入城镇生活，强化城镇消费示范效应的作用，提升农村的消费水平和消费结构。

（5）在新型城镇化建设中，要特别重视小城镇的建设工作。通过强化小城镇建设，发挥小城镇对城乡一体化的联结、联动作用，促进农村人口转移，增加农民收入，来提高农村居民的消费水平。

（6）由于我国的新型城镇化水平发展不均衡，不同地区的农村居民的消费水平也存在差异，应根据不同地区的具体情况，特别是在新型城镇化水平和农村居民消费水平较低的西部地区，应有针对性地制定相应政策措施。

参考文献

阿尔弗雷德·韦伯：《工业区位论》，商务印书馆1997年版。

白南生：《中国的城市化》，《管理世界》2003年第11期。

蔡昉、都阳：《加快城市化进程启动城乡消费》，《会计之友》1999年第7期。

蔡思复：《城镇化是克服市场需求不足的根本途径》，《中南财经大学学报》1999年第5期。

曹裕等：《城市化、城乡收入差距与经济增长——基于我国省级面板数据的实证研究》，《统计研究》2010年第3期。

曾令华：《我国现阶段扩大内需的根本途径——城镇化》，《经济学动态》2001年第4期。

陈柳钦：《论城市化发展的动力机制——从产业结构转移与发展的视角来研究》，《现代经济探讨》2005年第1期。

陈思宇：《江苏城镇化与产业结构升级互动发展研究》，硕士学位论文，中共江苏省委党校，2015年。

成德宁：《城镇化的效应分析与发展思路》，《南都学坛：南阳师范学院人文社会科学学报》2003年第2期。

成德宁：《经济发达国家与发展中国家城镇化的比较与启示》，《经济评论》2002年第26期。

发改委城市与小城镇改革发展中心书组：《我国城镇化的现状、障碍与推进策略》，《中国党政干部论坛》2010年第1期。

樊纲、王小鲁：《消费条件模型和各地区消费条件指数》，《经济研究》2004年第5期。

参考文献

樊纲：《城市化：下阶段经济增长的一大关键》，《管理与财富》2002年第3期。

范剑平、向书坚：《我国城乡人口二元结构对居民消费率的影响》，《管理世界》1999年第5期。

方辉振：《城镇化创造国内需求的机理分析》，《现代经济探讨》2010年第3期。

甘小文等：《城镇化对农民消费结构影响的实证研究》，《企业经济》2011年第6期。

高铁梅：《计量经济分析方法与模型 Eviews 应用及实例》，清华大学出版社2009年版。

龚健：《吉林省城镇化发展对居民消费的影响研究》，硕士学位论文，吉林大学，2011年。

龚志民、余龙：《城镇化视角下的产业结构升级与经济增长》，《西安财经学院学报》2016年第5期。

辜胜阻等：《城镇化是扩大内需实现经济可持续发展的引擎》，《中国人口科学》2010年第3期。

辜胜阻：《城市化、工业化与经济发展——学习马克思主义人口城市化理论》，《江汉论坛》1993年第2期。

辜胜阻：《非农化与城镇化研究》，浙江人民出版社1991年版。

辜胜阻：《中国二元城镇化战略构想》，《中国软科学》1995年第6期。

国务院发展研究中心书组，刘世锦等：《农民工市民化对扩大内需和经济增长的影响》，《经济研究》2010年第6期。

杭斌：《习惯形成下的农户缓冲储备行为》，《经济研究》2009年第1期。

何海鹰、朱建平：《城市化与消费需求相互拉动的效应分析》，《南昌工程学院学报》2006年第1期。

何流、崔功豪：《南京城市空间扩展的特征与机制》，《城市规划汇刊》2000年第6期。

贺建林、李慢：《城镇化扩大内需的机理分析》，《理论与改革》2009年第5期。

赫希曼艾伯特：《经济发展战略》，经济科学出版社1991年版。

洪银兴、陈雯：《城市化模式的新发展》，《经济研究》2000年第12期。

侯为民：《试析城镇化推进模式与扩大农村居民消费的关系》，《消费经济》2015年第4期。

胡宝娣：《中国农村居民消费影响因素的实证分析》，博士学位论文，西南大学，2010年。

胡必亮：《城镇化道路适合中国发展》，《南方周末》2003年第7期。

胡日东：《中国城镇化发展与居民消费增长关系的动态分析——基于VAR模型》，《上海经济研究》2007年第5期。

胡瑶：《我国城乡收入差距对农村居民消费需求的制约》，《江西财经大学学报》2009年第4期。

黄雪丽：《制度安排是我国城市化的重要动力机制》，《经济师》2005年第7期。

黄亚捷：《城镇化水平对产业结构调整影响研究》，《广东社会科学》2015年第6期。

简新华、黄锟：《中国城镇化水平和速度的实证分析与前景预测》，《经济研究》2010年第3期。

姜爱林：《城镇化与工业化互动关系研究》，《财贸研究》2004年第3期。

蒋南平：《中国城镇化与城乡居民消费的启动》，《当代经济研究》2011年第3期。

金花：《我国城镇化发展的阶段性特征与主要矛盾》，《经济纵横》2011年第11期。

金三林：《收入分配和城市化对我国居民消费的影响》，《开放导报》2009年第4期。

景普秋：《城镇化概念解析与实践误区》，《学海》2014年第5期。

凯恩斯编：《就业、利息和货币理论》，商务印书馆2002年重译本。

克里斯塔勒：《德国南部中心地原理》，商务印书馆2010年版。

克鲁格曼：《发展、地理学与经济理论》，北京大学出版社2000年版。

库兹涅茨：《现代经济增长》（中译本），北京经济学院出版社1999年版。

李华香、陈志光：《城镇化驱动居民消费增长的机理及实证分析》，《东岳论丛》2013年第10期。

李金昌：《中国城市化与经济增长点动态计量分析》，《财经研究》2006年第9期。

李林杰等：《借助人口城市化促进国内消费需求的思路与对策》，《中国软科学》2007年第7期。

李朴民、田成川：《加快城镇化扩大内需的战略思考》，《宏观经济管理》2009年第11期。

李通屏、陈金华：《城市化驱动投资与消费效应研究》，《中国人口科学》2005年第5期。

厉以宁：《消费经济学》，人民出版社1984年版。

林珏：《城市化对农村居民消费支出作用效应研究》，硕士学位论文，西南财经大学，2011年。

林泉：《城市化指标体系的实证分析》，《城市问题》2001年第4期。

林秀清：《城镇化水平与农村居民消费关系研究》，《商业时代》2011年第12期。

刘爱梅、王波：《城镇化对经济结构转型升级的影响及实现路径——以山东省城镇化发展为例》，《山东社会科学》2015年第11期。

刘成忠：《中国农村居民消费结构优化问题研究》，硕士学位论文，中共中央党校，2011年。

刘建国：《城乡居民消费倾向的比较与城市化战略》，《上海经济研究》2002年第10期。

刘洁泓：《城市化内涵综述》，《西北农林科技大学学报》（社会科学版）2009年第4期。

刘西锋、李诚固：《东北地区城市化的特征与机制分析》，《城市问题》2002年第5期。

刘艺容：《加速城市化进程是拉动消费增长的持久动力》，《消费经济》2005年第8期。

刘艺容：《中国城市化水平与消费增长的实证分析》，《湖南社会科学》2008年第2期。

刘勇：《中国城镇化发展的历程、问题和趋势》，《经济与管理研究》2011年第3期。

刘志飞：《经济转轨、小确定性与城镇居民消费行为》，《经济研究》2004年第4期。

柳汉秀、赵新宇：《新型城镇化进程中扩大内需的对策》，《经济纵横》2013年第11期。

陆大道等：《基于我国国情的城镇化过程综合分析》，《经济地理》2007年第6期。

陆铭、陈钊：《城市化、城市倾向的经济政策与城乡收入差距》，《经济研究》2004年第3期。

罗薇薇：《产业集聚程度与城市化水平相关性的实证分析》，《兰州商学院学报》2006年第2期。

吕政等：《中国工业化、城市化的进程与问题——"十五"时期的状况与"十一五"时期的建议》，《中国工业经济》2005年第6期。

缪尔达尔：《亚洲戏剧：关于各国的贫困的研究》，商务印书馆2010年版。

倪建伟、胡彩娟：《基于扩大内需背景的城市化战略创新研究》，《经济体制改革》2010年第6期。

潘孝军：《城市化理论研究综述》，《广西经济管理干部学院学报》2006年第1期。

齐红倩、刘力：《城市化：解决我国内需不足的关键》，《管理世界》2000第2期。

钱陈、史晋川：《城市化、结构变动与农业发展——基于城乡两部门的动态一般均衡分析》，《经济学（季刊）》2006年第1期。

钱衍强：《浙江的城镇化道路应怎样走好——加快浙江小城镇建设的对策建议》，《浙江经济》2006年第2期。

饶会林：《现代城市经济学概论》，上海交通大学出版社2008

年版。

沈坤荣、蒋锐：《中国城市化对经济增长影响机制的实证研究》，《统计研究》2007年第6期。

沈正：《优化产业结构与提升城镇化质量的互动机制及实现途径》，《城市发展研究》2013年第5期。

宋德勇：《城镇化对农村居民消费影响效应实证研究》，《商业时代》2014年第11期。

宋焕如：《我国农村居民消费需求影响因素的实证分析》，硕士学位论文，山东大学，2010年。

宋元梁、肖卫东：《中国城镇化发展与农民收入增长关系的动态计量经济分析》，《数量经济技术经济研究》2006年第9期。

孙虹乔、朱琛：《城镇化发展对农村消费增长的动态影响》，《广东商学院学报》2010年第5期。

孙虹乔、朱琛：《中国城镇化与农村消费增长的实证分析》，《统计与决策》2012年第5期。

孙叶飞等：《新型城镇化发展与产业结构变迁的经济增长效应》，《数量经济技术经济研究》2016年第11期。

孙永正：《做实城镇化：转变经济发展方式和扩大内需的战略选择》，《天津社会科学》2001年第4期。

孙中和：《中国城市化基本内涵与动力机制研究》，《财经问题研究》2001年第11期。

覃丽平：《城镇化是中国未来经济增长的引擎》，《山西财经大学学报》2013年第1期。

田大洲：《城市化进程对我国居民总消费的影响》，《人口与经济》2009年第2期。

田大洲：《城市化进程对我国总消费的影响》，《人口与经济》2009年第21期。

田雪原：《居民资产和消费选择行为分析》，上海人民出版社2001年版。

田雪原：《人口城市化驱动消费需求效应研究》，《中国人口科学》2000年第2期。

万解秋、刘亮：《源于增长和产业转型的城镇化进程探讨——江苏城镇化新动因解析》，《江苏社会科学》2013年第5期。

万勇：《城市化驱动居民消费需求的机制与实证——基于效应分解视角的中国省级区域数据研究》，《财经研究》2012年第6期。

汪冬梅、刘廷伟：《产业转移与发展：农村城市化的中观动力》，《农业现代化研究》2003年第1期。

王殿茹、赵欣勃：《城镇化对河北省农村居民消费结构影响的实证分析》，《经济论坛》2014年第9期。

王飞：《中国城镇居民预防性储蓄实证分析》，《经济研究》2003年第11期。

王国刚：《城镇化：中国经济发展方式转变的重心所在》，《经济研究》2010年第12期。

王建军：《城市化：第三产业发展与消费需求扩张》，《经济与管理》2006年第8期。

王克忠：《论中国特色城镇化道路》，复旦大学出版社2009年版。

王尉东：《城市化与产业结构的关系》，《华东经济管理》2003年第5期。

王希文：《城镇化对农村居民消费的影响》，《江淮论坛》2013年第2期。

王翔：《以城市化驱动消费的现实悖论——兼论我国经济拉动方式的转型》，《经济与管理研究》2010年第4期。

王小鲁、夏小林：《优化城市规模，推动经济增长》，《经济研究》1999年第4期。

王新娜：《城市化水平衡量方法的比较研究》，《开发研究》2010年第5期。

王亚力、朱翔：《新世纪中部六省城镇化进程及其综合效益的对比分析》，《生态经济》2010年第10期。

王洋：《论美国新城建设及其对中国的启示》，《中国名城》2012年第10期。

魏后凯、关兴良：《中国特色新型城镇化的科学内涵与战略重点》，《河南社会科学》2014年第2期。

魏后凯等:《中国特色新型城镇化道路的选择》,转型期的城市化:国际经验与中国前景国际研讨会,2013年9月25日。

魏后凯、张燕:《全面推进中国城镇化绿色转型的思路与举措》,《经济纵横》2011年第9期。

温铁军、温厉:《中国的"城镇化"与发展中国家城市化的教训》,《中国软科学》2007年第7期。

吴福象、刘志彪:《城市化群落驱动经济增长的机制研究》,《经济研究》2008年第11期。

习近平:《决胜全面建成小康社会夺取新时代中国特色社会主义伟大胜利——在中国共产党第十九次全国代表大会上的报告》,人民出版社2017年版。

席小瑾:《城镇化拉动农村消费问题浅析》,《黑龙江对外经贸》2010年第8期。

夏杰长:《城镇化对中国城乡居民服务消费影响的实证分析——基于2000—2011年省际面板数据》,《学习与探索》2014年第1期。

相伟:《我国人口城镇化的难点与对策》,《宏观经济管理》2011年第11期。

肖万春:《论中国城镇化水平度量标准的合理化》,《社会科学辑刊》2006年第1期。

肖万春:《农村城镇化进程中的产业结构聚集效应》,《经济学家》2003年第2期。

谢晶晶、罗乐勤:《城市化对投资和消费需求的拉动效应分析》,《经济研究》2004年第3期。

熊吉峰:《我国农村居民消费结构阶段性演变的灰色动态关联分析》,《消费经济》2005年第3期。

许学强、李郇:《珠江三角洲城镇化研究三十年》,《人文地理》2009年第1期。

颜廷平:《近十年来我国农村城镇化若干问题研究综述》,《理论与当代》2011年第1期。

杨涛:《以城市化促进消费应成为扩大内需重要战略》,《上海证券报》2006年8月21日。

姚世谋等：《顺应我国国情条件下的城镇化道路》，《经济地理》2012年第5期。

姚星等：《中国城镇化、配套产业发展与农村居民消费拉动》，《中国人口、资源与环境》2017年第4期。

叶伟春：《推进城镇化扩大内需的误区与对策》，《宏观经济管理》2013年第5期。

殷存毅、姜山：《外来投资与城市化发展——对东莞和昆山城市化的实证研究》，《清华大学学报》（哲学社会科学版）2004年第6期。

于淑波：《二元经济结构下人口城市化对消费需求的影响分析》，《商场现代化》2010年第25期。

约翰·冯：《孤立国同农业和国民经济的关系》，商务印刷馆1993年版。

臧旭恒：《消费经济学：理论与实证分析》，山东大学出版社1996年版。

张军莲等：《论农民工的适当生活水准权——以完善我国社会保障制度为视角》，《前沿》2006年第3期。

张同升：《中国城镇化发展的现状、问题与对策》，《城市问题》2009年第8期。

张宪平、石涛：《我国目前城市化典型特点分析及对策研究》，《经济学动态》2003年第4期。

张向东等：《河北省新型城镇化水平测度指标体系及评价》，《中国市场》2013年第20期。

章晓英：《城市化水平对农村居民消费的影响——1978—2008年数据的协整分析》，《特区经济》2011年第5期。

章铮等：《论农民工就业与城市化——基于年龄结构—生命周期分析》，《中国人口科学》2008年第6期。

赵永平、徐盈之：《新型城镇化发展水平综合测度与驱动机制研究——基于我国省际2000—2011年的经验分析》，《中国地质大学学报》（社会科学版）2014年第1期。

郑新立：《提高居民消费率是当前宏观调控的重大任务》，《数量经济技术经济研究》2007年第6期。

参考文献

中共中央、国务院:《国家新型城镇化规划(2014—2020)》,中华人民共和国中央人民政府网站,www.qov.cn。

中国经济增长前沿书组,张平、刘霞辉:《城市化、财政扩张与经济增长》,《经济研究》2011年第11期。

中国经济增长与宏观稳定书组,陈昌兵等:《城市化、产业效率与经济增长》,《经济研究》2009年第10期。

周笑非:《城市化扩大消费的机制与路径研究》,《消费经济》2012年第2期。

朱海燕:《略论农村城市化的动力机制》,《浙江统计》2000年第10期。

朱孔来等:《中国城镇化进程与经济增长关系的实证研究》,《统计研究》2011年第9期。

朱鹏华、刘学侠:《城镇化质量测度与现实价值》,《改革》2017年第9期。

朱信凯:《流动性约束、不确定性与中国农户消费行为分析》,《统计研究》2005年第2期。

祝怀刚:《农村城镇化研究述评》,《山东农业生物学报》2006年第5期。

邹红等:《城市化水平、城乡收入差距与消费需求》,《消费经济》2012年第2期。

邹小芳、汪发元:《城镇化驱动农村居民消费增长的实证分析》,《商业经济研究》2015年第3期。

Ando, A., Modigliuni, F., "The Life - Cycle Hypothesis of Saving: Aggregate Implications and Tests", *American Economic Review*, 1963.

Caballero, R. J., "Earnings Uncertainty and Aggregate Wealth Accumulation", *American Economic Review*, 1991.

Campbell, J. Y., Deaton S., "Why is Consumption so Smooth", *Review of Economic Studies*, 1989.

Carrol, C. D., "The Buffer - Stock Theory of Savings: Some Macroeconomic Evidence", *Brooking Papers on Economic Activity*, 1992.

Carroll, C. D., A. Samwick, "The Nature of Precautionary Wealth",

Journal of Monetary Economics, 1998.

Cuddington, J. T. , "Canadian Evidence on the Permanent Income – Rational Expectations", *Canadian Journal of Economics*, 1982.

Dale W. Jorgenson, "The Development of a Dual Economy", *Economic Journal*, 1961 (71): 33 – 38.

Deaton, A. S. , "Life – Cycle Models of Consumption: Is the Evidence Consistent with the Theory", *NBER Working Paper*, 1986.

Deaton, S. , "Saving and Liquidity Constraints", *Econometrica*, 1991.

Duesenberry, J. S. , *Income, Saving and the Theory of Consumer Behavior*, Harvard University Press, 1949.

Dynan, K. E. , How Prudent are Consumers [J] . Journal of Political Economy, 1993.

Engen, Gruber, "Unemployment Insurance and Precautionary Saving", *Journal of Monetary Economics*, 1996.

Falvin, M. A. , "The Adjustment of Consumption to Changing Expectations About Future Income", *Journal of Political of Economy*, 1981.

Farhat Yusuf, Gordon Brook, "Demographics and Consumption Patterns in Urban China", *Population Research and Policy Review*, 2010, 19 (1): 5 – 17.

Fei, J. C. H. and Ranis, G. "A Theory of Economic Development", *American Economic Review*, 1961, 51: 533 –565.

Fisher, Malcolm R. , "Exploration in Saving Behavior", Bulletin of the Oxford University Institute of Economics & Statistics, 1956.

Friedman, Milton, *A Theory of the Consumption Function*, Princeton University Press, 1957.

Hall, Robert E. , "Stochastic Implication of the Life Cycle – Permanent Income Hypothesis: Theory and Evidence", *Journal of Political Economy*, 1978.

Hayashi, F. , "The Effect of Liquidity Constraints on Consumption: A Cross – Sectional Analysis", *Quarterly Journal of Economics*, 1985.

Henderson, J. V. , "The Effect of Urban Concentration on Economic

Growth", *NBER Working Paper*, 2014, No. 7503.

Henderson, J. V. , *Urban Development: Theory, Fact and Illusion*, Oxford University Press, 1988.

Krugman, Paul R. , "The Economic of Technology and Employment", *Theory and Empirical Evidence*, 1995 (3): 30 - 36.

Leland, Hayne E. , "Saving and Uncertainty Demand for Saving", *Quarterly Journal of Economics*, 1967 (11): 67 - 69.

Lewis, W. A. , "Economic Development with Unlimited Supple of Labor", *The Manchester School of Economic and Social Studies*, 1954 (22): 139 - 191.

Northam, R. M. , *Urban Geography*, New York: John Wiley& Sons, 1975 (8): 65 - 67.

Rostow, "The Effect of Uncertainty on Saving Decisions", *Review of Economic Studies*, 2004 (8): 105 - 118.

Skinner, Jonathan S. , "Risky Income, Life - Cycle Consumption and Precautionary Savings", *Journal of Monetary Economics*, 1988.

Starr - McCluer, Martha, "Health Insurance and Precautionary Savings", *American Economic Review*, 1996.

Todaro, Michael A. , "Model of American", *Economic Review*, 1969, 12 (1): 138 - 148.

Zeldes, Stephen P. , "Consumption and Liquidity Constraints: An Empirical Investigation", *Journal of Political Economy*, 1989.

Zeldes, Steven P. , "Optimal Consumption with Stochastic Income: Deviations from Certainty Equivalence", *Quarterly Journal of Economics*, 1989.